信仰の神秘

小笠原優

E-PIX
イー・ピックス

『信仰の神秘』の出版にあたって

カトリック横浜司教区　教区長　司教
梅村昌弘

この度『キリスト教信仰のエッセンス』の続刊として『信仰の神秘』が出版されることになりました。著者の小笠原優神父は横浜教区において長年にわたりキリスト教入門講座を担当する信徒の養成に励んで来られました。既刊本も新刊本もどちらも彼らの悩みや問題をよく理解し、司牧の現場を十分に踏まえての著作であります。非常に実践的な内容になっています。

入門講座を担当する信徒の皆さんと入門講座をとおして洗礼の準備をしておられる入門者の皆さんのために著者はすでに『キリスト教信仰のエッセンス』を著しています。今回、出版されることになった『信仰の神秘』はその続刊として位置づけられています。洗礼を受けるための準備のためにキリスト教信仰のエッセンスをわかりやすく解説したのが前者で、後者は洗礼を受けたばかりの方々が信仰者として新たにどのように生きていったらよいのか、どのように神の恵みに応えて歩んでいったらよいのかを指南するために書かれた、いわばガイドブックのようなものです。『信仰の神秘』は『キリスト教信仰のエッセンス』を生きていくための手引書であり指南書です。一人でも多くの新信者の皆さんが、本書から信仰実践の基本を学び、戸惑うことなく自信をもって自らの信仰を生きることができるようになれればと願っています。

はじめに

1　本書のタイトルである「信仰の神秘」について

ミサ聖祭の中心で、最後の晩餐におけるイエスの言葉が司式司祭によって繰り返されます。「皆、これを取って食べなさい。これはあなたがたのために渡されるわたしのからだである」。「皆、これを受けて飲みなさい。これはわたしの血の杯、あなたがたと多くの人のために流されて、罪のゆるしとなる新しい永遠の契約の血である。これをわたしの記念として行いなさい」。この後、司祭は会衆に向かって「信仰の神秘」と高らかに宣言し、会衆はこれを受けて「主の死を思い、復活をたたえよう、主が来られるまで」と喜びのうちに唱和します。

「信仰の神秘」[1]――ミサの度ごとに繰り返されるこの言葉を本書のタイトルとしました。そこにはさまざまな意味が込められていますが、ここで三つのことをとりあげてみたいと思います。

第一に、それはイエス・キリストが成しとげてくださった「贖いのわざ」そのものです。わたしたちを真の救いに引き上げようとする神の一方的な愛は、御子イエス・キリストの全てを与え尽くすことになった十字架の苦しみと死において示されました。『ヨハネ福音書』はこのことを「神は、その独り子をお与えになったほどに、世を愛された。独り子を信じる者が一人も滅びないで、永遠の命を得るためである」（3・16）と証言します。人間の知恵では推しはかることのできないこの奥義（神秘）を信仰と喜びのうちに受け入れること――「信仰の神秘」はこのことをまず意味します。

第二に、「信仰の神秘」は、イエスが最後の晩餐の席で弟子たちに「これをわたしの記念／アナムネーシス〈ギリシャ語〉として行いなさい」と命じ、ご自分の贖いのみわざをパンとぶどう酒という具体的な「かたち」に託して残されたということです。それはカトリック教会が「秘跡」と呼んで大切にしてきた使徒伝来のイエスのいわば形見というべきもので、「秘跡」の原点がここにあります。イエスの悲願と愛がパンとぶどう酒の「しるし」をもってここに差し出されている事実、その宣言が「信仰の神秘」という言葉に込められているのです。

第三に、「信仰の神秘」は、成長していく「神の国／支配」の奥義を思い起こさせます。イエスは宣教活動において「神の国／支配」の到来は喜ばしいメッセージ（福音）であり、それは人間の思いを超えてひそかに成長していく確かな「力／働き」であると訴えました。「神の国（天の国）を何になぞらえようか。それは…」（マタイ13・31〜）と言って、発芽して豊かな実りに向かっていく小さな種、あるいは、練り上げられたパン粉をふくらませるほんのわずかなイースト菌になぞらえながら、「神の国／神の支配」が微小なものからいつの間にか大きく成長していく不思議な働きであると教えられました。(2)「秘跡」として具体的にしるされたキリストの贖いのわざが、それにあずかる者を個人としても集団としても「神の国／支配」において成長させ、救いの完成へと向かわせていく——まさに「信仰の神秘」の目的がここにあります。

2　なぜ「神秘」なのか

以上、本書のタイトルである「信仰の神秘」という言葉が指し示すことがらを要約しましたが、「神秘／奥義」である以上、それは合理的に検証したり数値であらわして了承できるようなことではありません。「信仰の神秘」は対象化された「モノ」やことがらではなく、まさに信じて受け入れるべき「意味体験」なのです。信じて受け入れ、生きることによって初めて実感していく人間のいのちの（人生の）広さと深さ。それが今、この祭壇上でしるされ一人ひとりに呼びかけます。「さあ、あなたはこれにどう応えるか」――ミサ聖祭の中心でなされる「信仰の神秘」という宣言と呼びかけは、こうした問いかけなのです。

ところで、ミサ聖祭において祝う「神秘」については、すでに『キリスト教信仰のエッセンスを学ぶ』（以下『エッセンス』と略す）で学びましたが、もう一度要約するとつぎのようにまとめることができます。

(1)神は愛そのものである。

(2)神はこの世を愛し、わたしたちが神の永遠のいのちに与ることができるよう御子イエス・キリストをお遣わしになった。この方は福音を説き、十字架の死と復活をもって「贖いのわざ／過ぎ越しの奥義」をなしとげ、わたしたち人間にとっての本当の救いの道をひらいてくださった。

(3)人は、この御子イエス・キリストを信じ、彼に倣い神と隣人を愛することによって「過ぎ越しの奥義」に参与していく。こうしてこそ人は各自の人生を「意味づけ」ていく。人生の最終目標は神の愛に満ちた「永遠のいのち」にあずかることにある。

新約聖書の主題であるこれら全ては、ひとことで「愛」と言う言葉でくることができますが、それは人間の考えや思いをはるかに超えたことであるため、「神秘」としか言いようがありません。「キリスト教の本質とは何か」と問われれば、端的にそれは「神の愛の神秘」そのものであると言うことができましょう。洗礼を受けた皆さんは、信仰をもってこのことを受けとめたのでした。洗礼とは「過ぎ越しの奥義（神秘）」に与らせていただき、誠意をもってそれに応えていく出発点であることを、ここでもう一度確認いたしましょう。

3　本書が目指すこと

本書は、洗礼を受け「過ぎ越しの奥義」に参与し、キリスト信者となった人が、これからどのようにその恵みに応えていったらいいのか。どのように「信仰の神秘」を日々の歩みにおいて具体的に実践していったらいいのか――いわばキリスト教のエッセンスを生きていくための手引き書、あるいは、参考書のようなもので、イエスの使徒によって始められた教会の信仰実践の基本を記したものです。それはイエス・キリストの示された救いの招きに応えていくこと、救いの道を具体的にたどっていくべき信仰の遺産の紹介といえます。

確かにキリスト信者の生き方はきわめて多岐にわたり、信仰実践のあり方とか、その知恵や霊性の遺産にははかり知れない豊かさと量があります。しかし、『エッセンス』でとった姿勢のように、ここでも敢えて基本的なことにこだわりたいと思います。

「実践」というと、自分の力を当てにするかのような印象がありますが、あまり固く考えないでください。キリスト教の本質（エッセンス）とは、端的に「神の愛の神秘」そのものだと言いました。しかし、それは何か宗教感情に陶酔するとか、日々の生活とは正反対の神がかった体験を目指すことなのではありません。そうではなく、イエス・キリストを通して、大いなる「神」という御者と向き合いながら、感謝と喜びのうちに、自分も含めて全てがこの方によって生かされ、この方とつながっている根源的な事実に驚きをもって気づいていく道を歩むことです。さらにこの歩みによって自分が変えられ、父なる神の望みにそって一度の人生を「より善く生きる」こと、すなわち、キリストの愛を生きるようになっていくことです。これが本書における「信仰実践」のねらいなのです。

カトリック教会において「洗礼」を受けた人々が、本書から信仰実践の基本を学び、「信仰の神秘」に生き生きと応え、喜びに満ちた「素晴らしい人生」を歩んでくださることを願ってやみません。

4　本書の仕組み

本書は二つの部から成り立っています。次の通りです。
第一部　キリスト教の人間観
第二部　キリスト教信仰を生きる
第一部の「キリスト教の人間観」では、イエス・キリストによってもたらされた救いの恵みを受ける「わたしたち人間」の真相を観察します。それがあって初めて、キリスト教が伝え、わたしたちが信じ応えようとしている「救いの恵み」が、単なるおとぎ話のようなものではなく、まさにわたしたち生身の人間にかなったものであることが見えてくるでありましょう。
第二部の「キリスト教信仰を生きる」は、本書の中心でイエス・キリストの「救いの恵み＝過ぎ越しの奥義」に具体的にどのように応え、生きていったらいいのかをさまざまな角度から見ていきます。
どこから読み始めてもかまいません。少々忍耐を要するかも知れませんが、コツコツと読んで味わい、自分を振り返りながら「信仰の神秘」の実感を深めていってくだされればこんなに嬉しいことはありません。

5　本書の性格

本書は学術書や研究書ではありませんので、関心のあるところから読み始めてかまいません。そこからさらに関係のあると思われる箇所をさがして、次々とつないで読んでいかれることをおすすめします。本書は、いわばラセン階段のように廻りながら高みへ、あるいは、深みへと進んでいきます。したがって、同じようなテーマが何度か繰り返し出てきますが、その都度、前に出た箇所とつきあわせながら「つながり」を確かめてくだされぱよいと思います。

大事なことは、イエス・キリストへの信仰の実践の動機づけをしっかりと自分のものにしていくことです。本書は単なるハウツーものでもなく、実践項目を並べただけの戒律主義を意図するものでもありません。「過ぎ越しの奥義」の招きに、信仰と喜びをもってしっかりと応えていくためのささやかな手引書として使ってくだされば幸いです。

注

(1) **信仰の神秘**　「信仰の神秘」という言い方はラテン語の規範版（カトリック教会共通の典礼規範とされている）では「ミステリウム　フィデイ／Mysterium fidei」で、日本語の「信仰の神秘」はそれをそのまま訳したものである。今日の日本のカトリック教会において、「ミステリウム」は一般に「神秘」と訳されているが、かつては「玄義」という言葉が使われた。また、教会外では「奥義」「密儀」とも言われることがある。『エッセンス』では「過ぎ越しの奥義」と言う言葉を使ったが、「神秘」と言い換えることもできる。今日の日本ではどちらかというと「神秘」という語が興味本位で軽々しく使われる傾向があるため、『エッセンス』では「奥義」としたが、本書では「神秘」と表記する。

(2) **不思議**　「不思議」という語は、元来仏教用語で「ア・チントヤ」を漢訳した「不可思議」の省略形である。「思いはかることができない」の意。仏教の伝来と共に早くから日本語として定着し、広く人智の及ばないこと、非日常的なことの意味として用いられるようになった。科学的・合理的な考えが優位とされる今日でも、「不思議」という言葉がふだん使われるのは、物事に対する人間の基本的なこころのあらわれであろう。この「不思議」感覚、いのちの底からわき起こる素朴な驚きの感覚なしに聖書の世界を味わうことはできない。

信仰の神秘
目次

信仰の神秘
目次

第七章　カトリック的「終活」　361

凡例
●聖書は基本的に『新共同訳聖書』（日本聖書協会）を用いた。
●聖書の各文書は、『マタイによる福音書』を「マタイ」、『コリントの信徒への手紙・第一』を「一コリント」のように簡略化して表記した。
●本書は学術書ではないので、煩わしさを避けるため、引用の出典表示や注釈は必要最低限にとどめた。なお、主要文献は巻末に一括して記した。

信仰の神秘
目次

コラム

理解を深めるために

第一部　キリスト教の人間観

本書は洗礼を受けたばかりの人々を対象にしたものです。開始そうそう「キリスト教の人間観」などと言うと、きっと戸惑いを覚えるかもしれません。でも、ご安心ください。この第一部は一番最後に読んでくださっても結構ですし、第二部から読み始めてもかまいません。

ところで、カトリック教会の長い歩みにおいて注目すべき一つの伝統があります。それは、イエス・キリストによって救いの恵みを受けたわたしたち「人間」とは、そもそもいったいどのような存在なのか。この問題についての粘り強い思索とすばらしい洞察の積み重ねがなされてきたということです。キリストの啓示の光に照らされ、人間が自分自身の本当の姿をつかもうとしてきた努力とその実りは、いわば人類の宝ともいえます。そのエッセンスを、これから紹介して参りましょう。

第一部を初めに読んでおいてくだされば、これから進めていく「過ぎ越しの奥義」がいかに身近なものであるかがいっそう実感なさることでしょう。あるいは、一番最後にこの部分をまとめとして読んでくだされば、「過ぎ越しの奥義」とつながった人間存在の深さをあらためて実感なさることと思います。いずれにせよ、皆さんがキリスト教の人間観、人間理解をこころに留めておくとき、日々の歩みの中で物事をしっかり考える支えになり、一度の人生をいっそう充実させていくことができると思います。それほど、キリスト教信仰に基づく人間理解はすばらしい「物差し」と言えます。

第一部は大きく三つの部分に分けてみます。一つは、「人間」であることの主な特徴をいくつか取りあげながら、それぞれについて考えていきます。二つ目は、その中でとりわけ人間は「人格」であるという大きな特徴について考えてみたいと思います。そして三つ目に、聖書の人間観の深さと広さについてご一緒に考えていきたいと思います。

考えることを楽しみながら「わたし（わたしたち）」の深みをじっくり思いめぐらし、「人」としてあるいのちのすばらしさを味わって参りましょう。

第一章

人間であること――その主な特徴

第一節　何よりも人間は「からだ」として在る

1　「からだ」という当たり前の現実

わたしたちは毎日の生活の中で自分が「からだ」として在ることを当然のこととしています。親は生まれて来るわが子が何よりも「五体満足」であることを願います。大きな気遣いと愛情を受けわたしたちの「からだ」は健やかに育ち、からだに備わった「生命力」によって日に日にたくましく大きくなっていきます。「若い」ということが賛美される理由の一つには成長していくからだの強さや美しさへの驚きがあるからでしょう。

しかし一方、「からだ」は心配の対象でもあります。生まれつき虚弱であったり、さまざまな障害をかかえるからだの人もいます。またからだは病気の危険に常にさらされており、わたしたちは事故や事件、それに災害によって身《からだ》を守らなければなりません。自分自身の不注意や怠りによって「からだをこわす」ことがないように親は早いうちから子供をしつけますが、必ずしも成功するとは限りません。

そして誰もがある時期になると体力のおとろえを自分のこととして知るようになり、そして「老い」をさまざまに経験した後、からだの生物的な機能を全て失う時を迎えます。「死」です。このようなからだを巡る必然的な在りようをブッダ（＝ゴータマ・シッダールタ）は「生老病死」と喝破し、これこそ人間の真実だと訴えました。見事な洞察と言えます。

「からだ」として在るわたしたちの当たり前の現実は、いずれ失っていくはずの健康・体力・若さ・美しさなどの価値によってはかられます。そのために人間が織りなす社会は常にからだをめぐる夢を次々に駆り立て、経済的な利潤をそこに重ねるのです。「これは健康に良い」と宣伝されればある種の呪力が発生し、だれもがそれを手に入れるために夢中になるほどです。不思議なことではないでしょうか。

2　「からだとして在る」ことの奥行き

人間の「からだとしての在りよう」は、人間以外の動物や生物と共通点があるとはいえ決定的な違いがあることを認めなければなりません。この点については後に「人格／ペルソナ」について考えるときにあらためて扱いたいと思います。また、『エッセンス』でも「過ぎ越しの奥義」の秘跡と重ねて「からだ」についてしばしば触れました。しかしさらに、「からだとして在る当たり前」が、もう一つのわたしたち人間の「当たり前」を映し出しているということ、すなわち、「心とからだは一つ」であるということを踏まえて、人間の打ち消しがたい特徴である「心／精神」について振り返ってみましょう。

第二節　人間は精神的な存在

1　人間が精神的存在であるとは

人間は「精神」を持っているとか、他の動物と違って人間は精神的な存在であるなどと言われます。それはどのような体験に基づくことなのでしょうか。わたしたちが単なる生物的な個体ではなく「人間」として存在していることを自覚するために、まず、この点について振り返ってみたいと思います。

2　「知・情・意」という能力について

わたしたちは、常に物事を考えたり、何かを決めたりしながら生活しています。そしてそこにはいつも何らかの感情がともなっています。このような人間に備わった固有の能力は「知・情・意」と簡潔に呼ばれてきましたが、それらは、根本的に生まれながらに備わっている「いのちの働き」であると同時に、それらをさらに磨いていくことが各自に課せられています。

「知」とは何かを知解する能力のことで一般に「理性」と呼ばれます。物事の成り立ちを探求したり、比較したり、理解するという能力です。しかもそれだけではありません。物事の背後にある目に見えない関係や本質をつかみ取って自分のものにし、さらに推察を重ねながらいっそう奥まった世界へと分け入って行くという不思議な働きです。

「情」とは、何かを見たり聞いたり触れたりして起こるこころの動きです。物事に接するとき、瞬時にあらわれる働きで、「知」の働きとは関係なく自動的に動く力です。人間以外の動物や植物にも何らかの「情」の働きがあると言われますが、それは、刻一刻と脈打つ「いのち」の不思議な力であると言わなければなりません。一般に「感情」と呼ばれるこの働きは、「想像力／空想力」と結びつくと、とてつもない大きな世界が生まれ、展開します。芸術の営みだけでなく知的な営みも含め、人間のあらゆる営みにはこの「情」の働きがつきまとっているのは不思議なことです。

そして「意」とは、何かを選び取る能力で、一般に「自由意志」と呼ばれます。選択能力である「意」に「自由」という語がつくのは、良しと思うことを自発的に自分から選び取るからです。他の圧力によって選ぶならそれは「自由」ではありません。しかし、まさにこの「自由意志」という人間特有の働きゆえに、さまざまな問題に遭遇させられ、わたしたちは悩んでしまうのです。一つは他者の「自由意志」と衝突してしまうからで、もう一つは自由意志という力を用いる自分自身が時には分裂してしまうことがあり、後悔したり悩み苦しむという現実があるからです。これもまた、不思議なことです。

このように人間に備わった主な能力を振り返るだけでも、わたしたち人間がいかに深みをかかえた存在であるかが見えてきます。動物には喜びや恐れなどの感情があっても、迷ったり、よく考えた上で何かを決断して選ぶということは見られません。仕組まれた本能がその場その場で機能するだけです。こうした単純さゆえに、きっとわたしたちはペットをかわいいと感じるのでありましょう。

ところで、人間には「知・情・意」という力や働きだけがあるのではありません。後に扱う「霊性」という問題とからむ「霊力」とでも言うべき、極めてユニークな能力が備わっていることも見のがせません。「霊力」とは、自分という小さな存在が、はるかに「大きな存在」につながっていることを感じ取る能力であり、その大いなるものとのコミュニケーションを求めるという不思議な働きです。「祈り」はその典型的なあらわれと言えましょう。人間が存在するところ、時代や場所や文化を超えて必ず「宗教」や「祈り」という現象があるのは、この人間に備わった「霊力」のおかげです。

その他に人間には「記憶力」「直観力」「協調力」「包容力」「和解力」という創造的な力が備わっていると同時に、「敵対心」「憎悪」「破壊」「支配欲」「自己顕示欲」など善き物事や関係性を破壊しようとする恐るべき力もまた備わっていることを、認めなければなりません。本当に不思議としか言いようのない人間の現実です。

3　「精神」ということ

わたしたちが問題にしている「精神」とは、どのようないのちの現実を言うのでしょうか。あるいは、「精神」と呼んでいることは、どのような体験に基づくことなのでしょうか。幾つかの点を取り上げながら考えてみましょう。

第一に、自分が「自分」を見つめるというこころの働き、すなわち、「内省」とか「反省」と呼ばれる体験や「我に返る」という体験があります。自分に対して「自分」というものが立ちあらわれるということは人間の最も根源的な特徴で、それをわたしたちは「精神」と呼ぶのです。

わたしたちはただ生物的個体としてたまたまそこに在るのではなく、自分自身を見つめ振り返ることができる存在です。「振り返る、反省する」という営みは、英語で「リフレクション／reflection」と言われますが、それはラテン語の「reflectio」に由来し、「refluo／逆流する」という動詞の名詞形です。「意識」を流れとイメージし、それが一方的に流れるだけではなく、「自分」から出て「自分」に向かって逆流してくることを「内省／反省」と捉えているのです。

精神の働きの根本をよく考えさせてくれる表現ではないでしょうか。

第二に、自分で自分のことに気づくという営みは「自己意識」と呼ばれますが、それはさらに不思議なことです。すなわち、自己意識があると言っても、「自分」自身に縛られたり、自分に小さく閉じこもって完結するのではなく、周りの物事や他者に開かれている意識だということです。「わたし」という意識は接する全ての物事や人との出会いによって触発されて、「わたし／自分」という意識を広げながら、常にまた自分自身に帰り「自分」をつかみ直します。こうした神秘的な能力が誰にも備わっているのです。

しかし、「自己意識」があると言っても、それがどのようにしてあらわれてくるのかはいまだに解明されていません。人の誕生の生物学的な解明がほぼなされているのとは対照的に、「自己意識」というテーマは相変わらず人類を悩まし続けている大きな問題です。実際、一人の人間が誕生するということは、「精神」と呼ばれる神秘な「開きの能力」を備えた、新しい一度きりの存在が登場することです。このかけがえのない新しい「自己＝意識の主体」は、すでに存在する無数の「自己意識」の極めて複雑で豊かなネットワークの中に生み落とされ、互いに響き合いながら、唯一無二のものとして短い時間の中で成長し、やがて消えていきます。

第三に、「自己認識」を持つわたしたち各自は、「自分が今・ここに・誰かと居る」と意識するのですが、しかし「居る」という根本的事実には限りがあると気づくのです。すなわち、「今・ここに・誰かと居る自分」が、いつの日か「死んで居なくなる」ということです。「消えていく／居なくなる」ということは、わたしたち人間の宿命で、誰もそこから逃げることができません。そのため「限りある自分」という気づきは、自分の存在理由、自分の存在の意味を問うのです。先ほど、「精神」には「開かれている」という最大の特徴があると言いましたが、自分が有限でいつか居なくなってしまうにもかかわらず「精神」は相変わらず開かれています。すなわち、自分の存在の理由、今・ここで生きていることの意味へと開かれ、それを問い、それに向かおうとするのです。まさに、人間の精神の根本的な不思議さは、このことに極まると言えましょう。古来、どの民族や文化にも「宗教」や「哲学」という現象が見られますが、それはこうした人間の神秘的な現実に答えを与えようとしてきた、人間の精一杯の営みであると言えましょう。

第一留
イエスに死罪の宣告がくだされる

第三節　死すべき存在である人間と希望

1　生きることにつきまとうさまざまな試練

どんなに幸せな人生を願っても、人生の途上でわたしたちはそれぞれにさまざまな試練やもろさや危うさを次々に体験していきます。挫折や失敗、離別、病気、誤解や偏見、事故や災害、戦争など。

先に、人間には「自由意志」という生来の素晴らしい能力があることをみました。それをもって人間は自己実現を図ろうと努力するのですが、しかし今あげた種々の試練はこうした自由を脅かし、自発的に良きことを選んでいく力をそいでしまうのです。そのため人間は自由でありながら同時に、自分の限界にも気づかされていくのです。わたしたちが未来に対して不安を覚え、何よりも自分の人生が失敗に終わるのではないかと恐れるのは、自由意志が及ばない現実があることを知るからです。

2　死と向き合うとき

わたしたちは「死の現実」を周りの人々の死から徐々に学んでいきます。ところが、わたしたちはふつう「死の問題」から目をそらし、自分だけは死なないかもしれないという幻想をどこかで抱いており、日々の出来事や生活の現実に逃避する傾きがあります。日本の社会には、「縁起でもない」などと言って「死の問題」を回避し、真剣に向き合おうとしない傾向が根強く見られますが、それが超高齢社会に大きな影を落としているほどです。

しかし、大病を患ったり、事故に遭ったり、あるいは、老齢の域に入って「自分の死」を自覚せざるを得なくなると、わたしたち誰もが否応なしに「自分のいのちには限りがある」ことに気づかされ、「死」の問題に向き合わなければなりません。

死の現実を前にすると誰も恐れや不安を避けることができません。わたしたち誰もが感じる不安と孤独の根本は「死」にあると言えます。先に見た「自己意識」と同じく、死に対する恐怖もまた、人間であることの根本的な特徴なのです。

3　無力さの体験

死を前にわたしたち人間は、自分の存在のはかなさに触れると同時に、自力で自分を救えない無力感を覚えます。すなわち、死を避けることも、死を超えることもできず、理性の力で自己の不滅を証明することもできないのです。死の現実を前にして孤独に追いやられ、死に身をまかせるしかないと感じるとき、まさに人間は無力さの極みに立たされるのです。

そうした限界を知って痛感することは、生きながらえる力が自分自身にはないということでありましょう。それならどうしたら良いのかと自問したところで深い沈黙があるのみです。この沈黙はわたしたちが「死に定められた存在」、「もろくはかない存在」であるということを示唆しています。日本の思想的伝統である「無常観」のテーマは、きっとこうした現実を言い当てているのでありましょう。

4　自分の存在の意味を問う(1)

「死に定められた存在」「有限な存在」として生の無常に直面するとき、わたしたち人間は「自分の存在の意味」を問わざるをえません。

「ゆく河の流れは絶えずして、しかももとの水にあらず。淀《よど》みに浮かぶうたかたは、かつ消えかつ結びて、久しくとゞまりたる例《ためし》なし。世の中にある人と栖《すみか》と、またかくのごとし」（鴨長明『方丈記』）

有名な『方丈記』の冒頭の言葉は、人間存在の根本的な問いを引き起こします。自分は泡のような単なる偶然な存在でしかなかったのか、自分の歩んできたこれまでの日々は無意味だったのか。これでよかったのだろうか。そもそも「自分」とは何なのか。自分のいのちには意味があるのか。わたしたちは「死に向かう存在」であるからこそ「生の意味」を問うのです。実に不思議なことであると言わなければなりません。

「自己」に目覚め、自分が誰かと共に今・ここに居ると実感するとき、わたしたちは自分が「居なくなってしまう」ことを当たり前としません。それは今手にしている生活、現実のあらゆる営みや努力を無意味にしてしまうことにつながるからです。まさに、人間は「無意味さ」に耐えられず、「無意味だという恐れ」こそが、生き続けたいという希望の裏返しとなっているのです。したがって、自分の存在の意味を問うということは、「希望」を問うということです。希望を引き起こす確かな「意味」、わたしたちはそれを求めてやまないのです。これもまた不思議なことです。

5　死んだらどうなるのか

「死」によって全てが無意味に終わってしまうなら、他者との関り、夢や希望が全て断ち切られただ消えてしまうだけなら、互いに夢を抱き、計画を立てその実現に向かって共に汗を流し苦労したことが全て泡に帰してしまうなら、結局今手にしている生の意味はどこにあるのか。わたしたちが死を恐れる一番の理由は、まさにこの点にあるのです。

生きること（生）が全てを無にしてしまう死に飲み込まれていくだけなら、未来の希望に向かって生きていくという人間の根本的な在りようは所詮ムダなことになってしまいます。しかし、わたしたち誰もが、常にこの「自分であること」を肯定し、いつまでも存続したいと願います。生きる意味を追求する人間の根本的な「渇き」の根拠はここにあるのです。

わたしたちには、永遠に居続けたいという願望があり、それを消すことはできません。そのため、死の問題は逆説的ですが、人間が「希望への存在」であることを明らかにしていると言わなければなりません。

6　死を超えた希望

死は避けられない宿命として、人間のいのちの一部をなしており、生まれてきた以上誰も死ななければなりません。それでも人間が「死を超えた希望」を抱き、この希望が「今」を生きる自分の存在に意味を与えるという現実は、実に不思議なことです。なぜなら、死をも超えた「救いの恵み」があるという希望によって、初めてわたしたちは自己矛盾を乗りこえ、悪に支配された現状に立ち向かうことができるからです。したがって、わたしたちは根本的に「希望に向かう存在」、「希望の呼びかけを聞く存在」なのです。「希望」はこれほどまでに、今を生きることと切り離せない人間の精神の特徴なのです。

とするなら、「死を超えた希望」を認めるか否かが自ずと問われていると言わなければなりません。現在手にしている「いのち」が確かに終わってしまうことは、誰も否定できません。そうすると、わたしたちに可能なのは「新しい存在のあり方」を期待することだけです。聖書に告げられる「永遠のいのち」、「死から復活へと過ぎ越す」というテーマは、ここに結びつくはずです。

ところで、「死を超えた希望」を考えるとき、忘れてならないことがあります。それは、「希望を生きる」という人間の根本的な傾きは、「絆」という特徴を持つものだということです。つまり「希望」はただ「わたし個人のための希望」ではなく、「わたしたちのための希望」でもあり、希望において人は連帯しているのです。共に何かを希望し合い、一つの希望に結ばれていることが社会の原動力となっていることは否めません。よりよい未来を築く課題が、誰にも課せられており、共に社会を築いていく責任を皆が担っていることを「希望」という絆は暗示しています。

さらに「死を超えた希望」は、どの伝統宗教にも見られ、死者のために祈り、再会への願いにおいてあらわれています。イエスの「愛とゆるし」の教えもまた、最終的にこのような「死を超えた希望」と結びつけてとらえるべきテーマでありましょう。

注

(1) **存在の意味**　『キリスト教のエッセンスを学ぶ』でも「意味」についてはあちこちで触れたが、ここでもう一度取り上げてみたい。「意味」については抽象的に考えるよりも「意味体験」として振り返ってみるとよりピンとくる。それは何より目標や願いが達成されたときに実感する生の充実感である。失敗や挫折や苦労を繰り返しながら目指してきたことが達成されるとき、人はこれまでのことを決して「無意味だった」とは考えない。一方、「虚しさを覚える」「生きている意味が見いだせない」と訴える人は心に大きな痛みを抱えているが、その場合の「痛み」はほとんど「他者とのつながりが見いだせず自分が孤立している」ことが原因となっている。全く誰からも相手にされなかったり、頼られることがないとき、人は自分の存在理由を見失ってしまう。「虚しさや無意味さ」を味わう苦しみの根はこんなにまで深い。さまざまな形で他者とのつながりを持つとき、言葉や行動を通してこころが共鳴し合うとき、さらに夢や目標を共有し合うとき、人はまさに「意味」を体験するのである。イエス・キリストの「神と隣人を愛する／大切にする」訴えは、人間のこうした意味体験とつながっているのである。イエスの「福音」とは、こうした意味体験の文脈に置かれた「生の輝き」を開花させる力と言えよう。

第四節　意味を希求する人間

1　意味に渇くという人間の不思議さ

わたしたちは意味が分からない言葉に出会うと、人に聞いたり、辞書を引いたりします。子どもは辞書を引きながら、言葉の意味を整理したり、また単語の数を増やしていきます。この作業は大人になってからも同じで、特に外国語を学ぶには辞書が欠かせません。認識としての意味体験と言えます。

他方、辞書を引いて言葉の意味を確かめるのとは違って、日々の生活や人との出会いやさまざまな出来事を通して、わたしたちは「意味」に出会い視野を広めたり、いのちの深みを増していきます。行動や状況の「意味」がつかめないとわたしたちはイライラし、迷い、元気を失うものです。しかし、分からなかったことが見えてきた瞬間、「そうだ！」と合点して思わず膝を打ち、モヤモヤしていた自分が急に元気になることを誰もが体験しています。

人生における「意味」を考えた場合、それは数値であらわしたり頭で分かることというよりも「体験」して分かっていくという不思議な世界です。子どもたちを教育する根本にはこの意味体験の伝授があり、それを受けて子どもは自分で考え判断し行動していくようになるのです。そして「意味体験」は決して自分だけでできることではなく、自分以外の人との交わりの中でなされていきます。これも不思議なことです。

2　自分を開花させたいという願望

わたしたち誰もが「自己実現／自分を完成させたい」という願望を抱いています。これまで考えてきたように、人間は根本的に「未来に開かれた存在」、「希望への存在」です。わたしたちは絶えず「前方にある何か（＝希望）」を目指して生きています。わたしたちは、自分で選んだ方向を目指して、どうにかそこに達しようとするのです。この意味で、希望を生きるということは、「自己」を実現していこうとする歩みと言えます。そしてこの歩みはいつも「途上」なのです。その意味で人間は常に「成る」ことによって「在る」、成りつつ存在している「途上の存在」であると言えましょう。この視点はとても大切です。白か黒か、成功か失敗か、という二元論的発想は現に生きている人間には適用できません。徹底した品質管理の下に置かれた完璧な製品という発想は、自己実現を目指して歩み続ける人間には通用しないことを忘れてはなりません。

わたしたちは互いに、相手の生きる夢や希望、人生計画を知るとき、初めて相手を深く理解することができます。そのため、どのような自分に成りたいのか、そのためにどのように歩んでいるかを知り合うことが大切です。本当の意味での親しさとか兄弟愛とはこのようなことを指しているのではないでしょうか。

一方、「より自分らしくなりたい」「納得できる自分をつかみたい」という基本的な願望をもって自己実現の道を歩むわたしたちは、常に「不安」を抱えています。生きる方向や未来が閉ざされると、心身の変調を来たし、最悪の場合には「自死」にまで至ることさえあるのです。それほどまで、わたしたち人間にとって自己実現の願望はすさまじいものと言えます。

3　フランクルが指摘する視点

ここで、フランクル(1)という人の洞察と考えを借りながら、「意味を希求する」わたしたち人間の不思議さに、もっと分け入って見ましょう。

フランクルは、まず、わたしたち各自の「変えられない運命」に着目します。考えてみれば、わたしたち誰もがそれぞれに変えられない運命を背負って生きています。どのような親の元に生まれ、どのような家庭環境で育てられたのか、どの性を受け、どのような気質や体質をもらったのか、どのような天賦の才能や能力をもらったのか。これらは自分の自由意志で選ぶことはできません。それだけではありません。どのような職に就き、どのような人と出会って結婚し、どのような夢や希望を選んできたのか。自分の選択もまたある意味で「運命」ということができます。何を支えとして（自己実現の希望として）生きて行くかのぎりぎりの選択は、多くの場合そのきっかけを振り返れば、「あれは運命であった」と人は知るからです。そして、人生の途上で遭遇するさまざまな予期せぬ挫折や病気や事故など、苦しみをともなう出来事を体験すると、わたしたちはそうしたことをまさに「運命」だと実感するものです。

問題は、こうした自分の運命、変えられない現実に対してどのような態度を取るのか、自分の運命をどう引き受け、そこから自分のさらなる人生をどう築き上げていくのかが、問われているということです。フランクルは、そこに注目し「態度価値」という言葉を使って、運命につぶされない生き方があると言います。すなわち、生きる意味を見出していく姿勢を問題にするのです。

たとえ八方塞がりの状況に追いつめられても、自分がこの人生で「なすべきこと」「なし得ること」を発見することができるのです。つまり、「何が（誰が）わたしを必要としているか」、「その何か（誰か）のために、わたしにできることは何か」、「この人生で、わたしは何を求められ、期待されているか」。生きる意味を見出すのは、このような問いかけに応えることによって可能なのです。

フランクルは言います。自己実現を目指して「自分が実現すべき意味は何か」と問うとき忘れてならないのは、「自分は何をしたいか」ではなく、「人生はあなたに何を求めているのか」の方がもっと大事だ。「あれが欲しい」「あれがしたい」という自分の欲求や願望を中心に生きる限り、こころは絶えず「むなしさ」や「不満」を抱える。しかし、人生に意味があるのは、一人ひとりに固有の「なすべきこと」「実現すべき課題」が必ずあり、その人に発見され実現されるのを待っている。自己実現という、ある意味で自己を中心に置く考え方ではなく、逆に「意味中心」、すなわち、意味に開かれ、意味に自分を賭けていく人生観こそが人を真に実現させる、とフランクルは言うのです。こうした視点は、意味に渇く人間の不思議さをいっそう際立たせてくれるのではないでしょうか。

4 「生きる」とは未来に賭けること

誰にとっても「生きる」とは、望みをもって未来に賭けること、何かを待ち望みながら歩み続けることだと言えます。わたしたちは、自分で選んだ何らかの目標に向かって「自由な決断(選び)」を繰り返しながら「自分自身」に成っていくのです。そうした歩みの中でわたしたちは、生きる意欲をつないでいきます。希望という見通しを持つということが、いかに大事なことであるかが分かります。

したがって、虚構や幻想、破壊を自己実現の目標としてしまうなら、人は自分を見失い、自分を滅ぼしてしまうことになります。このような迷いの可能性、自分がどこにいるか分からなくなってしまい、先が見えなくなってしまう状態は、洋の東西を問わず「闇」というイメージで表現されてきました。イエス・キリストが教えた祈り(＝主の祈り)の結びで「わたしたちを誘惑に陥らせず、悪からお救いください」と祈らせるのは、こうした人間の闇の謎を踏まえてのことでありましょう。

まやかしのものに自分を賭けては自己を実現することができないなら、また、この世のことがたとえ善きものであったとしても絶対的なものでないとするなら、自己実現を願望するわたしたちはいったい何を最終的に目指したらいいのでしょうか。これは大きな問題であると言わなければなりません。先に「死を超えたいのち」について触れましたが、再びここでもこの問題が立ちあらわれてきます。自己実現という切り口から見た場合、次のように言うことができます。すなわち、わたしたち人間は「絶対的なものへ開かれた存在」、「未来から呼びかけられた存在」であるということです。人間に生来備わった能力の中には「霊力」があると先に述べました。日常を超えた次元に関わる「霊力」とは、まさに、ここで触れた人間が「絶対的なものへ開かれた存在」、「未来から呼びかけられた存在」であることとつながっている力なのです。

5　意味を信じる

フランクルは、それぞれの人生において発見されるのを待っている「意味」、発見してつかんだ「意味」については、信じて受け入れる他はないと言います。いのちの深みから湧き上がってきた「意味」に対して、人はそれを信じて応えるしかありません。まさにそれは「意味への信仰」と言えます。すなわち、人間の理解とか通常の目線を超えた「向こうから」の招き（＝意味からの招き）を信頼し、全存在をかけて受け入れ、応えていくということです。「全ては意味に満ちている」と信じる人は、それを検証できる事実として受け入れるというよりも、逆に信じることによって、全てが意味に満ちていることに気づき始めるのです。「人間は生きている限り、何らかの意味を信じている」とフランクルは言います。人間は意識しようとしまいと意味に対する信仰を持っているのです。「根本信仰」とでも言うべき傾きがインプットされている人間の不思議さです。

6　希望を見出せないということ

「生きていて意味がない」とは希望を見出せない苦しみのことです。「意味」と希望は切り離せません。そして互いに夢をもち、目標に向かって励まし合うとき、わたしたちはまさに「意味体験」をするのです。この「意味体験」は困難や苦しみをも乗り越える勇気や力の源泉です。これもまた不思議なことです。このように考えを巡らすと、人間は根本的に「意味を希求する存在」だと言うことができます。無意味さに耐えることができないのはそのためなのです。

畑に隠された宝の発見や高価な真珠を見つけた喜びのたとえ（マタイ13・44〜46）を語りながら、「信仰」を呼びかけたイエス・キリストの訴えは、ここで触れた「意味への渇き」「意味への信仰」とつながっているはずです。『ヨハネ福音書』は「初めに言《ことば》があった。言は神と共にあった。言は神であった」（1・1）で始まりますが、「言／ロゴス」を「意味」に置き換えてみたらどうでしょうか。何か大事なことが見えてこないでしょうか。

注

（1）**フランクル**　Viktor Frankl（一九〇五〜一九九七）　オーストリアのウイーンで生まれる。精神科医として活躍していたが、第二次世界大戦中ユダヤ人であることからアウシュヴィッツ強制収容所に送られた。両親と妻子を失うが生き残る。一九四五年に解放されると、強制収容所の体験を記した『夜と霧―ドイツ強制収容所の体験記録』を著した。彼は極限状況の体験からつかんだ「意味への意志」論を展開し、「生きる意味を問う心理療法（ロゴセラピー／実存分析）」を設立して、精神分析医として多くの人々の治療にあたった。フランクルの入門書として、広岡義之著『フランクル人生論入門』（新教出版社）、諸富祥彦著『フランクル心理学入門・どんな時も人生には意味がある』（コスモ・ライブラリー）などが参考になろう。

第二章

人格的存在である人間

第一節　人間は「人格的存在」

1　「人格」という言葉

今日、「人格」という言葉が当り前のように使われていますが、それがいったい何を指しているのかとなると、あまりはっきり理解されていません。「人格者」といえば、物の考え方や行動において立派で模範的な人を指します。「人格的には…」というと、一人前の人間として認められている基準を踏まえて、当人が好ましいか否かを問題にしています。「人格形成」「人格淘汰」と言えば、その人が自他との関わりで一人前の人間としての基本を身につけていくことを意味しています。

ちなみに、日本語の「人格」という語は、明治時代の半ばごろに英語の「パーソナリティー／personality」の訳語として造られた言葉です。英語のパーソナリティーも、ある人の性格や性質、転じて立派な性格をもつ人を指しており、今日の日本の「人格」とあまり変わりません。

ところでこれから、「人格」という言葉にこだわるのは、それが人間としてのもっと深い側面、いわば人間存在の根本に触れる問題だからです。そもそも「人格」という発想は、聖書に基づくキリスト教固有の人間理解に由来するもので、わたしたちの日々の信仰生活の底に流れる考え方や感性と深く結びついている考え方なのです。「人格／パーソナリティー」のもととなるのはラテン語の「ペルソナ／persona」という言葉ですが、キリスト教の早いうちからその意味することが深められていったことは注目に値します。

コラム1　「人間は人格である」という考えの由来

イエス・キリストによって救われた「人間」存在そのものの根本的な性質（本性）をどう言いあらわしたらいいのか、キリスト教の草創期から早くもこの問題に関心がよせられた。二～三世紀に始まる古代キリスト教時代の学者（教父）たちは、この点をしっかり捉えようと苦労したが、それは何よりも言語や文化の壁を超えて普遍的なキリスト教のメッセージを広く伝えるためであった。

まずギリシャ語圏に広がったキリスト教は、「プロソーポン」という言葉を使って人間の本性を表現した。この語は元来、顔や演劇における役者の仮面を意味していたが、聖書にも取り入れられ神の「御顔」という場合にこの「プロソーポン」が使われた。そこでは「神」の臨在や、生き生きとした神と人間の関係、出会いをあらわそうとしている。「わたしたちは、今は、鏡におぼろに映ったものを見ている。だがそのときには、顔と顔とを合わせて見ることになる」（一コリント13・12）というパウロの記述はそのよい例である。

ところで、ラテン語圏にもキリスト教が広がって行くと、これまでの「プロソーポン」に代わってラテン語の「ペルソナ」が広く用いられるようになる。この語も演劇で用いられる「面」を意味し、それが転じて役割や登場人物をも意味していた。それに加えてラテン語の「ペルソナ」には、「対話、出会い、役割関係」という人間の生き生きとした出来事の要素があったことは注目に値する。また「ペルソナ」は「個人たらしめている主体」、法律用語としては「責任主体」の意味に発展していった。日本語では「仮面をかぶる」というと欺瞞的な意味であるが、ギリシャ・ラテン圏ではそうした意味は見られない。

2　キリスト教世界において深められた「ペルソナ」の意味

古代教会（一～五世紀）において、「父と子と聖霊」の関係はどうなっているのか、また、人となられた神の子イエス・キリストの場合、いったいどのようにして一つのペルソナにあって、「神であること（神性）」と「人であること（人性）」が両立するのか。さまざまな異端が渦巻く中で、これらの問題は大きな関心の的となり数百年にわたって議論がとり交わされました。さすがギリシャ哲学の知的な伝統をもつ文化圏の雰囲気がそこにはあります。しかし「神の奥義」をどうにか捉えてみたいという真剣さがあったにもかかわらず、教会は常につかみ切れない人間の限界を認めてきました。

三位一体を巡る議論では、「ペルソナ」は父と子と聖霊という交わり（関係）の中にある「自存者」という意味で使われました。一方、イエス・キリストの秘義を巡る「キリスト論争(1)」では、イエス・キリストには「神であることと、人間であることとが一つのペルソナにおいて、融合せず、変化せず、分離したままでもなく含まれている」と表明して長い論争が終結します（四四一年のカルケドン公会議(2)）。ここで注目したいのは、イエス・キリストという存在が、捉えがたい深みをもった、しかも一個のかけがえのない生きた「自存者」であるという認識を「ペルソナ」という語をもってあらわしたということです。

3　人間もまた「ペルソナ」である

古代教会の三位一体論争(3)で議論された「神におけるペルソナ」という問題は、「ペルソナ」というものが、純粋に互いに関わる存在、相互に与え合い受け入れ合う「自存者」という理解をもたらしました。ところがこうした「ペルソナ」理解が、今度は人間存在にも用いられるようになり、その後のキリスト教的人間観の土台となったのです。

「人間はペルソナ存在である」ことを哲学的な立場から明確に強調したのは、哲学者のボエティウス（四八〇?〜五二四）という人でした。しかし、彼は哲学者らしく「ペルソナとは理性的本性をもつ個別的な実体である」と言って、他のものと交換し得ない一度きりの究極的な現実であることを強調し、そこに人間各自の尊厳があると訴えたのでした。すばらしい洞察ですが同時に、せっかく古代教会がつかんだ相互の関わり（関係性）のもとにある「ペルソナ」理解が後退してしまった感じです。

理性を持つかけがえのない「個」であるというボエティウスのペルソナ理解は、中世のトマス・アクィナス（一二二五頃〜一二七四）に引き継がれることになります。彼はさらにかつてのギリシャの大哲学者アリストテレスの存在論を踏まえて、ペルソナとは理性的で分割できない「実体」[4]と見なしました。人間は具体的には「肉体と理性的霊魂を兼ね備えた個体存在である」と理解しました。また、このような人間の人格は、自己認識するとともに、究極的な存在である神に無制限に開かれていて自由に自己を形成する。この開放性が他の人格への関係に導くのである、とトマスは理解したのです。かなり込み入ったペルソナ理解ですが、わたしたち人間存在の奥行をどうにか捉えようとする彼の真摯な姿勢は評価すべきもので、彼のペルソナ理解はその後にも大きな影響を与えることになります。

日本における「罪」のとらえ方

理解を深めるために

(1) 近代の合理主義的な人間観

一五世紀に開花したルネサンス運動は、一六世紀の宗教改革[5]運動へとつながった。カトリック世界における信仰上の問題と教会の体制に関する大変革（プロテスタント運動）から「近代」と呼ばれる新たな時代が始まった。しかし、宗教改革者の当初のもくろみに反して、時代の流れは神中心の考え方から「人間中心」の考え方へと大きく変わってしまう。すなわち、これまでのキリスト教の基盤であった神の啓示ではなく、人間の理性（考える力）を当てにする「理性至上主義／合理主義」の時代が始まったのである。

このような近代に入ると「人間」存在への関心がますます強まり、「自己」の内部にある理性と意識こそが人間の高貴さの基盤であるとされた。人間が「ペルソナ」であるということよりもまず、自我、意識、認識能力、個人の権利、倫理などの問題に関心が寄せられ議論が戦わされるようになった。まさに百花繚乱といった感じである。

(2)デカルトの人間観

近代の合理主義的な人間観の中で特に注目すべきはデカルト[6]の考えである。彼は「考える自我」の存在こそ疑うことのできない絶対的な真理であるとし、こうした気づきをもたらす「理性」にこそ人間の平等性の根拠があると主張した。そして人間には「精神」と、滅びゆく自然の「身体」という相容れない二つの実体があるという「心身二元論」をとなえたのである。デカルトのこのような考え方は、その後の人間理解に多大の影響を与え、今日の医療もそれに基づいている。病院に行けば具体的な「その人」が一個の「身体／生物的な体」「科学的な対象物」として当然のこととして扱われるのはそのためである。

しかし、人間はもともと「心身一体」の存在であり、「身体」は単に部分の寄せ集めではないという東洋医学の考え方が、今日、医学の世界でも見直されている。デカルトの人間観には限界があると反省されるようになったからである。

(3)デカルトの人間観の影響

人間は精神と身体という相容れない二つの実体から成る、というデカルトの人間観は「理性」を突出させた。その結果、全ては合理的（理性に合う）、科学的（合理の実践）に解明することができ、人間は全てを支配下に置くことができるという考え方が広がった。しかし、精神と身体という二つの相容れない実体をどう統合するのか、まさに人間理解を巡ってさまざまな議論が展開していくことになった。観念と経験、個人の権利と国家、精神と物質、自由と倫理（社会的規制）、有神論と無神論など、今日のわたしたちの社会においても議論されているさまざまな問題は、近代以降、活発に始まった議論の延長線上にあると言える。

こうした議論の中から二つの問題を特に取り上げたい。一つは「合理主義／科学主義」の問題で、もう一つは「観念主義／精神主義」の問題である。合理主義は、人間の身体や自然は「機械仕掛け」であるため、科学的に解明し数値であらわせるという確信である。そこから人間の社会もあらゆる活動も歴史も含め一切を合理的に解明でき、人間の支配下に置くことができるという考えに発展した。

マルクス(7)の唯物論と唯物史観、そしてその政治実践である共産主義はこうした「合理主義／科学主義」に基づく。さらに今日の経済活動、地球環境問題や原発事故の問題もまた、人間は科学によって全てを支配できるという考えの結果である。

もう一つの「観念主義／精神主義」もまた、近代以降の社会に大きな影響を与えた。個々の経験ではなく全体をどう見るのかという関心は大きな視野をもたらしたが、一方、国家主義や民族主義と結びついた政治権力に利用されたことも事実である。二つの世界大戦、特に第二次世界大戦においてあらわれた「全体主義」は戦争を正当化させ、大戦後の冷戦時代にあっては「イデオロギーの闘い」となってあらわれた。グローバル化が進む今日、皮肉なことに新たな「観念主義」が宗教や民族や国家と結びついて、人類社会を緊張させている。また、今日の市民社会では「観念主義／精神主義」がオカルティズムやニューエイジ運動[8]の形となって、多くの人々の心を捉えている。自己肥大の欲望と結びついた似非《えせ》神秘主義、自分の癒しだけを求めるオタク的な宗教実践やカルト宗教[9]がその例である。

(4)カントの人格思想

近代以降のさまざまな人間観の中で、インマヌエル・カント[10]（一七二四～一八〇四）は、再び人間の尊厳が「ペルソナ」にあると強調した。彼は、ペルソナとは精神世界に関わる「精神的主体」であると見なしたが、この考えはすでに中世のトマス・アクィナスによって指摘されていた。カントは、人間が「人格」であるのは、道徳法則に則って自律的に行為できるからだと主張する。このような「人格」において人間は皆平等なのだから、互いに尊敬されなければならない。したがって人を「物」扱いにしたり手段にしてはならず、「人格」そのものが人間の行いの目的でなければならない。

カントのこうした人格概念は、日本をはじめ今日の国際社会に広く浸透している考え方となったが、一部の国々では無視されたり、あるいは、「憲法」にうたわれていながら実際には人々の確信にまで至らず、数々の悲劇をもたらしている。いずれにせよ、人権、自由、平等は人間の「人格」に由来する基本的な価値であり、共に社会を築いていく責任や義務もまた、「人格」の譲れない価値と尊厳に基づいている。

(5)二〇世紀に芽生えた新しい人格理解

二〇世紀に入って勃発した二度の世界大戦[11]の悲劇は、人間が「ペルソナ存在」であることをもっと総合的に捉え直す道を開いた。すなわち、「ペルソナ」であることを観念からではなく、生きた現実から捉えなおす必要に目覚めたのである。

相継ぐ戦争の悲惨さや混乱の中で、自分の独自性を見失ってしまう（＝人格喪失）危機感は、

「今・ここに居る自分」という「実存主義」[12]の思想を生み出した。しかし一方、それが行き過ぎると極端な個人主義に走ってしまうと、社会とのつながりを見失い、社会への責任を崩しかねないことになる。

このような揺れ動きの中で、「出会いと対話」を重視する「人格」理解が生まれた。中でも、ユダヤ人宗教哲学者のマルティン・ブーバー[13]は、主著『我と汝』で「出会いと対話」においてこそペルソナの奥深さが現れると指摘する。人格である人間は、規格化されたり取り替えられたりする危険に常に脅かされる中で、「わたし」は「ことば」をもって自分を表現し相手に語りかけて、「あなた」との人格的な関係に入ることができる。さらに、このような応答関係、人格的な出会いと対話は「永遠の汝である神」との間にもなされると、ブーバーは指摘した。

また、フランスの哲学者ガブリエル・マルセル[14]は、人格相互の交流には「言語伝達によるメッセージ」と「霊的・精神的交流」の二通りがあると指摘した。彼は、「ペルソナ」であることに「神の似姿」を認めると共に、罪の現実の中にあってもキリストの恩恵による救いの可能性が消えないこと、信仰の交わりがあることを強調した。

このような「人格」理解の深まりは、今日のカトリック教会、特に第二バチカン公会議（一九六二～一九六五）の人間観にも大きな影響をもたらした。それほどまでに、キリスト教信仰に由来する人間理解の基本（ペルソナ観）とその後の理解の深まりは、わたしたちの信仰に深く関わる問題なのである。

注

(1) **キリスト論争**　キリスト教信仰が聖書の世界からギリシャ語圏に広がっていくにつれ、キリスト（救い主）と告白するイエスとは、どのような存在だったのか改めて問い直す動きがあらわれた。一つは、正統信仰からはずれたさまざまな異端が生じて教会内に混乱があったこと、もう一つは、キリスト教信仰を宣教する場合に（特に）ギリシャ文化圏に生きる人々にイエスの本性と使命をきちんと伝える必要があったからである。古代の「キリスト論争」とは、イエス・キリストの解釈を巡るさまざまな議論を言うが、その際ギリシャ哲学の用語が使われたため、聖書的発想や表現が後退したことも見逃せない。しかし一方、哲学的な用語を用いることによって、文化や言語の違いを超えてキリスト教信仰が広く伝わる道を開いた。

(2) **カルケドン公会議**　四五一年カルケドンで開催された公会議（＝カトリック教会において全世界の司教が教会の最高指導者として集まり、信仰とキリスト教生活に関して規範となるような議決を行う教会の最高会議）。長年にわたったキリスト論争の決着が計られた。イエス・キリストのペルソナにおいては「神性と人性は混合・変化・分割・分離されることなく統一されている」という定式を確認した。ギリシャ的な哲学用語を用いながら、受肉した神の子イエス・キリストの神秘をそのまま保持しようとした結果がこの表現である。

(3) **三位一体論争**　聖書に記され典礼で礼拝の対象とされている「父なる神と子なる神と聖霊なる神」の内的構造と働きがどうなっているのかを巡る論争が古代教会に生じた。その動機もほぼ「キリスト論争」と同じである。三つの位格（ペルソナ）が一つの本質をなし、それぞれが完全に一致しながら交流するとされた。哲学的な用語を用いながら、啓示された神の真相をつかもうとその後も神学的な努力が続けられた。

(4) **実体**　いろいろな形をとって変化していくものの根底にある本質的なもの。

(5) **宗教改革**　日本語の「宗教改革」という訳は誤訳である。本来の言葉は「Reformation（英語）」でキリスト教の「刷新」を意味し、ドイツに端を発したキリスト教内部の改革運動を指している（本書二六六～二六九頁参照）。

(6) **デカルト**　（一五九六～一六五〇）フランスの哲学者、科学者。懐疑から出発し普遍的知へと向かう全ての学問に共通する方法論を説いた。精神・物質二元論や機械論的自然観によって、近代哲学・科学の基礎を築いた。彼の方法論は、一八世紀の啓蒙主義の時代には、伝統的な権威批判の強力な武器とされた。

(7) **マルクス**　Karl Marx,（一八一八～一八八三）　ドイツの社会主義者。友人のエンゲルスと共にいわゆる「マルクス主義」を提唱した。近代市民社会の人間疎外を乗りこえるために、肉体労働に従事しない富裕な権力者階級を打倒し、生産手段の共有に基づく労働者の平等な社会の実現を訴えた。徹底した人間主義と科学的合理主義に基づく彼の「唯物史観」は「共産主義」という政治理念を生み出した。ロシア革命によって無神論国家の「ソ連」が誕生したのを皮切りに、世界各地に共産主義が拡大した。しかし、一党独裁による腐敗や暴力支配、信教の自由の抹殺など「共産主義」の弊害は二〇世紀の人類社会に大きな悲劇をもたらした。今日のアジア圏においてもマルクスが残した「共産主義」のつけは明らかである。

（8）**ニューエイジ運動**　第三章　六五頁の理解を深めるために参照。

（9）**カルト宗教**　狂信的な信者によって組織された小規模な宗教集団で、日本では「オウム真理教」とその分派が典型的である。

（10）**カント**　ドイツの哲学者。彼は、人間の認識行為をつかさどる理性には「先験的な形式」が備わっていると主張する一方、認識する対象そのものを把握することは不可能であるとした。

（11）**世界大戦**　第一次世界大戦は一九一四年～一九一八年にわたる人類史上初の世界戦争。第二次世界大戦は一九三九年～一九四五年にわたる世界戦争。

（12）**実存主義**　第二次世界大戦後フランスを中心に盛んになった思潮。理性といった人間の一般の本質ではなく人間の主体的、自覚的な在り方に重点を置く考え。

（13）**マルティン・ブーバー**　Martin Buber,（一八七八～一九六五）　実存主義の色彩の濃いユダヤ教ヒューマニズムを説いた宗教哲学者。

（14）**ガブリエル・マルセル**　Gabriel Marcel,（一八八九～一九七八）　フランスの哲学者。二〇世紀フランスを代表するキリスト教思想家の一人。人生における空虚と充実、絶望と希望、裏切りと忠実、嫌悪と愛、出会い、愛する人の死などのドラマティックな体験のうちに、人生の存在論的な重みと深さを捉えようとする。

第二節　「ペルソナ／人格」であることの豊かさ

1　自分自身を意識するペルソナ

わたしたちが自分自身を意識するという不思議さについては、先の「精神」の考察ですでに見た通りです。ペルソナ存在だということは、何よりもまず、ある人がまさにその人であって他の誰でもないことで、その証拠はその人の「自己意識」にあります。たとえその人の性格や好み、心理状態が変わり、病気などで体が変化したとしても、なお同じその人であり続けるのは、「自分自身を意識するペルソナ」のおかげなのです。

2　生きた主体体験であるペルソナ

「ペルソナ」には、自己意識という視点からだけでは理解し尽くすことができないもう一つの大事な面があります。ひとことで言うなら、他者との関係の中にある「生きた主体体験」ということです。すでに見たように、人間が「精神」を備えているということは、「開かれた存在」、「自己完結しない存在」、あるいは、「自己完結できない存在」だということです。このような人間の根本的な「開き」とそれに基づく他者との「関わり」は、自分が「生きた主体」、すなわち、他に代わってもらうことのできない気づきをもたらします。ちなみに「主体（＝この自分自身）」という問題は、東洋では古代インド哲学以来「我」という問題として扱われてきました。日本にも大きな影響を与えてきた「仏教」は「我」をいかに超えるかを問題にした宗教であると言えます。

ところで、「主体」であるということは、一人ひとりが「かけがえのない存在」であることを意味します。各自の自己意識（自我）が他のそれとは置き換えることのできない唯一無二の世界、自分を誰かに代わってもらえない、責任を問われている存在だということです。しかし、この「かけがえのなさ」をもって各自（各主体）は「他に開かれ、他と関わる存在」なのです。ここで言う「他」とは、具体的な隣人だけでなく、自分が生きている社会や世界をも含みます。まさに、人間は自分自身をこうした「他」との関係のうちに見いだすのです。

わたしたち人間は自己を超えて「他」へと関係づけられた存在です。あらゆるものに開かれ、関わりながら再び「自己」へと帰ってくる。誰もが「他者」との関わりを通して絶えず「自分」を意識し、主体性を確立していく。しかもこうした営みは自分だけのことではなく互いに起こることなのです。「我――汝」という出会いと相互の関わりにおいて、「われわれ」という共通の意識が確立されるのです。ペルソナが「生きた主体体験」であるとは、このような生き生きとした出来事を言います

第二留
イエス、十字架を担わされる

古代インドで探求された「我《が》」の問題

理解を深めるために

今日の日本においても相変わらず大きな影響を与え続けている「仏教」であるが、この宗教は「我」という身近な問題をどう理解するかという根本的な動機を持つ宗教である。この点について考えてみたい。

BC七～六世紀から約百年の間に「ウパニシャド」と呼ばれる哲学文献が多数あらわれた。そこでの主題は、大きく二つある。一つは「この自分（我）の根拠はどこにあるのか。なぜこの自分（我）が在るのか」という究極の問題である。これについて豊かな議論が展開されたが「存在の原理であるブラーフマン（梵）と自我の原理であるアートマン（我）は同一である」という、いわゆる「梵我一如《ぼんがいちにょ》」の教説にまとまっていった。（ちなみに「梵」や「我」は後に中国に仏教が伝わった際に漢字に置き換えられたもので、さらに日本に入って来て定着した。）「ウパニシャド」のもう一つのテーマは「人は死後どのようになるのか」という問題である。「生類は死後再生し、人間は現世での行為の善し悪しによって輪廻していく定めにあるが、この繰り返しから脱却（解脱）する道がある」と説かれ、その実践が秘伝として修業された。今日、ブームになっている「ヨガ」も本来は解脱の実践の一つだった。

BC五世紀頃に登場したブッダ[15]は、「無我」説をとなえて、それまでの「梵我」の考え方そのものを超えようとした。「実体視」をことごとく退け、全ては「縁（関係性）」によって成り立っている以上、「我」そのものはあり得ないし、それが巡る「輪廻」もない。この真理を体得するとき人はあらゆる「苦しみ」から解放される、と説いて新しい宗教運動を始めた。これが「仏教」である。

ブッダは徹底した「出家主義[16]」を説いて「苦しみ」から逃れるために現世からの離脱をす

すめ、出家集団として仏教を始めたのである。しかし、この宗教運動も時代が進むにつれ分裂を繰り返し、ついに紀元前後には「マハヤーナ（大乗＝大きな乗り物）」と呼ばれる大衆化した仏教が出現した。

これは、出家者・在家に関係なく誰もが救われるという仏教運動である。彼らはそれまでのエリート的な出家主義運動を「小乗仏教／ヒーナヤーナ」と呼んで侮蔑した。一方、大乗仏教の特徴は、諸仏（＝宇宙に充満するブッダの分身）、諸菩薩（＝悟りを求める聖者）に救済を求める他力本願的な信仰にある。また、ブッダが否定したヒンドゥー教の輪廻思想も復活した。

その後インドでは「仏教」は次第にヒンドゥー教[17]に飲み込まれて衰退していくことになるが、「大乗仏教」という形をとった仏教運動は中央アジア、中国、朝鮮半島を経て六世紀中頃には日本にも伝来した。一方、原始仏教（上座仏教／小乗仏教）は、スリランカを経て南アジアに広まって今日に至る。

3　他者との出会い

わたしたち誰もが自分以外の誰かと関わり合いながら毎日を過ごしています。これまでの歩みを振り返ったとき、きっと今の自分に大きな影響を与えた「誰か」が必ずいることに気づきます。時には衝撃的ともいえるこの誰か（他者）との出会いがなかったなら今の自分はないと言えるほどです。それほどまでにわたしたちにとって「他者との出会い」は重要なことであり、それは「ペルソナ」であることの豊かさの大事な要因をなしています。

一方、日常生活では、強烈な出会いではなくとも、わたしたちは常に「他者の眼差し」の下にあり、それなくして「ペルソナ」を考えることはできません。この「眼差し」とは、親のわが子への見守りであったり、家族や友人間や恋人同士の気遣いであったり、時には怒りや嫉妬などの攻撃的な対応であったりします。また仕事上の取組みや、意見をたたかわせながら共に夢や計画を実現していく中での人間関係、そこで立ちあらわれる他者の息遣いや思いや感情の現実です。このような他者との出会いや眼差しの中で日々生きているいのちの在りようを「ペルソナ」と呼ぶのです。

こうしたことを考えると、今日のハイテク社会の負の側面が見えてきます。すなわち、ゲームの「仮想世界」にのめり込んだり、ネット上の言葉だけの世界で自己を肥大化させてしまうことによって、人間が元来「ペルソナ」存在であることがむしばまれてしまうと言わなければなりません。何よりも「生きている他者のない世界」で、全ては「私」の眼差しの支配下だけに置かれ、あたかも「私の主体だけ」があるかのように錯覚してしまうからです。しかし、そこにあるのは肥大化する欲望であり、個人としてのかけがえのなさも尊厳もなく、まさに「ペルソナ」が成立していないのです。このような自己肥大化（幼児的な全能感）にともなうさまざまな歪みの拡大は、今日のわたしたちの社会の大きな問題となっているほどです。

これに反して、「他者の眼差し」を感じるとき「私」の欲望に満ちた世界は制限されます。確かに窮屈さを覚えますが、これによって人間は「私」というかけがえのない「一個のユニークな存在」となるのです。この意味で「他者」は、小さな「自分」を超えさせ、もっと広い世界へ向けてくれるありがたい存在と言えます。わたしたちが「ペルソナ」であるということは、互いに相手を通して自己理解を促し、互いに自分をかけがえのない確かなものにしていくということです。それが人間としてのいのちの在りようなのです。このような仕方で「互いに認め合う」という関係は、まさに「ペルソナ」の重要な特徴をなし、「倫理／モラル」というテーマはここにあらわれてくるのです。

そして、「他者の眼差し」は、具体的に接するあれこれの人からだけではなく、「大いなる方／神」からも受けています。わたしたちが祈るのはそのためです。ここに人間の不思議さ、ペルソナであることの不思議さがあります。神なる御者と向き合い、その視線を感じながら「この自分」があるという告白は聖書の根本的な確信であり、『詩編』一三九編などではそれが見事に歌われています。

4　「この自分」であり続けるペルソナ

今日、「アイデンティティー／identity」という言葉がよく使われるようになりました。ラテン語の「イデンティタス／identitas」に由来するこの語は、時と場所を超えて一貫してそのものであり続けることを意味します。何か抽象的なひびきを持つ言葉ですが、しかし、それが「ペルソナ」について用いられると何か生き生きとした色彩を帯びてきます。「一人ひとりのかけがえのなさをもって一貫してその人自身であり続ける」ことを「アイデンティティー」という言葉であらわすからです。

ペルソナであることの豊かさを振り返るとき、このアイデンティティーの問題を見過ごすことはできません。

各自のかけがえのなさは、わたしたちが「ペルソナ」であることによって生じ、保たれ、育まれていきます。自分のユニークさ（かけがえのなさ）は、相手が認めてくれればこそです。社会（人間のつながり）における自分の役割、生きがい、自己実現とその方法については、誰もが常に関心をはらっていますが、実はこの関心はもっと深く自分自身の存在を問うていることのあらわれと言えます。

先にわたしたちは、人間は「自己意識」を持つものであると見ました。それは「私とは誰であるのか」、「私がこの自分であり続けることにはどういう意味があるのか」という究極を問う不思議さを抱えているということです。これらの問いは、時代を超えた人間の根本的な問いかけであると言わなければなりません。今日の先進国におけるニューエイジ(18)の流行と、それにともなう「前世」への異常な関心もこの延長線上にあると言えましょう。

しかし、「私が存在するとはどういうことか」、「一度きりの私自身であり続けることには意味があるのか」という究極の問題に対して、人間の互いの関係からだけでは納得のいく答えを引き出すことができません。このことは、人間が「ペルソナ存在」であることの神秘（謎）を暗示しています。わたしたちの人間的な関係を超えたはるかに大きな「関係」に組み込まれているからです。イエスが「神」を親しく「父」と呼ばせ、有限なわたしたちをその方との関係に招くのは、きっとこのことと密接につながっているからでありましょう。

5 「身体／からだ」と一体であるペルソナ

これまで見てきたように人間は「関わり／関係性」を生きる存在です。それはまず「他者」との関係にあらわれ、わたしたちは互いに「他者」を体験しながら生きています。

ところで、「精神／こころ」を持つわたしたちですが、よく見ると「身体／からだ」を媒介にして、互いに他者と「こころ／精神」を通わせ合っています。共通の意識を築きながらそれを保ち、共に「世界＝生存の場」の中で生きているのです。このように、「ペルソナ」を考えるとき、「からだ」という現実を決して無視することはできません。

今日「からだ」というと、一般に「生理学的な人体」と限定的に考えてしまいますが、それはすでに見たデカルトの「二元論的発想」の影響を受けているからです。体外受精、臓器移植、遺伝子の組み換え、クローン生体をはじめ、通常の医療行為は全て「からだ＝物質的生体」を前提としてなされています。しかし、そうした人間の身体の理解の立場だけでは、人間の尊厳や各自のアイデンティティーを保つことが困難であると、今日人類はますます気づくようになりました。このことは、わたしたちの「からだ／身体」がペルソナであることと切り離せないからなのです。

さて、わたしたちの「からだ」についての原体験は、「自己表現」と「能力」ということにあります。

第一に、他者の「ペルソナ」は、まずその人の「からだ」に個性的なイメージや容姿としてあらわれます。「その人」はまさに「からだ」としてそこに居るのです。何気ないしぐさ、顔の表情、眼差し、身のこなし、声などはその人自身をあらわしています。遠く離れた誰かを思い出すとき、あるいは、亡くなった人を偲ぶとき、その人の想い出はしぐさとか表情と一体です。この意味で「ペルソナ」をあらわす「からだ」は「生理学的な人体」としての「からだ」なのではなく、感じや雰囲気、存在感を引き起こす生き生きとした現実なのです。

第二に、「からだ」と結ばれた「ペルソナ」を考えるとき、その人の力や能力と切り離せません。元気一杯であるのも、逆に元気がなく不調であるのも「からだ」にあらわれることは、毎日の生活で体験しているところです。元気なときは別に意識しませんが、「からだ」が不調になると「自分のからだ」は何かをする力（能力）であることに気づかされます。自分の「からだ」が思い通りにならないという苦しみ、特にコミュニケーションがうまくできない悲しみは、他者との関わりにおける自分自身に対する情けなさ、不完全さとして体験されます。それほどまでにペルソナであることと「からだ」は一体なのですが、「からだ」を持つ以上、自分の存在と自分が織りなす関係には限界があり、いつか自分もこの地上から消えていく現実を認めざるを得ないのです。ペルソナであることの不思議さがここにもあらわれてきます。

わたしたちキリスト教徒の信仰告白の極みである「からだの復活」というテーマは、こうした側面から捉えなければなりません。それは「生理学的な人体」の蘇生を問題にしていることではありません。(『エッセンス』一四七頁参照) この点についてはあとにあらためて触れたいと思います。

6 「了解されるべき物語」であるペルソナ

ペルソナであることのさまざまな側面をこれまで見てきました。それは人間存在の不思議さを色々な角度から捉えることでもありました。自己意識を持つ人間は、他者との関わりの中で自分のかけがえのなさに気づきます。人は互いに関わる中で、それぞれに自分が他者と代わることのできない責任ある主体と知り、自分固有のかけがえのなさを確かなものにしていこうとします。さらに、相互の交わりにおいて、人は自分が「からだ存在」として他者と関わり合いながら成長すると共に、自分が有限であることを知るのです。

ところで先に見たように、わたしたちは互いに心に浮かぶ思いや考えを「からだ（言葉、眼差し、声、身振り）」をもってあらわします。意識主体である自己が、このように他者と具体的な交流を持ちながら、次第に「自分」を達成していく現実を前にすると、「ペルソナ」の非常に大事な側面が見えてきます。すなわち、「ペルソナ」とは、「対象物／モノ」ではなく、「了解されるべき一度きりの生々しい出来事」だということです。人間は唯物論者が言うような単なる物質的な個体でもなければ、「生物体としてのヒト」として片づけられる対象物なのでもありません。このように「モノ」として対象化され、数字で説明されて片づけられるのではなく、他の誰かに向き合って了解されるべきかけがえのない生き生きとした出来事なのです。「ペルソナ」であるとは、「私」という固有の「物語／ストーリー」の中に立ちあらわれてくるいのちの姿です。「物語」と言いましたが、それはその人が遭遇する出来事、その人の行為と体験の意味ある展開を指しています。わたしたち誰もがそれぞれ固有の「物語」を持っており、決して同じものはありません。

先ほど、ペルソナであるとは、一度だけのかけがえのなさを持つことであるといいましたが、それは次のようなことなのです。「私」は、自分自身を物語る限りにおいて、またそれを相手に了解してもらう限りにおいて「自らの同一性／アイデンティティー」を保ちうるということです。わたしたち各自は「自分自身」を誰かに物語り、了解してもらいながら、「私は誰であるか」を振り返り、かつ表明していくのです。このような能力が与えられているということは、ペルソナであることの不思議さを示しています。

そもそも「物語」とは、自分以外の誰か（他者）に向けて語られる営みで、「語り手―聞き手」という関係が必要です。「私」という唯一のかけがえのない「固有な存在」が、自らの世界を物語ることによって「他者／聞き手」と連帯するのです（共感とか傾聴の意義はここにあります）。物語ることができるのは、「私」の体験や行為が「聞き手」である相手にも起こり得るからで、そこに湧きおこる「意味」を共有することができるからです。目に見えない「意味」における響き合いというペルソナの不思議さがここにもあらわれています。

一方、自分のことを語ろうとするとき、語り尽くせないもどかしさをわたしたち誰もが感じるものです。このような限界はわたしたちが「ペルソナ存在」であることの深みを暗示していると同時に、互いに相手を完全に理解し尽くすことができない理由でもあるのです。それにもかかわらず、わたしたちは互いにこころを開いて自分を物語り、自分の世界を示し合おうと努力するとき、理解と信頼関係を深め、こころを一つにすることができるのです。

今日「対話」の意義が特に注目されていますが、それは「ペルソナ」であるということが「対話」する能力を備えていることへのこれまで以上の目覚めであると言えます。対話とは単に差し当たって和を保つための技術なのではなく、互いに「自分は何者であるか」を知り、「対話する相手と共に生きている自分の存在理由」、「私がわたしであることの意味が何なのか」という根源的な問いにまで向かう道なのです。

こう考えると、わたしたち誰もが「ペルソナ存在」として了解されるべきそれぞれのユニークな物語を紡ぎ、それを互いに分かち合いながら「自分自身になっていく」ということは、実に不思議なことだと言わなければなりません。

7　まとめ

これまでの考察から、各自がなぜ互いに尊敬し合い愛されなければならないのか、その理由が見えてきます。一人ひとりは「ペルソナ存在」として生きているからです。

わたしたちは、「ペルソナ」として存在する以上、当面の目標に役に立つかどうかという基準だけでは計りきれない「存在価値（尊厳）」を互いに持っているのです。そのため、各自は決して単なる「モノ」に還元してしまうことはできません。人間として備わったこの「絶対的な価値」が、各自の人生において発揮され、実っていくためには、互いに「自分」を意識的に他者に開き、自分の善さを与え合わなければなりません。イエス・キリストが「神と隣人を愛する」ことを一貫して訴えるのは、まさに人間が「ペルソナ存在」であるからなのです。相手を生かすために互いに自己を与え合うことが「救い」につながるという、人間のいのちの本来の在りようをイエスは単純明快なたとえで語ります。

「一粒の麦は、地に落ちて死ななければ、一粒のままである。だが、死ねば、多くの実を結ぶ。自分の命を愛する者は、それを失うが、この世で自分の命を憎む人は、それを保って永遠の命に至る」（ヨハネ12・24、25）

注

（15）**ブッダ**（BC五六六頃～四八六頃）　本名はゴータマ・シッダールタ。ブッダ（仏陀）とは悟りと修行の面で円満な聖者の意。なお「シャカ」とはシャカ（釈迦）族の意味。

（16）**出家**　ブッダの教えに徹するために俗人としての生活を止めて「仏門」に入ること。

（17）**ヒンドゥー教**　古代インドの宗教哲学を納めた『ヴェーダ文献』に基づくバラモン教に、神々を信奉する民間信仰が融合したインド固有の宗教。この宗教にカーストの社会秩序や政治理念が結びついてインド各地に広まり発展した。

（18）**ニューエイジ**　第三章　六五頁の理解を深めるためにを参照。

第三章

聖書の人間観

第一節　人間は神の似姿

これまでわたしたちは、人間が「人格的存在」であることをいろいろな角度から見てきました。これから「聖書における人間観」について見ていきます。きっと皆さんは、聖書の人間観がこれまで見てきた「人格としての人間」理解と深く結ばれ、その土台をなしていることに気づくことでしょう。

本書『信仰の神秘』を深く味わうためにも、聖書の人間理解が必要とされることは言うまでもありません。「過ぎ越しの奥義」を恵みとして受けるわたしたち人間の深み――これを聖書の人間観から味わっていきましょう。

1　人間は神に造られたもの

『創世記』によれば、人間は神に創造され生かされている存在です。神は人間を創造し「ネフェシュ・ハヤー（生きる者）」となった」（2・7）と聖書は記します。なぜ「生きる者」となったかというと、「神がいのちの息を吹き入れられた」からだと言うのです。「息」と訳されたヘブライ語の「ネシャマー」は、気息や呼吸を指す言葉ですが、このイメージをもって「いのちを起す力」をあらわしています。人間たるものは、「神から息を吹き入れられて生きるもの」というのが聖書の人間観の根本です。実際わたしたちは「息をすること」なしに生きることができませんが、そもそもこの「息」の根源は神に息吹かれた結果だ、というのです。これは「生かされて生きている」という人間の根本的事実を言い当てています。ギリシャ哲学では、人間は朽ち果てていく肉体の中に不滅の霊魂を持つ存在と見なしますが、しかし、聖書にはそうした考え方はありません。後に、キリスト教がギリシャ思想の影響を強く受けるようになると、このようなギリシャ的な人間観が主流になり今日まで影響を与えています。しかし、イエスもイエスの神秘を解き明かそうと努めたパウロもそうした人間理解とは無縁でした。

ところで、右に触れた聖書の根本的な人間観から大事な点が浮かび上がってきます。何よりもまず、人間一人ひとりは偶然にこの世に存在しているのではなく、神の望みによって存在するものだということです。各自は神によって望まれ、いのちの息を吹き込まれた存在として、神の意志によって生を受け、神に向かうものとして造られた。これは聖書信仰が一貫して訴える人間観の土台です。これを受けてアウグスティヌス[1]は次のように言います。「（主よ）あなたは私たちを、ご自分にむけてお造りになりました。ですから私たちの心は、あなたのうちに憩うまで、安らぎを得ることができないのです」（『告白』第一巻・第一章より）

人間は神の息を吹き入れられて生きるものとなった

理解を深めるために

『創世記』の第二章には、神による人間の創造が、素朴で具象的な筆致で記されている。少し丁寧にこの記述を味わってみたい。

「主なる神は、土（アダマー）の塵で人（アダム）を形づくり、その鼻に命の息を吹き入れられた。人はこうして生きる者となった」（2・7）

「人間」の定義とも言えるこの記述の直訳は次のようになろう。「そして形づくった主（エロヒム）は人（アダム）を土（アダマー）の塵（アファル）からそして吹き込んだ　彼の鼻の中に息吹きを（ニシュマット）いのちの（ハイーム）　するとなった人（アダム）は生ける（ハヤー）魂に（ネフェシュ）」。この人間の創造の素朴な記述から幾つかの根本的なことを拾ってみる。

(1)日本語で「神」と訳された聖書の原語は「エロヒム」である。(本書五三頁の2の項を参照)

(2)「形づくった」は、陶工が粘土をこねて器をつくるときの「動詞」が使われている。

(3)「人(アダム)」は、土(アダマー)の塵(アファル)から造られた」。ヘブライ語の「アダム」と「アダマー」がごろ合わせになっている。原文では「アダム(人)」と「アダマー(土)からのアファル(塵)」が同格で並べられている。「(神は形づくった)ハ| アダム アファル ミン(から)ハ| アダマー」(「ハ」は冠詞)。「人たるものは土(塵)」で造られているということを「アダム・アダマー」のごろ合わせで強調しているのである。

(4)「(神は)その鼻に命の息を吹き入れられた」。土で形づくられた「アダム(人)」に命の息が吹き込まれる。「命の息」は原文で「ニシュマット(息吹きを)ハイーム(命の)」と記される。神は命の源であるとは、聖書信仰の根本をなすが、それは「息吹き」のイメージで語られている。

「息吹き」を意味する聖書の言葉は、ここに出てくる「ネシャマー」とともに「ルアッハー」という語が頻繁に使われるが、日本語訳では「ルアッハー」の方を多くの場合、「息吹き」ではなく「霊」と訳する習慣がある。おそらく「霊」という語をもって、神の超越性を示したいからであろう。ちなみに『創世記』の冒頭は、「初めに神は天と地を創造された。地は混沌であって、闇が深淵の面にあり、神の霊(ルアッハー)が水の面を動いていた」(1・1~2)である。「動いていた」と訳された部分は、原文では「飛び回っていた」で、混沌の上をビュービューと吹きまくる神の力強い息吹き(ルアッハー)のさまをあらわしているのである。

(5)「人はこうして生きる者となった」。原文の直訳は「するとなった 人は(ハ アダム)魂に（に［レ］魂〔ネフェシュ〕）生ける（ハヤー）」である。ここで注意すべきことは、「魂／ネフェシュ」とは肉体の中に入った「霊魂」という意味ではないことである。「魂」と訳される「ネフェシュ」は、いのちの息吹きを吹き入れられた結果、そこに立ちあらわれる「自立して生きる主体」「生きるもの」を指している。『旧約聖書』において頻繁に使われるこの「ネフェシュ／生きもの」は、常に「神に生かされて生きる主体」を暗示する言葉である。日本語が一般に意味する「魂」とはかなり異なっていることを忘れてはならない。

2　神は、人間をご自分の似姿として創造した

『創世記』にはもう一つ、神が人間を自分の似姿として創造したという記述があります。[2]

「神は言われた。『我々にかたどり、我々に似せて、人を造ろう。そして海の魚、空の鳥、家畜、地の獣、地を這うものすべてを支配させよう。』神はご自分にかたどって人を創造された。神にかたどって創造された。男と女に創造された」（1・26、27）

この記述から二つのことが導き出されます。一つは、人間の創造の目的（召命、存在理由）は、神になり代わって万物を治めることにあること。もう一つは、この目的のために、人間が「神の写し」として造られ、それが男と女であることにあらわれているということです。

ここで興味深いことに、日本語で「神」と訳されている部分は全てヘブライ語の「エロヒム」[3]で、それは「神／エル」の複数形、すなわち「神々」を意味する言葉だということです。そのために二六節では「我々にかたどり」と言われるのです。「聖書は一神教」という一般に

広まっている固定観念からみれば、これは不思議な記述であると言わなければなりません。「神はご自分にかたどって人を創造された。神にかたどって創造された。男と女に創造された。」ここでは「無からの創造」という神にしか使われない「バーラー／創造する」が三度まで繰り返されています。聖書の世界で三回繰り返して叫ぶのは大いなる祝福の表現で、日本文化における万歳三唱に通じるものがあります。天地の創造から始まって万物を造ったしめくくりに「人間」が造られ、神はこの人間に「すべてを支配させよう」と意図されたというのです。

3　「男と女に創造された」

神の意志によって人間が「男と女に造られている」ということは、さまざまなことを考えさせてくれます。当然、人間の創造に関する箇所もまた神話的な叙述ですから、哲学的な分析の姿勢をもってそれに対処することは控えなければなりません。それでも、こうした暗喩的な記述の背後にあったものの考え方に迫ることは、今日のわたしたちと聖書信仰との対話にとって大変有益であるにちがいありません。ここでは、幾つかの点を取り上げて考えてみましょう。

(1)『創世記』には二つの人間の創造物語がありますが、両者とも根本的に男女平等に基づいています。人間が「異性」という他者に向かって相い対するという根本的な存在の在りようは、人間がペルソナ存在であることを暗示しています。

(2)一番目の人間の創造物語（1・26〜28）は、人間たるものはエロヒム（神）の写しであり、そのことが「男と女」の性差（ジェンダー／性的役割）に運命づけられている根拠だというのです。「神は御自分にかたどって人を創造された。神にかたどって創造された。男と女に創造された」（1・27）。両者は等しく「神の像」であると強調されています。

(3)二番目の人間の創造物語は、初めに造られたのは「男としてのアダム」ではなく人間たる存在としてのアダムが登場します。その上で、「女」を創造する神の動機が「人（アダム）が独りでいるのは良くない。彼に合う助ける者を造ろう」（2・18）とあります。この場合の「アダム」は総称としての「人」を指し、「人たるものは」の意です。一番目の物語の初めから「男と女」に造られたというのではなく、なぜ性差があるのかを解き明かそうとしているかのようです。

(4)二番目の物語で特に注目したいのは、「助ける者」と訳された聖書の言葉（ヘブライ語）は「エーゼル」です。それは「強い力で救出、援助する者」を意味しており、ほとんどは神を指して使われる言葉で、助手や補助の意味は「エーゼル」にはありません。したがって、「彼に合う助ける者」と訳された部分の直訳は「彼のために　助け手を　彼と向き合う者としての」となりますが、「女性」は単なる男性のお手伝いさんだ、ということを言っているのではありません。このことはさらに「ケネグドー／向き合う」という言葉（前置詞）によって際立っています。女たるものは「彼（アダム）と向き合う」存在、平等なものとして協力的に向き合うものが「女性」の本質だというのです。このように、女性の本質を暗示する前置詞の「ケネグドー」は、人間が「ペルソナ」存在であることを暗示しています。

(5)第二の人間の創造物語の結びは「ついに、これこそわたしの骨の骨、わたしの肉の肉。これをこそ女（イシャー）と呼ぼう、まさに男（イシュ）から取られたものだから」（2・23）というアダムの喜びに満ちた叫びによって結ばれます。「骨の骨、肉の肉」、「イシャー／女・イシュ／男」の語呂合わせをもって、人間たるものは男女の性差があっても同じ人間性をそなえた根本的に平等な存在であると主張するのです。

4　ペルソナである人間と男女平等

このように『創世記』の人間創造物語は男女の平等を説き、男女ともに対等に向き合い、互いの不完全さ、不足を補いながら共に「われわれ」という一体性を築いていかなくてはならない対等な存在であることを訴えているのです。それにしても、男尊女卑が当然とされたあの家父長の時代にあって、このような女性観（人間観）が描かれるとは、不思議なことだと言わなければなりません。

先に指摘した、神になり代わって万物を支配するという人間の重大な役割は、神に似せて造られた人間が互いに「向き合い、われわれ」となることによって果たされていくのです。その原点が「男女のペルソナとしての一致」にあるというのです。「我々にかたどり、我々に似せて人を造ろう」という神の意図は、こうして実現されるのです。

理解を深めるために

「性」をめぐる今日の新たな課題

今日「性的マイノリティ」という言葉をよく耳にするようになりました。自分が「男性」としてあるいは「女性」として生まれてきたのは自分の意志（選択）によるものではありません。人は長じて自分の「性」を自覚していきます。ところが実際には人の性は「男・女」だけでなく、「性」のあり方はきわめて多様であることが、今日、生物学的、社会学的、心理学的にますます明確になってきました。さまざまな性のあり方はそれぞれが少数であることから「性的マイノリティ（少数）」と呼ばれます。このような人々もまた、自分の選択で「少数のあり方」を選んだのではありません。ところが歴史を振りかえると「性的マイノリティ」の人々の多くが、周囲からバカにされ差別され、社会に受け入れもらえない悲しむべき現実があったのでした。
　キリスト教世界でも例外ではなく、聖書をもって「男女の二つの性」が当然とされ、それ以外に生まれついた人々は呪われた存在、罪に汚れた存在として排除されてきました。ユダヤ教は強い選民思想を土台とする民族宗教で、ユダヤ民族の繁栄を願う以上「男女の性」を重視し、「性」をめぐる厳しい掟や生き方（倫理）も「二つの性」だけを前提としています。パウロの手紙に見られる性の逸脱に対する激しい非難の言葉にもこうした背景があると指摘されているほどです（もっとも、パウロが当時の社会の放縦な性行動（慣習）における歪んだ支配関係を非難していることも見逃してはなりませんが）。キリスト教の長い歩みを振り返るとき、聖書の文言の狭いとらえ方が、結果的に「性的マイノリティ」の人々を苦しめ、ある時代や地域では流血や死に追いやった傷を残したのでした。聖書が性について何を語っているか論じることに時間を費やすあまり、聖書が神のあわれみについて語っていることをおろそかにしてしまったことさえあったのです。しかし、聖書は父なる神の愛について証言するものであり、人の性についてなのではありません。
　イエス・キリストを真の救い主と信じるわたしたちは、虚心坦懐にイエスの言動を見つめる必要があります。イエスは「隣人を愛すること、ゆるし合うこと」を一貫して訴え、互いに律法を盾に裁き合う律法主義の呪縛から解放したのでした。こうしてイエスは性をもってしてもなされる支配関係や差別意識からも人を解き放ったのであって、我欲にかられた性的な放縦を容認したのではありません。パウロが「ユダヤ人もギリシャ人もなく、奴隷も自由な身分の者もなく、男も女もない」（ガラテヤ3・28）と言うとき、イエスの思いに立って性差を含むあらゆる差別意識を乗り越えるように訴えているのです。そ
「性的マイノリティ」の課題は、研究が進むほどに裾野の広がりを見せつけています。

れは、「人間とは何か」「人間の性とは何か」さらにイエスが訴える「神の子」として互いに大切にし合うことは具体的にどのようなことなのかをあらためて考えさせるきっかけを与えています。

□参考文献

・『はじめて学ぶLGBT』石田仁、ナツメ社
・『LGBTと聖書の福音―それは罪か、選択の自由か』A・マーリン、岡谷和作訳、いのちのことば社
・『LGBTを読みとく―クィア・スタディーズ入門』森山至貴、ちくま新書

注

（1）**アウグスティヌス**（三五四～四三〇）　古代西方教会の最大の教父。北アフリカのヒッポ・レギウスの司教。北アフリカのタガステで生まれ、カルタゴで教育を受けた後、ローマで修辞学の教師として活躍した。青年時代に、当時流行したマニ教（善悪二元論をとなえるグノーシス主義を基調とした混合宗教）に傾倒したが新プラトン主義を学び、三八七年ミラノの大司教アンブロジウスから洗礼を受け、キリスト教徒となった。『告白』、『神の国』など膨大な著作を残し、後のカトリック教会に多大の影響を与えた。

（2）**創造物語**　『創世記』は幾つかの資料が編集されてできたものである。編集者はそれぞれの「創造物語」をそのままに記したために、人間の創造についても二つの記述がある。厳密には整合しない部分があるが、二つの人間の創造物語を併記した編集者の意図は何であったのか分かっていない。

（3）**エロヒム**　ユダヤ教は一神教をとなえるにもかかわらず、なぜここでは「エル」の複数形である「エロヒム」

をわざわざ使っているのか。古来、さまざまに議論されてきた。文法上、「エロヒム」が複数形であるのにその動詞（ここでは「造る」）が単数形となっている。そのため、古代人の「尊厳の複数形」の発想がここにあらわれているという意見が根強い。すなわち、神の絶対性、充満性、尊厳を示すために「エル」ではなく複数形の「エロヒム」にしていると言うのである。しかし、ユダヤ教が成立する以前、イスラエル民族は多分に多神教的であったことを踏まえると、「エロヒム」と言う言い方にはその名残りがあるのかもしれない。

第三留

イエス、初めてお倒れになる

第二節　「神の似姿」であるとは

1　「神の似姿」である人間と神との関係

人間の本性が「神の似姿」にあるという聖書の根本的な人間観は、さまざまなことを考えさせてくれます。以下、六つの要点を取り上げてみます。

⑴神が人間を自分の似姿に造ったということは、人間が「主」ではなく、神こそが「主」だということです。人間が「我々にかたどり、我々に似せて、人を造ろう」という神の想いのもとで造られたということは、何よりも人間が神の相手として造られたということであり、その故に、人間は他の被造物に対して神の代理者とさせられるのです。代理者には責任が課せられます。万物の造り主である神が、「絶対汝」として人間に関わってくるのは、代理とそれにともなう責任を期待するからに他なりません。自ら関わり向き合うものとしてご自分を人間に示す神は、呼びかける神、語る神、眼差しを注ぐ神、人間の応答を待つ神である、と聖書の民は記すのです。このような『旧約聖書』における豊かな神の姿は、ひとことで「ペルソナ」として人間に関わる神であると言えます。これを踏まえて旧約の民は、神たる御者は救いの歴史を引き起こし、自分たちを導く神であると告白し続けたのでした。

⑵イエスがなぜ神を「父／アッバ」と呼び、わたしたちにもそう呼ばせたかが見えてきます。「ペルソナ」として人間に関わる神をイエスは親しく「父」と見なしていたのでした。「だから、こう祈りなさい。『天におられるわたしたちの父よ、御名が崇められますように』」（マタイ6・9）と言って、自分が「父」と呼ぶ神を啓示しながら、わたしたちもまた「父」

と呼ぶ関係に入るよう招いたのです。

⑶神の似姿として造られた人間と神との生きた関係は、「語る神―聞く人間」という基本的なしくみを浮かび上がらせます。旧約の民の神体験の原点は、「言葉」として自分たちに関わってくる神との出会いにありました。神は、人間に対しては「語るもの」として、呼びかけ、訴え、招き、裁く神として自分をあらわすのです。力ある神の言葉は、救いをもたらすために約束、裁き、宣言という形をとって人間に関わり、神が語る言葉は、必ず実現すると旧約の民は信じたのでした。「主の言葉のとおり」という慣用句が多く見られるのはそのためです。『新約聖書』では、イエスの母となるマリアが「お言葉どおり、この身に成りますように」（ルカ１・38）と神の使いである天使ガブリエルに応え、また、親族のエリザベトはマリアを祝福して「主がおっしゃったことは必ず実現すると信じた者は、なんと幸いでしょう」（ルカ１・45）と喜びの声を上げました。これはみな「語る神（＝神の言葉）」への絶対的な信頼の表明なのです。

⑷人間を「ご自分の似姿」に創造した神。その神の言葉は、最大限に普遍的であるという信仰に注目しなければなりません。すなわち、「神は言葉／ダバール[4]によって天地万物を創造した」という信仰です（創世記第一章）。新約信仰を伝える『ヨハネ福音書』は、この「神の言葉／ダバール」をギリシャ語の「ロゴス」に置き換え、時満ちて「言葉（ロゴス[5]／ダバール）は人となった」（１・14）と告げ、それは他でもない、救い主イエス・キリストであると宣言します。人となった神の言葉であるイエスは、宣教活動の間「あなたたちが聞いている言葉はわたしのものではなく、わたしをお遣わしになった父のものである」（14・24）、「わたしをお遣わしになった方は真実であり、わたしはその方から聞いたことを、世に向かって話している」（８・26）と訴えます。また、父なる神の言葉そのものである自分に従

う よう人々を招き「わたしは世の光である。わたしに従う者は暗闇の中を歩かず、命の光を持つ」（8・12）と励ましました。そして、「わたしの言葉を聞いて、わたしをお遣わしになった方を信じる者は、永遠の命を得、また、裁かれることなく、死から命へと移っている」（5・24）と言って真の救いを約束するのです。

(5)「神の似姿」であるという人間の在りようは、神の仲介者であるイエス・キリストの出現の伏線となっています。事実、「神の似姿」の極みはイエス・キリストにあると『新約聖書』はさまざまに宣言します。「御子は見えない神の姿であり、すべてのものが造られる前に生まれた方です。」（コロサイ1・15）、「この世の神が、信じようとはしないこの人々の心の目をくらまし、神の似姿であるキリストの栄光に関する福音の光が見えないようにしたのです」（二コリント4・4）と宣べられます。さらに『ヨハネ福音書』では端的に「わたしを見た者は、父を見たのだ」（14・9）とイエスは断言します。『ヨハネ福音書』において「見る」は「出会う」の意味で使われていることを考えるとまさにイエス・キリストは「神の似姿」の極みであり、「神の子」とはこの現実を指していることなのです。

イエス・キリストが「神の似姿」そのものであるということは、彼が引き受けた贖いのわざと、そこに露呈した「過ぎ越しの奥義」において輝き出ました。パウロは当時のキリスト教徒の信仰宣言の文言を次のように伝えています。

「キリストは、神の身分でありながら、神と等しい者であることに固執しようとは思わず、かえって自分を無にして、僕の身分になり、人間と同じ者になられました。人間の姿で現れ、へりくだって、死に至るまで、それも十字架の死に至るまで従順でした。このため、神はキリストを高く上げ、あらゆる名にまさる名をお与えになりました。こうして、天上のもの、地上のもの、地下のものがすべて、イエスの御名にひざまずき、すべての舌が、『イエス・

キリストは主である』と公に宣べて、父である神をたたえるのです」（フィリピ2・6～11）

神の似姿に造られているわたしたち人間が、その本来の姿から離れ自分を「神」の座に置くとき悲劇が始まります。愛と尊厳を忘れ、平和を失い、憎悪と闘争と破壊に明け暮れる人間の不幸な状態を、聖書は「罪」と呼ぶのです。十字架のキリストは、まさにこの罪の闇の猛威につぶされ悲惨な「死」を遂げてしまった姿でした。しかし、「このため、神はキリストを高く上げ（中略）、すべての舌が、『イエス・キリストは主である』と公に宣べて、父である神をたたえるのです」（フィリピ2・9、11）。キリストを高く上げるとは、復活を意味し、神が御子を死の滅びから立ち上がらせたことに他なりません。「過ぎ越しの奥義」と教会が呼ぶ神の贖いのみわざは、これまで述べてきた人間の本来性、すなわち、「神の似姿」[6]の回復と言うことができます。「ここに神の愛がある」（一ヨハネの手紙4・10）とヨハネは叫ぶのです。（ヨハネ3・16も参照）

(6)最後に「神の似姿」のテーマは救いの問題でもあります。すなわち、神の子であるイエス・キリストを信じて生きるわたしたちの根本に関わる問題だということです。パウロは洗礼の恵みを受けた者を「新しい人」と呼んで、次のように教え諭しました。

「以前のような生き方をして情欲に迷わされ、滅びに向かっている古い人を脱ぎ捨て、心の底から新たにされて、神にかたどって造られた新しい人を身に着け、真理に基づいた正しく清い生活を送るようにしなければなりません」（エフェソ4・22～24）

「キリストに倣う」[7]とは、「わたしに従いなさい」というイエス　の招きに応える信仰実践のテーマで、カトリック教会において大切にされてきました。それはまさに「神の似姿」そのものであるイエス・キリストに倣いながら、わたしたちの本来性を取り戻して行こうとする課題なのです。本書もこのことを目指しているのです。

2　神の似姿であるとは「ペルソナ」であることの裏付け

聖書はわたしたち人間が、不滅の霊魂を備えた「実体存在」ではなく「人格存在」であることを直接・間接的に教えています。すなわち、人間存在は「不滅の霊魂を初めから持っているために、死をも超えて『私』が残り続ける」というギリシャ的な見方ではありません。そうではなく、人間は「人格存在／交流存在」として、神とも向き合い、人間同士にあっても互いに向き合いながら「自分」と成っていくということです。この違いは極めて大事なことだと言わなければなりません。なぜなら、こうした聖書の人間観なしには、「過ぎ越しの奥義」に与らせていただく恵みの理解が閉ざされてしまうからです。

これまで「ペルソナ」であるとは、互いに「他者」に向かって開かれたものであるということを何度も見てきました。ここでの「他者」とは目に見える具体的な「誰か／あなた」だけでなく、究極的には「絶対汝」ともいうべき「神」ご自身でもあるのです（M・ブーバー）。聖書が人間を「神の似姿」とみなすのは、ちょうどこの点とつながることで、神ご自身が、人間がペルソナであることの根本に関わっているということです。

「似姿」であるということは、似ている対象そのものではなく、その一部を持ち合わせているということを意味します(8)。人間が「神の似姿」であるということは、自分を超えた大いなる御者との関わりの中で存在しているということです。現代のニューエイジ運動に見られるオカルト的な神秘主義は、「神の似姿」という一線を超えてあたかも自分は神であるかのように錯覚しています。こうした人間観がひろがる背景には、インターネットやゲームの日常的なバーチャル・リアリティー（仮想世界）とそれがもたらす自我の肥大化や全能感の影響があるからでありましょう。しかし、聖書がいう「神の似姿」とはそのような境界線を曖昧にしてしまうことを肯定するのではありません。その意味でも、「ペルソナ」本来の理解と自覚が極めて重要です。神と人間、創造者と被造物との隔たりがあればこそ、人間は「ペルソナ」であるのです。

理解を深めるために

ニューエイジ運動の人間観

今日の日本を含む先進国で強い影響を及ぼしている「ニューエイジ運動」と呼ばれる新しい宗教的現象についてわたしたちは無関心でいてはならない。教皇庁（文化評議会・諸宗教対話評議会）は、二〇〇三年、『いのちの水をもたらすイエス・キリスト――ニューエイジについてのキリスト教的考察』を発布した。その目的は司牧活動に従事する人々が、ニューエイジのスピリチュアリティを理解し、それに対応する上での指導をカトリック教会として提示することにある。以下、この『キリスト教的考察』（カトリック中央協議会）とその「訳者あとがき」などを主に参照しながら、ニューエイジ運動を理解する上で大切と思われる点を指摘しておきたい。

(1)「ニューエイジ／New Age」は「新しい時代」を意味するが、この運動からすれば、さまざまな精神活動を含む現代人類社会の「文化的潮流」を意味する。すなわち、音楽や文学などの文化・芸術活動をはじめ、心理セミナー、神秘思想の宣伝、社会運動など極めて多岐にわたる活動を包含する精神的な運動で、現代の物質主義への反動とも言える。その考えによると、現代は人類の「霊的進化」の大きな転換期に当たるため、まず個々人の霊的覚醒が重視されなければならない。この霊的進化によって既成宗教のみならず、近代科学に導き出された合理主義的物質文明も共に乗り越えられ、新しい霊的文化が誕生する。そのため、従来の超自然的な力に依存する宗教に代わって、自立的な個人の覚醒による霊性の開発が必要とされる。

(2)「ニューエイジ運動」は、組織化された運動というよりも、その起源においても現象においても多様である。多岐にわたる「ニューエイジ運動」は、伝統宗教のように明確な教義、教団や体制の形をとらず、基本的に極めて「個人主義的」で個人型の宗教のあり方を強調する。既成宗教の教義、および教祖など宗教的指導者の権威は、人間本来の霊性を抑圧し、人類の霊的進化の障害となってきた。今やそれに代わって、自立的な個人の覚醒こそが「霊的進化」を促すと主張する。しかし、「個の覚醒」と言っても、宗教的な指導者（グル）の権威を必ずしも排除せず、むしろ、個人における霊性の開発のある段階では指導者の権威が絶対的なものであることを認めなければならないと言う。（しかし実際、「グル崇拝」がしばしば大きな悲劇をもたらしていることも事実である。）他方、インターネットの交流によって、新しい「スピリチュアリティ」を目指したさまざまな国際組織があらわれている。こうした組織はＮＰＯなどの法人形式をとっており、一見すると宗教とは関係がないように見えるが、実際には「宗教」運動なのである。

(3)「ニューエイジ運動」は、今日のグローバル化していく人類社会全体を覆う普遍的な「全体観」を模索し、キリスト教などの伝統宗教に代わる新しい宗教のあり方を人々に提供しようとしている。その場合、伝統宗教の教えだけでなく、「エゾテリズム／秘教」の教えを積極的に取り入れ、さらに、ユングの「神秘主義の心理学」などをも取り入れて人々の関心を集めている。

(4)「ニューエイジ運動」が、既成宗教の代替を目指そうとしているため、キリスト教にとってもそれは一つの挑戦となっている。一番大きな問題は個人の直接的な宗教経験（神秘体験）が重んじられ、閉じた主観的な信仰に完結してしまう点である。そこから、キリスト教的原理主義、閉鎖的・陶酔的な聖霊運動、個人主義的な信仰が派生する。「ニューエイジ運動」は、日本をはじめとする東アジア地域（特に韓国とフィリピン）でも、一九八〇年代以降、顕著な発展を示している。

(5)今日、日本では「ニューエイジ運動」が「スピリチュアリズム」の語で呼ばれるようになったため、混乱をもたらしている。すなわち、「霊性」と日本語に訳されて普段なにげなく使っている言葉の出どころは、カトリック教会の伝統ある「スピリトゥアリタス／spiritualitas」で、それは本来、父なる神との信仰上の豊かな交流を意味していた。それが人間中心の操作によって神的次元と接触を持つことを「スピリチュアリズムス（英）」とされてしまった。今日の日本における「スピリチュアリズム／ニューエイジ運動」のバリエーションとして、自己啓発セミナー、トランスパーソナル心理学、ディープ・エコロジー、ホリスティック医療運動、神智学協会、人智学協会、ラジニーシ運動、レイキ、UFOカルトなどが挙げられる。

(6)スピリチュアリズムの多様な教義化の例として、前世や生まれ変わり（輪廻転生）、カルマ（業、因縁）、神霊やその媒介としての指導者による予言などが挙げられる。また、これらの教義の前提として共通していることは、神霊（界）に対して現実世界からの操作が可能であること（交霊術／霊能）、現実界に対する「神霊界の支配」という観念である。それらは、祖先崇拝やシャーマニズムなどの民俗宗教を源流としている。先にニューエイジ運動の特徴に「秘教／エゾテリズム」を指摘したが、東洋（日本）では、こうしたスピリチュアリズムの教えが目立つ。

(7)スピリチュアリズム（ニューエイジ）の重要な目標は「意識変容」にある。すなわち、日常的な意識と異なる意識状態を実現することによって、人間の霊的状態がより高度なものになると考えられ、そのために、さまざまな瞑想方法が訓練される。こうした意識変容の実りとして、超能力を体得したり、神秘的な現象を日常的に感じられるようになると主張されている。

(8)以上のことを知ると、一九九五年に「地下鉄サリン事件」を起こした「オウム真理教」の問題が見えてくる。この教団は「ニューエイジ運動」と呼ばれる時代的な背景の中で、宗教の名を借りて出現した急進的なテロ教団であったと言える。今日の日本社会において急成長を遂げているいくつかの新宗教教団を理解するためにも、「ニューエイジ運動」の問題は無視できない視点を提供している。

注

（4）**ダバール**　ヘブライ語の「ダバール」は神だけに用いられる「言葉」である。それは語られる言葉そのもの、語られたことの意味、語られたことによって引き起こされた出来事を指す。言葉が出来事を引き起こすということは、わたしたち人間の日々の体験で、日本語の「コト」が「言」と「事」の両方にまたがっているのもそのためである。旧約の民は「事」を生む「言」の不思議さの根源は神自身にあると見なした。なお、「ダバール」という言葉を用いず、「神が語られる」という表現も同じく重要である。

（5）**ロゴス**　ギリシャ語の「ロゴス」は「言葉（伝える働き）」と「理性（秩序をつかむ働き）」の両方を合わせ持つ言葉である。福音記者ヨハネは、ギリシャ的な特徴を持つこの「ロゴス」を用いて、ユダヤ思想に育まれてきた「神の言葉／ダバール」信仰を伝えようとした。何よりも「ロゴス」は単なる話し言葉ではなく「神の創造的な力」である。同時に、ギリシャ的な背景を持つ「知恵／秩序」の意味合いをも加味しながら、ヨハネはこの「ロゴス」を用いた。ユダヤ教の思想体系とは無縁のギリシャ世界に生きる人々への福音宣教を意図していたからである。このような背景のもとで、ヨハネは「ロゴス（言葉）は肉（サルクス）となった」（1・14）と簡潔に表現し、イエス・キリストの正体を人々に証しした。イエス・キリストとは人となった「神の創造の力」であり、「神の知恵／神の想い、神のこころ」であるという見事なキリスト論をヨハネは展開し、その後のキリスト教に大きな影響を残した。なお、ヨハネが「ロゴス」というとき、イエス・キリストの伝えた「福音」をも指していて幅をもたしていることも忘れてはならない。

（6）**神の似姿**　二世紀後半、現在のリヨンで活躍した司教エイレナイオス（一三〇?―二〇〇?）は、「神の似姿の回復」という視点から、イエス・キリストの救いのわざを説き明かした。当時のグノーシス主義の異端と戦い正統信仰を擁護した教父である。二〇〇年頃、殉教した。

（7）**キリストに倣う**　「キリストに倣う」というテーマの由来は『マタイ福音書』の「わたしは柔和で謙遜な者だから、わたしの軛を負い、わたしに学びなさい。そうすれば、あなたがたは安らぎを得られる。」（11・29）というイエス自身の招きの言葉による。なお一四世紀にはオランダのトマス・ア・ケンピスの作と一般に言われてきた『イミタティオ・クリスティ（キリストの模倣）』という霊的信心書は、古典的名著とされている。キリストの謙遜、禁欲、受難に倣うことによって信者は完徳に至ると主張されている。日本ではキリシタン時代に邦訳されるとガラシア夫人など多くの信者に愛読された。

（8）**神にかたどり、神に似せる**　「かたどり」の原語は「ツェルム」で、それは「像、本物そっくりの像、実物に対する写し（コピー）」を意味する。また、「似せる」の原語「デムート」は「類似させる、対応させる」を意味する。このことは「人間」が神に似ているが神そのものではなく、神に向かい合うことができる存在だということである。神が寄り添うことにふさわしい者、あるいは、神に寄り添っていただくにふさわしいもの、それが「神の似姿である人間」なのである。

第三節　ペルソナ存在として完成していく人間

1　ペルソナ存在とさせられていく

人間は「ペルソナ」であることによって、自分を超えた御者（神）を「絶対汝」として探求し続け、明日に向かって希望を抱き、ついには永遠の救いに向かう希望を持つのです。ところで「ペルソナとしてある」ということにおいて、わたしたち人間は、根本的に受け身であると言わなければなりません。自分からペルソナ存在になったわけではなく、そのようにさせられているからです。こうした神からの人間に対する一方的な関わりは「神秘」としか言いようがなく、それについてはつかみとることができません。神の方から示されない限り、神と人間との関係を人間の思考によって把握したり、概念化することは不可能だからです。

　こうした人間存在の根本的な受身の在りようは、イエス・キリストによって初めて説き明かされたのでした。『ヨハネ福音書』は次のように証言します。「わたしたちは皆、この方の満ちあふれる豊かさの中から、恵みの上に、更に恵みを受けた。律法はモーセを通して与えられたが、恵みと真理（アレテイア／真実実相）はイエス・キリストを通して現れたからである。いまだかつて、神を見た者はいない。父のふところにいる独り子である神、この方が神を示されたのである」（1・16〜18）

　聖書は、「神」という大いなる御者が「共にある方／共に寄り添う方」であると一貫して証言します。『旧約聖書』からの例として次のような証言が挙げられましょう。

「見よ、わたしはあなたと共にいる。あなたがどこへ行っても、わたしはあなたを守り、必ずこの土地に連れ帰る。わたしは、あなたに約束したことを果たすまで決して見捨てない」（創

世紀28・15）

「神は言われた。『わたしは必ずあなたと共にいる。このことこそ、わたしがあなたを遣わすしるしである』」（出エジプト3・12）

「神はモーセに、『わたしはある。わたしはあるという者だ』と言われ、また、『イスラエルの人々にこう言うがよい。「わたしはある」という方がわたしをあなたたちに遣わされたのだと』」（出エジプト3・14）

「うろたえてはならない。おののいてはならない。あなたがどこに行ってもあなたの神、主は共にいる」（ヨシュア1・9）

「恐れることはない、わたしはあなたと共にいる神である」（イザヤ41・10）

そして『新約聖書』においてもこの「共にいる神」という証言は一貫しています。

「見よ、おとめが身ごもって男の子を産む。その名はインマヌエルと呼ばれる。この名は、『神は我々と共におられる』という意味である。」（マタイ1・23）

「わたしは世の終わりまで、いつもあなたがたと共にいる」（マタイ28・20）

わたしたちが「ペルソナ」であることの根拠は、まず神の方から「共にいて」くださるからであり、わたしたち人間が「ペルソナ」であることを引き起こしてくださるからなのです。そのため神の方からの「共に」は、聖書信仰の全体を支える土台をなしていると言えます。

理解を深めるために

『ヨハネ福音書』における「共にいる」

特に『ヨハネ福音書』はこの「共にいる神」について印象深く簡潔に述べている。「初めに言（ロゴス）があった。言は神と共にあった。言は神であった」（1・1）。「神と共にあった」は原語のギリシャ語では「プロス　トン　セオン」で、直訳すると「（父なる）神に対して」、「神と向き合って」である。「共に／プロス」は物理的に一緒にあることではなく、対面、響き合い、交流という「いのちの共存」を示唆している。これは、『ヨハネ福音書』に一貫した訴えで、「ペルソナ／人格存在」である人間の究極の救いがどのようなことであるかを示す重要な視点である。この「共に／プロス」がもたらす「共存・共生」は、さらに生き生きとイエス・キリストの口を通して語られる。

「かの日には、わたしが父の内におり、あなたがたがわたしの内におり、わたしもあなたがたの内にいることが、あなたがたに分かる」（14・20）

「わたしを愛する人は、わたしの言葉を守る。わたしの父はその人を愛され、父とわたしとはその人のところに行き、一緒に住む」（14・23）

「わたしに留まりなさい」（15・4、6・56、一ヨハネ2・6）

「わたしと父とは一つである」（10・30、17・21、23）

2　神との出会いと一致を示す「知る・知られる」

人間が「ペルソナ存在／交流存在」であるのは、人間が神の霊（ルアッハー／息吹き）を吹き込まれ「神の似姿」として造られたからです。これまでの考察から、人間が誰かと向き合い、交流し合って自己の存在意義をつかみとり、アイデンティティーを築いていく存在だということがあらためて確認できます。このことを踏まえて、ペルソナであることの深みにさらに分け入ってみましょう。

(1)『ヨハネ福音書』では、人間が「ペルソナ／交流存在」として存在していることを、「知る」という語をもって語り、イエスの御父に対する祈りとして、ヨハネは次のように記します。「永遠の命とは、唯一のまことの神であられるあなたと、あなたのお遣わしになったイエス・キリストを知ることです」（17・3）。『エッセンス』（一七八頁）でも指摘したように、この場合の「知る」は単なる認識行為ではなく、ヘブライ語的な用法で「出会う／深く交流する」ことを意味し、さらにこの出会いによって「生かされる」ことをも示唆しています。まさに「父である神と彼から遣わされた御子」との出会いと交流（＝知ること）によって、人は真に生きる者となるのです。「知る→関わる→生かされる」という構図は、前述のルアッハーを吹き込まれ、「神の似姿」として造られている人間の原点につながることで、まさに人間の救いの問題（＝永遠のいのち）と関わっていることです。

(2)さらに、「神を知る」と言っても、実は先に「知られている」ことなのだと聖書は証言します。パウロは「今は神を知っている、いや、むしろ神から知られているのに…」（ガラテヤ4・9）と言い、また、「わたしたちは、今は、鏡におぼろに映ったものを見ている。だがそのときには、顔と顔とを合わせて見ることになる。わたしは、今は一部しか知らなくとも、そのときには、はっきり知られているようにはっきり知ることになる」（一コリント13・12）とも言います。ここでは神に「知られている」ことが先であり、そうだからこそわたしたちは「知ることになる」と言うのです。ここでの「知る」とは先に述べたように「出会う／関わる」の意味であることは言うまでもありません。

このような「知られている」という先行性は、ペルソナである神の一方的な働きで、人間が「神の似姿」として造られていることに通じます。この根本的な人間の受身の在りよう（神の似姿として造られている、知られている＝関わりを受けている）こそ、ペルソナであることの不思議さの源です。そのために、『詩編』一三九編は人間が神によってことごとく知られ護られていることを力強く歌うのです。

こうした「知る」を巡る神の先行性は、「あなたがたが私を選んだのではない。私があなたがたを選んだ」（ヨハネ15・16）と言われ、その上で、神の働きのねらいが何であるかさらに示されている（ヨハネ15・16b）。

(3)また、『ヨハネ福音書』では、「知る」ことと「信じる」ことが重ねて使われています。「私たちはあなたが神の聖者であることを信じ、また知っています」（6・69、一ヨハネ4・16）とは、人間の究極の救いが、イエス・キリストに「今・ここで対面している」ことにあるという確信の表明なのです。「イエス・キリストを知る」ということは、イエス・キリストによって愛されて（生かされて）いることを認め、それを受け入れて信じ、それに応えることです。イエスを神から遣わされた神の子、また神の啓示者（＝ロゴス）と認め、信じることを決断する者は、神のいのちに与り、神の子らとされるのです。

「言（ロゴス）は、自分を受け入れた人、その名を信じる人々には神の子となる資格を与えた。この人々は、血によってではなく、肉の欲によってではなく、人の欲によってでもなく、神によって生まれたのである」（1・12、13）

「これらのことが書かれたのは、あなたがたが、イエスは神の子メシアであると信じるためであり、また、信じてイエスの名により命を受けるためである。」（20・31）

『ヨハネ福音書』の初めと終わりを飾るこの信仰告白は、あきらかに「神の子とされる」こと、「いのち／いのちを受ける」ことが、イエス・キリストを「信じる」ことによってもたらされる恵みだという訴えです。それは「父と子の一致（＝神的いのち）」という根源的な「関わり」に与からせていただくこと、その交流に入らせていただくことで、こうした恵みをヨハネは端的に「永遠のいのち」と呼ぶのです。洗礼の恵みは、まさにこれに与らせていただくことなのです（『エッセンス』二三四頁）。

第四留
イエス、母マリアにお会いになる

第二部　キリスト教信仰を生きる

イエスは「わたしに向かって、『主よ、主よ』と言う者が皆、天の国に入るわけではない。わたしの天の父の御心を行う者だけが入るのである」（マタイ7・21）と仰せになり、さらに「わたしのこれらの言葉を聞いて行う者は皆、岩の上に自分の家を建てた賢い人に似ている。雨が降り、川があふれ、風が吹いてその家を襲っても、倒れなかった。岩を土台としていたからである。わたしのこれらの言葉を聞くだけで行わない者は皆、砂の上に家を建てた愚かな人に似ている。雨が降り、川があふれ、風が吹いてその家に襲いかかると、倒れて、その倒れ方がひどかった」（マタイ7・24～27）と教え諭されました。

洗礼を受けたということは、一度の自分の人生を信じたイエスの言葉とそこに示された約束に自分を委ねたということです。ここでイエスが言う「わたしのこれらの言葉」とは、イエスが告げた「福音／父のみこころ」に他なりません。たとえに出てくる「家」とは、わたしたち各自の人生です。問題は、聞いて受け入れた（信じた）イエスの福音を本気で「生きる」かどうかということです。

洗礼の恵み、すなわち、ご自分の全てを賭けて開いてくださった真の救いの道（過ぎ越しの奥義）を、実際に自分の足で歩んでいくことの大切さをイエスは訴え、励ますのです。「聞いて行うか」あるいは、「聞くだけで行わないか」（マタイ21・28～31参照）――人生という「家」を台無しにしてはならないというイエスの熱い想いに応えるべくこれから信仰実践について学んでいきましょう。

第一章

信仰の恵みに応える生き方――祈りと愛の実践

信仰の実践の大切さを、イエス・キリスト[1]ご自身の励ましの言葉で知ったわたしたちは、信仰の恵み[2]に応える生き方として、まず「祈りと愛」をとり上げます。

ところで「祈り」はどの宗教にも見られることですが、キリスト教の祈りにはどのような特徴があるのでしょうか。また、「愛の宗教」と呼ばれるキリスト教[3]に身を置くわたしたちは、愛の実践を「祈り」とどう結びつけたらいいのでしょうか。第一章では、このようなことを学んでいきましょう。

注

（1）**イエス・キリスト**　ナザレ出身のイエスこそがキリスト（真の救い主）である。これが「キリスト教」という信仰運動の根本で、これを簡潔に表現したものが「イエス・キリスト」という言い方である。イエスを「キリスト」と告白するキリスト信者は、これをイエスに対する呼び名として普通に使う。本書はこの信仰を土台とするため、これから基本的に「イエス・キリスト」という言い方をしていく（『エッセンス』七、二二、一七五頁参照）。

（2）**信仰の恵み**　イエスを「キリスト」と信じるとは、最終的に「恵み」である。すなわち、自力で勝ちとられ、自分の思うように自由に操ったり処理できるようなものではなく、根本的に「向こうから／神から」の計らいであり、賜物としか言いようがない。もちろん、それに対しては人間の方からの協力や応えていく努力が不可欠で、先に見たイエスのたとえなどはそれを物語っている（マタイ7・21～27）。

（3）**愛の宗教**　『エッセンス』八四、九〇頁などを参照。

第一節　神との親しさを生きるー祈るということ

1　祈るー人間の本来の姿

もし、皆さんがカトリック大学の図書館に行って「祈り」についての書籍を探したとしたら、その数の多さにびっくりなさることでしょう。宗教学的な専門書から、さまざまな宗教のもの、カトリック教会の信心書の類に至るまで、あまりにも多くて何から手をつけたらいいのか分からなくなるほどです。「祈りとはいったい何なのか」。祈りについて多くのことが書かれるということは、きっと人間の奥深さと神秘が「祈ること」において濃厚にあらわれるからでありましょう。つまり、人間は根本的に「祈る存在」であり、自分を超えた大いなる御者とのつながりを求めてやまない不思議さをかかえている存在だということです。たとえ意識しなくても、わたしたちは神に対する関係を生まれながらすでに持っているのです。これが「祈り」という人間固有の行いとなってあらわれるのです。「祈る」ということは、人間であることの証明とも言えます。

2　キリスト信者として「祈り」をどう理解したらいいのか

「祈り」について理解を深めていくためには、いくつかの基本的な切り口が必要です。

第一に、「祈りとは何か」と問うことよりも、「祈る」という行為に注目すべきでありましょう。すなわち、自分（たち）は具体的にどのような場合に祈り、また、どのように祈っているかを振り返る方が、「祈り」を理解するにはずっと良い道です。大切な人のため、自分のため、何かのために人は常に祈りを捧げている現実があります。「祈りとは何か」ということから始めると、あまりにも抽象的になってしまい、祈りの実践や体験を深めていくこととズレが生じてしまいます。もちろん、「祈りとは何か」という探求は決して無駄なことではありません。

第二に、わたしたちキリスト信者が「祈り」について実践し理解を深めていく場合、忘れてならないのは、イエス・キリスト自身が「祈り」についてどのように教え、またご自身がどのようにそれを実践しておられたかということです。

そして最後に、使徒継承のカトリック教会の伝統において「祈り」がどのように実践されてきたかということも忘れてはなりません。

確かに、「祈り」についての膨大な数の書籍を前にすると、「祈り」は何か難しいことのように思われますが、決してそんなことはありません。右に挙げた幾つかの視点を大事にしながら「祈り」の理解を深め、祈りの実践につなげて参りましょう。

3　生きることは祈ること

「祈り」についてあれこれ考えるまでもなく、今述べたように人は知らず知らずに祈っているものです。あなたは具体的にどのような場合に祈り、どのようなときに自然に祈っていますか。例えば、授かった子が無事に出産するように、試験に合格するように、家族の誰かが手術を受けなくてはならないときにはそれが成功し、はやく元気になるように、あるいは、毎年八月一五日を迎えると世界が平和でありますようにと祈り、葬儀では故人の冥福を祈ります。人は実際、たくさんの祈りをしているのです。

「生きることは祈ること」と言われるほどで、自分は神仏など信じないという人でも、人生の歩みの節々でおのずと祈っています。この「おのずと祈ってしまう」現実——これが人間の不思議さなのです。

神社やお寺にいくと、「商売繁盛、家内安全、無病息災、恋愛成就、交通安全、合格祈願」などの四文字のお題目が目につきます。それらの一つひとつは、生きていく現実をあらわしていると同時に、どんなに努力しても人間には限界があるということ、そのため自分を超えた大いなるものにすがらざるを得ないということを物語っています。「開運」という言葉は、きっとこうした人間の限界が打ち払われ、今よりずっと良い方向に人生の歩みが向いますようにとの願いをあらわしているのでありましょう。

4　「苦しいときの神頼み」

どんなに努力してもそれがかなわない現実に遭遇すると、わたしたちは狼狽し混乱してしまうのが常です。仏教の創始者ブッダは、この事実を見すえて「人生（そのもの）は苦である」とズバリ言い当てました。「こうありたい」とどんなに願っても、現実は願い通りにはいかず、かえって苦しみが増すばかりだ。それならば、いっそのこと「こうありたい」という欲求そのものを捨て去れば、人は真の幸せをつかむことができるに違いない。このようにブッダは自分の経験から教えたのでした。

先に触れた「商売繁盛、家内安全、無病息災、恋愛成就、交通安全」などの祈りの題目は、実はブッダから見ればどれも「欲」の表明であり、苦しみの源でしかありません。したがって、このようなことを祈るのは、仏教信仰の本筋から見ると矛盾なのですが、なぜかお寺ではこれらが当然のように祈願されています。しかし、「欲」を否定した仏さまやさまざまな化身にいろいろな欲求や願望をかなえてくださいと切に祈るほどに、生きていくことと「欲／欲求」は一体なのです。その成就をかなえてもらう（ご利益《りやく》）ために、自分の力を超えた超越的存在（神仏）に祈るということは、極めて自然なことなのです。そのため「宗教」とは自分の願う「ご代表的なものと言えます。

利益」を神仏にかなえてもらうことだと一般に考えられているほどで、七福神信仰[1]などはその

5　この世のことを否定するのではなく

ミサの祈願には次のようなものがあります。
「信じる人の希望である神よ、あなたを離れてはすべてがむなしく、価値あるものはありません。いつくしみを豊かに注ぎ、わたしたちを導いてください。過ぎ行くものを正しく用い、永遠のものに心を向けることができますように」（年間第一七主日の集会祈願）
カトリック信仰においては、生きていくことにともなうさまざまな「願望」を否定しません。要はそれを正しく用いることにあります。ここでの「正しく」とはイエス・キリストの教えによれば「父なる神のみこころ（想い）」に適うことで、それは神と隣人を愛することに尽きます。したがって、先の四文字でつづられた種々の祈願はそのものとして決しておかしなことなのではありませんが、問題はそれが「自分の幸せだけ」を求めることに終始させてはならないということです。「わたしの言葉があなたがたの内にいつもあるならば、望むものを何でも願いなさい。そうすればかなえられる」（ヨハネ15・7）と言って、イエスは全幅の信頼をもって父なる神に祈るように励まします。ここでの「わたしの言葉」とは、イエスが説かれた福音であり、特に神と隣人を愛する（大事にする）訴えに他なりません。

6　自分の願望の前に

キリスト教においては、さまざまな「願望」を祈る前に大事にすることがあります。ひとことで言うならそれは「感謝／賛美」と「ゆるし」の願いということです。

日本の宗教伝統では、普通、「祈り／祈願」といえば、すぐに先に挙げた種々の願望の達成を連想しますが、キリスト教では「感謝を祈ること」「ゆるしを祈ること」も大事にされるのです。これは、とても大切なことではないでしょうか。と言うのも、自分の「願望実現[2]」だけならば、神さまを何か便利な欲望充足機のようにみなしてしまいかねないからです。事実、多神教的風土にある日本では、「商売繁盛の神さま」「恋愛成就の神さま」「合格祈願の神さま」などそれぞれの神さまが分業化され、人々は自分の願いがかなえられるために専門の神さまをあちこちと探して渡り歩くほどです。

しかし、キリスト教にあっては何よりも「賛美と感謝」の心をまず大事にします。なぜなら、わたしたちは皆、例外なく大いなる御者（神）に生かされて生きているからです。この根本的事実を認め、それを賛美し感謝するのです。「ありがとう」という心に戻り、その心をもって奮い立つこと、これがキリスト信者の祈りの出発点なのです。『旧約聖書』の『詩編』で「感謝を捧げる」という言葉が頻繁に出てくるのは、何よりも神のみ前に立つ人間の素直な心のほとばしりと言えましょう。イエスも最後の晩餐で「賛美を捧げながら」パンとぶどう酒を祝福して弟子たちに与えたのでした。それはユダヤ教の長い伝統に育まれた「ベラカー[3]」の心とその表明だったのです。

日本の伝統では「おかげさまで」と言って、神仏や人さまから受けた恵みを感謝して喜び、それを「恩[4]」と感じます。大いなる御者から好意や配慮を受けて、身の幸せをしみじみと感じること——これが「宗教心」の根本であり、その心を祈りをもって素直にあらわすことをキリスト教は何よりも大事にします。

7　恵みを願う前にもう一つ大事なこと

自分の願い（ご利益《りやく》）をかなえてもらう前に、まず「感謝のこころ」をあらわすことが大事だと知りました。それに加えて忘れてならないもう一つの大事なことがあります。「ゆるしを願うこころ」です。神に対して、他人に対して「申し訳なかった」と詫びたいこと、あやまりたいことは誰にもあるものです。「ゆるし」は「愛」と並んでイエス・キリストの福音の根本をなす教えであり、救いの恵みに与る大事な条件です。「立って祈るとき、だれかに対して何か恨みに思うことがあれば、赦してあげなさい。そうすれば、あなたがたの天の父も、あなたがたの過ちを赦してくださる」（マルコ11・25）とイエスは仰せになります。自分から自発的に人を赦すことと、自分が神に赦されることは一体だというのです。自分の過ちを認め、神にゆるしを願うことは、神に親しく向き合い率直に祈ることの前提だ、とイエスは訴えるのです。それは「ミサ聖祭」の始まりで「回心の祈り」としても表明されます。

「全能の神と、兄弟の皆さんに告白します。わたしは、思い、ことば、行い、怠りによってたびたび罪を犯しました。聖母マリア、すべての天使と聖人、そして兄弟の皆さん、罪深いわたしのために神に祈ってください」

8　祈るときの心構え（個人として）

イエス・キリストは、わたしたちが神のみ前に立つ「一個の人格／神の子」として祈るときの幾つかの心構えを教えてくださいます。

第一に、「あなたがたの父は、願う前から、あなたがたに必要なものをご存じなのだ」（マタイ6・8）と仰せになって、人知を超えた神の計らいに信頼をよせるようにわたしたちを促します。その上で深い信頼をもって求めるものを率直に願いなさいと励ますのです。「求めなさい。

そうすれば、与えられる。探しなさい。そうすれば、見つかる。門をたたきなさい。そうすれば、開かれる。だれでも、求める者は受け、探す者は見つけ、門をたたく者には開かれる（中略）あなたがたは悪い者でありながらも、自分の子供には良い物を与えることを知っている。まして、あなたがたの天の父は、求める者に良い物をくださるにちがいない」（マタイ7・7～8、11）「わたしの名によって願うことは、何でもかなえてあげよう」（ヨハネ14・13）と約束してくださいます。

第二に、祈りは各自の心の底から湧き出すひそやかなあふれであり、見せびらかすようなものではないということです。「だから、あなたが祈るときは、奥まった自分の部屋に入って戸を閉め、隠れたところにおられるあなたの父に祈りなさい。そうすれば、隠れたことを見ておられるあなたの父が報いてくださる」（マタイ6・6）。そのため、自分の言葉で素直な心をもって祈ることが大事です。祈りは何よりもまず「個」として、信頼をもって神に向き合うことから始まるのですから。日本の宗教的伝統では、定型化された「祝詞《のりと》」とか「お経」を唱えて神仏に祈りを捧げるのが一般的ですが、わたしたちキリスト信者は自分の言葉で祈ることを大事にします。

第三に、祈りは言葉数が多ければいいというものではない、とイエスは警告します。「また、あなたがたが祈るときは、異邦人[5]のようにくどくどと述べてはならない。異邦人は、言葉数が多ければ、聞き入れられると思い込んでいる」（マタイ6・7）。形式的な文言を機械的繰り返すのではなく、素直な信頼に満ちた心こそ大事だとイエスは言うのです。わたしたちの文化にも「空念仏《からねんぶつ》」という言い方があります。口先だけで、心をこめずにいくら念仏を唱えても無意味だというしめです。

そして最後に、「祈り」の極みは黙して父なる神のみ旨を聞き届けることにあることを、イエスはご自分の行動をもって示されました。しばしばイエスは人里離れたところで独りになって祈っていたと福音書は記しています。「朝早くまだ暗いうちに、イエスは起きて、人里離れた所へ出て行き、そこで祈っておられた」（マルコ1・35）。「群衆を解散させてから、祈るためにひとり山にお登りになった。夕方になっても、ただひとりそこにおられた」（マタイ14・23）。

そこでは何を祈っていたのかが書かれていません。しかし、イエス自身が弟子たちに教えた祈りの中で、父なる神に「み心が天に行われるように、地にも行われますように」と祈れと命じたことから察すると、孤独になってひたすら御父のみ旨を聞いていたはずです。後にキルケゴール(6)は祈りについてこう述べています。「私の祈りが、いっそう深く内面的になるにつれて、私自身は話すことがますます少なくなりました。最後には、私はまったく黙ってしまいました。そして、祈りということとは矛盾しているようにみえるかもしれませんが、私はむしろ聞く者になりました。最初、祈りというものは話すことだと思っていましたのに、今は、祈りとはただ黙っているのではなく、聞くことであるとわかってきました。やはり祈りとは、自分の話している声を聞くことではありません。否、祈ることは静かになり、そして、祈るひとは神の声を聞くまで静かに待つことなのです」

祈りの極みは心を空にして、沈黙のうちに耳を澄ませ、神の声を聞くことにあるとキルケゴールは悟ったのでした。人間が精神的存在であることの素晴らしさはこうした「沈黙」にこそあらわれ、後に触れる「聖霊」の働きはこのような「沈黙」において感知されるのです。

コラム2　「聖」という文字の意味

「聖」という字は、キリスト教でも頻繁に使われます。聖書、聖人、聖歌、聖餐、聖職者、聖夜、聖地、聖化など枚挙にいとまがないほどです。「神の領域」に関わることがらをこの「聖」という文字であらわそうとしていますが、この文字を作ってそこに込めた昔の人々の思いが気になります。

「聖」という文字は、耳と口と𡈼《てい》を組み合わせたものです。「𡈼」はつま先で立つ人を横から見た形。「口」は神への祈りの文である祝詞を入れる器。「耳」の上に大きな「耳」をそえて「聞く」という耳の働きを強調しています。古代の人は耳にはかすかな音で示される神の声を聞く働きがあると考えていたのです。祝詞を唱え、つま先で立って神に祈り、神の声、神のお告げを聞くことができる人を「聖」と呼んだのでした。後に儒教によって「聖」は、知識においても徳においても最高の人の意味とされました。（白川静著『常用字解』、平凡社を参考）

9　「主の祈り」から「主の祈り」へ

これまでキリスト信者としての祈りの基本を見てきましたが、ここで忘れてならないことがあります。それは、わたしたち各自が率直さと信頼をもって祈るにしても、その「規範／モデル」はイエス・キリストご自身が教えてくださったいわゆる「主の祈り」にあるということです（「主の祈り」については『エッセンス』八一、一〇六～一一四頁）。

「主の祈り」には、イエス・キリストの深い想いとこころが溢れています。わたしたちはこれを日々味わいながら、イエス・キリストの想いを自分のものにします。その上で、これまで見てきたようにどんなことでも自分の言葉で信頼をもって神に打ち明けることが許されているのです。しかし、そうした後で再び「主の祈り」に帰りましょう。「主の祈り」から「主の祈り」

へ。これがわたしたち各自の「祈りの感性」を磨いていく確かな道なのです。

10　共に祈ることの頂点であるミサ聖祭

これまで、「個人」としてどう祈ったらいいのかを見てきましたが、しかし、わたしたちキリスト信者は「共に祈る」存在であることも忘れてはなりません。イエス・キリストは仰せになります。「はっきり言っておく。どんな願い事であれ、あなたがたのうち二人が地上で心を一つにして求めるなら、わたしの天の父はそれをかなえてくださる。二人または三人がわたしの名によって集まるところには、わたしもその中にいるのである」（マタイ18・19〜20）。またイエスは、弟子たちに「父のもとから聖霊（神の息吹き）を送る」と約束なさいました。この「聖霊／神の息吹き」は、「弁護者」とも「真理の霊」とも言われています（ヨハネ14・16〜17）。「弁護者／パラクレートス」と言われるのは、わたしたちが弱さや限界に打ちひしがれるとき、力強いサポーターとしてこの霊が支え導くからであり、「真理の霊」であるのは、わたしたちが迷いの闇に陥って方向感覚を失うとき、どこに向かうべきかを気づかせる方だからです。

まさにイエス・キリストの名によって（イエス・キリストを信頼して）心を一つにしてわたしたちが祈るとき、イエス・キリストは「弁護者」、「真理の霊」である聖霊をつかわし、聖霊の働きをとおして寄り添ってくださるのです。わたしたちのいのちの深みは、神の息吹き（聖霊）によって、イエス・キリストといわば共振し合い、わたしたちもまた聖霊において互いにこころを響かせ合うのです。フランクルの次の言葉はきわめて示唆に富んでいます。「互いに愛するといっても、単にお互いに見とれるのではなく、共に無限なるものを見つめる、すなわち、彼らは共に祈ります。愛とは、共なる祈り、ふたりでの祈りです(7)」

『エッセンス』（二〇一〜二〇六頁）では、主の「過ぎ越しの奥義」を祝う「ミサ聖祭」がキリストを信じる信仰共同体（＝教会）を造り上げていくということを学びました。「わたしの名によって集まるところには、わたしもその中にいる」というイエス・キリストの約束は、「聖体」を共にいただき「過ぎ越しの奥義」を祝うところで頂点に達します。キリストにおける交わり（コンムニオ）、キリストを信じる者の連帯と一致がここにあらわれるからです。

「ミサ聖祭」については後に改めて述べることにしますが、ここではこれまで述べてきた「祈り」の深みを振り返りながら、次の点を指摘しておきたいと思います。すなわち、各自の「祈り」はミサ聖祭において束ねられること、束ねられた祈りは、イエス・キリストの贖いのみわざの「秘跡的な再現」を通して御父に捧げられるということです。

11　祈る力を磨く――朝晩の祈り

これまで述べてきたことをひとことでいうなら「祈り」とは、神との交流、信頼関係の感覚であると言えましょう。親子や愛し合う人、親友の間では常に相手のことが気になります。「痛み」に似てたえず刺激を与え続けるいのちの不思議な感覚で、相手が目の前にいなくとも生きと存在を感じさせ、安心感や希望、そして時には「心配」をもたらすという心の現実です。「祈り」はこうした人間の深い心の次元に関わる営みということができます。

ところで、神への「信仰／委ね」は、具体的に日々の祈りとなってあらわれます。キリスト信者として信仰を深めて（強めて）いくということと、祈りを深めていくことは切り離せません。今日の日本社会では、祈りと言えば初詣や墓参り、それに法事や葬儀などで手を合わせるぐらいで、多くの人々にとって日常生活の中で祈ることはほとんどありません。しかし、キリスト信者にとって、祈る力を磨いたり、祈る意欲を増す場はまさに日常生活であるのです。神との対話は、まさに日々の生活の中で展開し深められていくことを忘れてはなりません。

先に、祈りは難しいものではないと申しました。一日を始める朝、今日一日を誰に捧げるのか、自分はどこに向かおうとするのか。「朝の祈り」がその日一日を決定する、とさえ言えます。カトリック教会の次のような伝統的な祈りは大いに参考になります（以下、カトリック教会の『教会の祈り』からの抜粋）。

- 全能永遠の神よ、きょう一日をあなたにささげます。この一日を祝福し、喜びと平和をお与えください。
- 万物の造り主である神よ、あなたの恵みでわたしたちの行いを導き、一日の働きをささえてください。すべての仕事が、あなたのうちに始まり、あなたによって実を結びますように。
- 恵み豊かな神よ、わたしたちがきょう一日誠実に生き、まごころをもって人と交わることができるよう、あなたのいつくしみをあらわしてください。
- 聖なる父よ、御子キリストの奉献に合わせて、この一日をささげます。わたしたちを罪から守り、いつもあなたへの道を歩ませてください。

これらの祈りで注目したいことがあります。それは「一日単位」という発想で、イエス・キリストの「明日のことまで思い悩むな。明日のことは明日自らが思い悩む。その日の苦労は、その日だけで十分である」（マタイ6・34）という教えに基づくものです。とにかく今日一日を神に祝福していただき、一日の全てをいのちの与え主である神に丸ごと捧げる――こうした明確な意志を表明するのが、朝の祈りの根本なのです。

そして、一日を終えて晩に捧げる教会の伝統的な祈りには、次のようなものがあります。

・全能の神よ、きょう一日を無事に過ごさせてくださったことを感謝いたします。
・主よ、きょう一日の恵みを感謝いたします。わたしたちが陥った怠りと罪をゆるし、わたしたちの信仰を強めてください。
・臨終の床にある人々を慰めてください。あなたのいつくしみのうちに生涯を終えることができますように。

ここで注目したいことは、一日のわざをなし終えて捧げる「夕べの祈り」が、一日を感謝する祈りと共に、執り成しの祈りになっているということです（わたしたちが共に築く社会のための祈りについては、後述）。個人としても神に捧げたい執り成しの祈りは山ほどあるにちがいありません。どうかそれらを率直に祈ってください。

日常のリズムの中で祈りを磨くことの大切さを見てきましたが、最後に「寝る前の祈り」を母なる教会は大事にしてきたことも忘れてはなりません。古代の人々は眠りと死とはよく似ているとみなし、また眠っている間の無防備を強く意識していました。ですから、眠っている間にも神がわたしたちと共にいてくださるよう祈ったのでした。このことは、現代に生きるわたしたちにも通じることで、次のような祈りとして受け継がれています。

・起きている時も眠っている時も、神よ、わたしを救い守ってください。キリストのうちにいつも目覚め、平和のうちに憩うことができますように。
・いつくしみ深い父よ、この夜、わたしたちを訪れ、ともに留まってください。さわやかな朝を迎え、御子キリストの復活を喜び祝うことができますように。

右に挙げたような言葉で朝晩、主に語りかけることを習慣にするならば、きっとあなたは自分自身の変化を実感していくことでしょう。実際、信仰の感性を磨く、神との親しさを深める、人々に仕える熱意を保つ、何をなすべきかを知り果たすべき使命を全うするなど、キリスト信者としての種々の課題は、日々の祈りを磨くことと切り離せません。この大事なことに粘り強く取り組んで参りましょう。

12　忙しいからこそ祈りを大事にする

よく「忙しいので祈る時間がない」という声を聞きます。こうした声の背後には、祈りと働きが両立するはずはないという考えがあるようです。しかし、カトリック教会の修道会の大樹であるベネディクト会(8)のモットーは「祈れ、かつ働け／オラ　エト　ラボーラ／ora et labora」でした。これはさまざまなことを考えさせてくれます。

キリスト信者であるわたしたちの一日は、働くことに費やされます。生きていくためには働かなければなりません。社会において具体的な報酬をともなう仕事だけではありません。家事も育児も介護も勉学も、全ては日々の「働き／労働」であり、わたしたちの一日の時間のほとんどはそのために費やされます。「働かざる者は食うべからず」とは洋の東西を問わず人間の確信です。パウロはこう書き述べています。

「実際、あなたがたのもとにいたとき、わたしたちは『働きたくない者は、食べてはならない』と命じていました。ところが、聞くところによると、あなたがたの中には怠惰な生活をし、少しも働かず、余計なことをしている者がいるということです。そのような者たちに、わたしたちは主イエス・キリストに結ばれた者として命じ、勧めます。自分で得たパンを食べるように、落ち着いて仕事をしなさい」（二テサロニケ3・10〜12）

労働だけでなく祈ることにも時間が必要とされる以上、労働と祈りをどう両立させたらいいのか、この緊張はキリスト信者だけが知るところです。イエスが「その日の苦労は、その日だけで十分である」（マタイ6・34）と言うのは、生きていくための働きにともなう「苦労や心配」だけに振り回されてしまい、自分を見失うことがないようにとの戒めです。素晴らしい才能や努力によって「全世界を手に入れても、自分の命を失ったら、何の得があろうか」（マルコ8・36）とは、究極の救いに関わる基本理念でなくて何でありましょう。

しかし実際問題、労働を中断して祈りに専念することは（ある種の修道生活を除いて）、この世に生きるキリスト信者としては不可能なことです。先に見た「朝の祈り」の例では、一日を始めるにあたって前もって「働き／労働」を神に捧げる、すなわち、労働（働き）にほとんど費やされる一日を神のために生きることが祈られていました。「全能永遠の神よ、きょう一日をあなたにささげます。この一日を祝福し、喜びと平和をお与えください。／万物の造り主である神よ、あなたの恵みでわたしたちの行いを導き、一日の働きをささえてください。すべての仕事が、あなたのうちに始まり、あなたによって実を結びますように」あの「祈れ、かつ働け」のモットーは、こうした奉献の祈りの凝縮に他なりません。

「忙しいから祈らない」ではなく、「忙しい働き」を前もって神に捧げ、神がそれを方向づけ、導いてくださるように一日を始めるにあたってしっかり願っておくこと。ボンヘッファー[9]は次のように述べています。「（こうした祈りは）祈りに割り当てられた時間を越えて、労働の時のただ中にまで入っていく。祈りは一日の全体を包むが、そこで働きは停滞するのではなく、むしろ祈りは働きを促進し、肯定し、それに真剣さと喜ばしさを与えるのである。そこでキリスト者のすべての言葉、すべてのわざ、すべての労働は、祈りとなる」

とくにお奨めしたいのは、毎日十分ほど時間を作って、聖書（特に福音書）を読み、静かに思い巡らす（黙想する）ことです。ともすると日々の忙しさに追われて自分を見失いがちなわたしたちですが、少し立ち止まりカトリック教会の伝統的な「黙想」を生活のリズムの中に取り入れるならばきっとすばらしい力を身につけるようになることでしょう。

「わたしはぶどうの木、あなたがたはその枝である。人がわたしにつながっており、わたしもその人につながっていれば、その人は豊かに実を結ぶ。わたしを離れては、あなたがたは何もできないからである」（ヨハネ15・5）。祈りをもってイエス・キリストにつながっていればこそ、良い働きとその実りを得ることができるのです。イエス・キリストは「主の祈り」の冒頭で神を「わたしたちの父よ」と呼びかけるよう命ずるのは、何よりも生活の場での祈りへの促しです。神の臨在、あらゆる場面で寄り添う神への気づきが「父よ」という呼びかけに凝縮されているのです。

コラム3　さまざまな「祈り」のスタイル

ひとことで「祈り」と言ってもそれにはいろいろな形があります。瞑想、黙想、念祷、霊操、禅、マインドフルネス、ヨガ、滝行、聖地巡礼、念仏（念仏踊り）、念珠、題目などなど。信仰の恵みをいただいたわたしたちキリスト信者としても、これらの豊かな分野に対しては一種の畏敬を感じると同時に、何か「自分には関係ない」と思いがちです。まして禅や霊操、ヨガなどの分野で「大家」とか専門家と称する人々にある種の距離感を覚えてしまうことがありますが、どうしてなのでしょうか。興味ある問題です。そこでここでは「祈り」について少し振り返ってみたいと思います。

まず確認しておきたいことは、祈りのスタイルと「祈り」そのものとを区別しておかなければならないということです。先に挙げたいろいろな祈りの姿は、「祈り」そのものというよりも祈りに向かう種々の「方法」でしかありませんが、しかしそれぞれには長い時間をかけて蓄積されてきた知恵と方法があり、豊かな文化的背景があります。かなり以前から欧米のキリスト教圏では「禅」ブームが起こり、多くの人々の関心の的となってきました。「からだと心は一つである」ことを特に強調する東洋の人間観は、祈りの形にも影響をあたえ「からだ」を張って祈る技術が工夫されてきました。これが特に近代以降「言葉や概念」を重視した西欧世界の人々のこころを捉えたのでしょう。しかし、祈る技《わざ》をどんなに磨いても祈りそのものなのではありません。今日、ヨガ教室が大はやりなのは、本来古代インドで瞑想や解脱に向かう修練であった「ヨガ（結ぶ／繫ぐの意）」そのものが、その実践技術だけに注目され美容や健康に良いとされてしまった結果なのでしょう（こうした世俗化も悪くはありませんが）。

第二に、注目したいのは先に挙げた種々の「祈り」に向かう技術は、どれも心の拡散（迷いや混乱）を防ぎ精神を集中させ、本来の自己へ引き戻す訓練であるということです。雑念を払い、不変のものに意識を集中させ、自分を活かす大いなるものと向き合う準備と言えましょう。「無心」になるとは、無秩序と混乱状態にある意識（こころ）をいったん空《から》にすることで、今日「マインドフルネス」として注目を浴びています。しかし、同じことはすでに「禅」の行として広く行き渡ってきたことです。イエスが「マルタ、マルタ。あなたは多くのことに思い悩み、心を乱している。しかし、必要なことはただ一つだけである」（ルカ10・41）とマルタをたしなめたのは、自分を見失うことへの警告でした。

第三に、精神の集中や「無心」を個人としても集団として体験する方法として「同じ文言（祈りの定式）」をひたすら繰り返すことが挙げられます。キリスト教においては、古代教会では修道者たちがイエスの名を一心に繰り返して唱える行に専念していました。また、中世になると「ロザリオの祈り」や連祷を唱え続ける伝統的なスタイルが人々の間に広がりましたが、これらはどれも単純な祈りの文言の繰り返しによってこころを集中させる効果をもたらします。特に一人ではなく共にこれを行う場合、効果があることが知られています。日本の宗教伝統に見られる念仏、念珠、題目なども同じことでありましょう。集団で繰り返すことによって一体感を体験し、雑念から解放されて元気になるという不思議さです。

第四に、特にキリスト教の伝統に顕著なこととして、「黙想」や「念祷／観想」という形が挙げられます。これらの特徴は、単に祈りの方法にとどまることなく、さらに「祈り」そのものになっている（なっていく）ということです。今日「メディテーション／meditation」という言葉がもてはやされていますが、元来は「思い巡らす／meditor／メディトール」というラテン語に由来する語でキリスト教固有の祈りのスタイルです。聖書を読み、特にこころに響く箇所や文言をじっくりと思い巡らし味わいます。その際、自分の知性や想像力、感情など精神の機能を総動員して、特にイエス・キリストの臨在を生き生きと実感しようとするのです。そしてこのような「出会い」をもとに父なる神への親しい語りかけ（祈り）へと至り、ついにはイメージや概念を超えて「神の臨在（神の気配）」そのものに浸るのです。「祈り」とはよく「神とのコミュニケーション（交流）」であるといわれますが、その究極の姿はこうしたメディテーションの結果を指しているのでありましょう。

第五に、「黙想」や「念祷／観想」の道を一朝一夕で究めることは容易ではなく、相応の時間をかけた訓練がいります。しかし、人々は画像や彫刻などの目に見えるイメージを通して先にふれたメディテーションを試みたのです。古代教会における「イコン（ギリシャ語で像や姿を意味する）」は、見えるもの（画像）を通して見えないもの（神的世界）へと人を導く工夫でした。中これを踏まえてキリスト教世界ではおびただしい宗教画や彫像が生み出されてきました。

世期には「十字架の道行き」の信心業が盛んになりますが、それにともない「道行きの場面」が絵画や彫刻となって聖堂内を飾るようになります。イエス・キリストの贖いの恵みを目に見える「道行き」という時間的展開を通して生きいきと思い巡らす見事な工夫であったと言えます。残念なことに一六世紀に起こった宗教改革（教会改革）の時代、これらを「偶像」と断定して排除する運動がありましたが、「偶像」ではなくあくまで「しるし」であることを忘れてはなりません。「祈り」を考えるとき、いかに「思い巡らし（想像を働かせること）」が人間にとって必然的なことかが思い知らされます。

最後に、「祈り」にともなう負の部分、すなわち気をつけなければならない側面についても考えておく必要があります。これまで見てきたように、「祈り」はその形の段階から心のとらわれからの解放という大きな特徴があります。「大いなる御者（神、超越者）」との出会いを目指しているからです。ところがこれと似ていながら真反対のことを「祈り」と称して実践されている困ったことがあります。麻薬や心理操作、恐怖を煽ることによってなされるマインドコントロールが思考停止や判断停止をもたらすとすれば、およそそれは「祈り」でもなければ「宗教行為」でもありません。しかし、オウム真理教のように実際このようなことをして信者を奴隷化してしまう悲しむべき出来事が人の世にはあとを絶ちません。教祖と名乗る人間が「宗教」や「信仰」の名を借りて人を操ったり、ときには「聖書」を悪用して自分たちの目標を実現しようとする現実があることを知っておく必要があります。一方、「祈り」を「陶酔」や「憑依状態」と思い違いし、現実から逃避する手段とするなら、それは「神と隣人を愛しなさい」と命じるイエス・キリストの願いとは相容れない祈りであると言わなければなりません。自分の殻に閉じこもるだけなら、キリストが言う「祈り」とは別物です。

注

（1）**七福神信仰**　江戸時代から盛んになったと言われる「七福神巡り」は、幸福を呼ぶ七つの神さま（＝福神《ふくじん》）が、それぞれ別な場所に祀られ、それを巡り歩いて利益《りやく》を願う、いわば行動的な祈りである。インドや中国から入って来た民間信仰の神々が、日本では七福神として定着した。ちなみにそれぞれの福神の担当は以下の通り。恵比寿《えびす》＝商売繁盛、大黒天《だいこくてん》＝五穀豊穣、毘沙門天《びしゃもんてん》＝武道成就、布袋尊《ほていそん》＝家庭円満、福禄寿《ふくろくじゅ》＝財運招福、弁財天《べんざいてん》＝学芸上達、寿老人《じゅろうじん》＝健康長寿。

（2）**願望実現**　ある新宗教教団では、礼拝の対象物とされたものを「幸福製造機」と呼んで人々の心をつかんでいた時期があった。

（3）**ベラカー**　『旧約聖書』のヘブライ語の言葉で、感謝や賛美、祝福、さらに賜物を意味する。善き賜物（ベラカー）で生かされる人間が、それを与えてくださる神に感謝や賛美（ベラカー）を捧げるという循環がここに見られる。

（4）**恩**　元来、人間の上下関係を踏まえた「恵み」体験をあらわしていたが、仏教が中国に伝来するとこのイメージが、超越的存在である仏と救われるべき人間との関係にも適応されるようになり、仏恩、報恩などの言葉が生まれた。

（5）**異邦人**　ユダヤ人から見た「他国人／エスニコス」を意味する。今日、日本でも「エスニック」という言葉が使われるようになったが、それは自分たちの文化にはない物珍しさ（食事や衣装）をあらわしている。聖書では自分たちユダヤ教徒には受け入れがたい慣習に生きる非ユダヤ人という意味で「異邦人」という言葉が使われた。イエスはここで神に信頼をもって祈ることを強調するために、当時の周辺民族の例を出しているのである。

（6）**キルケゴール**　S.A.Kierkegaard（一八一三～一八五五）デンマークの哲学者、キリスト教思想家。人間の不合理な側面に光をあてて、実存主義思想を生み出した。代表的な著作に『死に至る病』がある。

（7）**愛と祈り**　ここでの引用文はフランクルとピンハス・ラピーデとの対談『人生の意味と神』（新教出版社）からのものであるが、文章の流れを良くするため多少手を加えた。

（8）**ベネディクト**　Benedicto a Nursia（四八〇頃～五四七頃）西方カトリック教会における修道制の創立者。ローマで法律を学んでいたが、隠修士となってローマ近郊のスビアコの洞窟で修道生活を始めた。多くの弟子たちが集まったため、五二九年頃、モンテ・カッシーノに移り、『ベネディクト会則』に則った共住型の修道生活を始めた。中庸の精神と人間性への配慮に基づいた彼の会則は、その後の西方教会の修道生活の土台となった。彼は「祈り働け」をモットーに、修道院を「主への奉仕の学校」とした。

(9) **ボンヘッファー**　D.Bonhoeffer（一九〇六～一九四五）　ドイツの神学者でプロテスタント牧師。ナチスに抵抗する「告白教会」に身を置いて説教や著作活動に精力的に励むが、一九四三年に逮捕され、一九四五年、強制収容所で処刑された。暴力と恐怖をもって社会を支配しようとする勢力との戦いから深められた彼の霊性と教えは、その後のキリスト教世界に大きな影響を与えている。

第五留

イエス、キレネ人のシモンに助けられる

第二節　隣人愛を生きる

1　隣人を愛するとは

1　イエスの福音の根本は「愛」

あるときファリサイ派の人々がイエスを試みようとして「どの掟が律法のうちで一番重要ですか」と尋ねたところ、イエスはこう答えました。

「『心を尽くし、精神を尽くし、思いを尽くして、あなたの神である主を愛しなさい。』これが最も重要な第一の掟である。第二も、これと同じように重要である。『隣人を自分のように愛しなさい』」(1)（マタイ22・37～39）

全てをかけて神を愛することと、隣人を自分のように愛することとは切り離せないと、イエスは教えます。「神―隣人―自分」という切り離せないつながりをイエス・キリストは示し、これを生きることが最も大事な救いの道だと言うのです。ここでの「愛する」は、『新約聖書』の言葉であるギリシャ語では「アガパオー」で、それは「大事にする、大事に思う」を意味し、さらに「尊ぶ」という意味合いが含まれています。つまり、親愛の情とか「好き」という思いではなく「自分にとって大事だ」と自ら判断し、それを尊ぶという姿勢で、「守り、保護し、与え、共感する」という具体的な行動となってあらわれます（もちろん好感という感情を否定するものではありません）。

『エッセンス』（九一頁）でも触れたことですが、日本のキリシタン時代、この「尊ぶ愛」が「大切／ご大切」と訳されたのはこうした背景からで、イエスの真意を見事につかんだと言えます。

2　なぜ「尊び愛する／大切にする」のか

今述べたイエスの「愛／大切」の教えを振り返ると、「神を大切にする」ことと「隣人を大切にする」こととは一体だということが分かります。このことについて、一一〇年頃に書かれたとされる『ヨハネの手紙』は次のように述べています。

「愛する者たち、互いに愛し合いましょう。愛は神から出るもので、愛する者は皆、神から生まれ、神を知っているからです。愛することのない者は神を知りません。神は愛だからです。神は、独り子を世にお遣わしになりました。その方によって、わたしたちが生きるようになるためです。ここに、神の愛がわたしたちの内に示されました。わたしたちが神を愛したのではなく、神がわたしたちを愛して、わたしたちの罪を償ういけにえとして、御子をお遣わしになりました。ここに愛があります。愛する者たち、神がこのようにわたしたちを愛されたのですから、わたしたちも互いに愛し合うべきです」（一ヨハネ4・7～11）

なぜ互いに尊び愛し合わ（大切にし合わ）なければならないのか。その理由は、先に神が御子イエス・キリストを通してわたしたちを愛した（大切にした）からだと言うのです。ここでは普遍の「愛」が強調されているのであって、「好ましい感情」とか「自分にとっての喜ばしい思い」などが優先されていないことに注目しなければなりません。

イエスが「隣人愛」を訴えるとき「隣人を自分のように愛しなさい」という教えに注目しなければなりません。誰でも自分を大切にします。そのような心構えをもって「隣人を大切にしなさい」とイエスは訴えるのです。実際、わたしたちは自己嫌悪に陥ったり、自分に絶望してしまうと、「隣人の大切さ」に気づかず、愛することができません。今日の社会では通り魔事件が時々おこりますが、自己嫌悪や絶望が動機になっていることが少なくありません。多くの場合、家族や周囲からも孤絶してしまい自分の存在理由が実感できない現実が背景にあるようです。

イエスは宣教生活の間、さまざまな苦しみを抱える人々、特にいわれのない差別や抑圧に苦しみ、生きる自信を失っている人々に、「自分が自分であること」にまず感謝し、神に信頼をもって生きるようにと励ましました。

「だから、言っておく。自分の命のことで何を食べようか何を飲もうかと、また自分の体のことで何を着ようかと思い悩むな。命は食べ物よりも大切であり、体は衣服よりも大切ではないか。空の鳥をよく見なさい。種も蒔かず、刈り入れもせず、倉に納めもしない。だが、あなたがたの天の父は鳥を養ってくださる。あなたがたは、鳥よりも価値あるものではないか」（マタイ6・25～26）

イエスはわたしたち一人ひとりが、天の父なる神に生かされている大切な存在ではないか、と訴えるのです。それだけにさまざまな理由をつけて隣人を「価値のないもの」として排斥し、その上で自分を正当化しようとする人々に対して、イエスは怒りをあらわにして糾弾することしばしばでした。

またイエスはある人々には「あなたの罪を赦す」「あなたの信仰があなたを救った」と声をかけました。それは罪の重荷から解き放ち、「自分を真に愛する（大切にする）」喜びと、自信をもって神のみ前に生き、隣人に仕える勇気を与えるためだったのです。

こうした言動をもってイエスは、各自が当然と見なす「自分／自己」という存在が、どれほど神ご自身から大事にされているかを気づかせるのです。ここでの「自分を愛する」というのは、自己愛や自己への執着でも、自己防衛なのでもありません。いのちの源である神ご自身から大事にされている「この自分」の価値（恵み）を自覚し感謝することなのです。そしてこの価値は自分を囲む一人ひとりの存在についても全く同じです。「平等」というテーマの根本は、神の「ご大切（＝いつくしみ）」に置かれた自分たちにこそある――これがキリスト教における人間理解の土台です。

このように自分の大切さを知ればこそ、「隣人を自分のように愛しなさい」という言葉の真意をつかむことができるのです。「黄金律」と呼ばれるイエスの言葉があります。

「人にしてもらいたいと思うことは何でも、あなたがたも人にしなさい」（マタイ7・12）

同じようなことは『論語』にも見られます。「己れの欲せざる所、人に施す勿れ」（巻八一五の二四）。さらにイエスは「お返し」という動機からでなく、こんなにまで神から大切にされている自分であればこそ、人に対しては積極的に善を行いなさいと励ますのです。

「自分を愛してくれる人を愛したところで、あなたがたにどんな恵みがあろうか。罪人でも、愛してくれる人を愛している。また、自分によくしてくれる人に善いことをしたところで、どんな恵みがあろうか。罪人でも同じことをしている。（中略）しかし、あなたがたは敵を愛しなさい。人に善いことをし、何も当てにしないで貸しなさい。そうすれば、たくさんの報いがあり、いと高き方の子となる。いと高き方は、恩を知らない者にも悪人にも、情け深いからである。あなたがたの父が憐れみ深いように、あなたがたも憐れみ深い者となりなさい」（ルカ6・32～33、35～36）

コラム4　法然の「絶対他力」の教え

「まず神が先にわたしたちを愛してくださった」（一ヨハネ4・11参照）とは、『新約聖書』の根幹をなす確信であるが、日本の宗教伝統における「他力信仰」と相通じるものがある。これをとなえたのは法然（一一三三～一二一二）である。彼は阿弥陀仏の本願（人間を救おうとする阿弥陀の意思）の働きこそがあるべき「絶対他力」であるとし、信心を得ることも、種々の善き行いも、全て仏の願いによるという阿弥陀信仰を説いた。「ただひとすぢに仏の本願を信じ、わが身の善悪を省みず、決定往生せんと思ひて申すを他力の念仏といふ」（『黒谷上人語灯録』一二）「絶対他力」と言えば「悪人正機」の教えが思い浮かび、親鸞の『歎異抄』に記された言葉として普通捉えられている。しかし、本来それは法然の言葉で「善人なおもて往生す、いわんや悪人をや」」、すなわち、善人が往生するのだから、言うまでもなく悪人が往生するのだと法然は主張したのである。ここで法然が言いたいのは、人間は誰であれ罪を犯さざるをえない。しかし、善人であれ悪人であれ人は生まれつき「阿弥陀の救済意志（＝本願）」のもとにある以上、ひたすら念仏する（一心に信じて阿弥陀の名を呼ぶ）ならば、必ず往生する（阿弥陀の国に行ける）という訴えである（藤本浄彦『法然』、創元社参照）。

この法然に端を発する「悪人正機」説は、しばしばパウロの「義化」の教えに通じるとされ議論の対象とされてきた（『エッセンス』コラム11、九七～九八頁参照）。

3　「神と自分と隣人」はつながっている

『エッセンス』（八五頁～）で見たあの金持ちの青年のことを思い出してみましょう。彼は神と自分との関係を完璧にしようと律法を厳格に守ることに夢中になり、「さらに何をしなければならないか」とイエスに必死に問うほど、一種の脅迫観念にとらわれていました。まじめなだけに典型的な律法主義（戒律主義）に陥ってしまった例がここに見られます。

イエスは彼の問いかけに応じ、律法の基本である「神の十戒」を遵守しているかと問い返したところ、「そういうことはみな、子供のときから守ってきました」と正直に答えたと、『マルコ福音書』は記しています。そこでイエスの挑戦が彼に向けられます。「あなたに欠けているものが一つある。行って持っている物を売り払い、貧しい人々に施しなさい。そうすれば、天に富を積むことになる。それから、わたしに従いなさい」(10・21)。まさに「過ぎ越しの奥義」への招きです。律法主義に飲み込まれ自分本位にしか考えることのできない硬直した自己愛の在りようを、貧しい人々の存在の視点から「乗り越えること」へと凄まじいばかりの揺さぶりをかけたのです。

律法の基本である「神の十戒」は、神との正しい関係だけでなく他人とのあるべき関係を指示しています。「そういうことはみな、子供のときから守ってきました」と青年が答えたとしても、イエス・キリストから見れば神の前で立派になろうと一生懸命に励む裕福な彼には、本当の情けや優しさが欠けていたのでした。優しさとは誰かのために時間をかけることであり、実際に行動して自分の善きものを使うことです。ところが「たくさんの財産を持っていた」にもかかわらず、彼はそれを貧しい人々に分かち与えることなど思いもつかず、裕福な生活に甘んじながら自分の救いだけを追求していたのです。悪を行わないように細心の注意を払いながらも、善を行うこと、愛を実践することを忘れていたのでした。また、他者への倫理的な戒めを命じる「十戒」をしっかり守ってきたといっても、彼にとって「他者」とは自分の救いをかち取るための手段でしかなかったのでした。さらに言うなら、「神」さえも自己満足のための手段としていたのかもしれません。宗教さえ利用するひそやかなエゴイズムが見え隠れしています。

イエスはこの青年を見つめ(聖書の言葉「エンブレポー」は、目を凝らしてじっと見つめるの意)、慈しんで(聖書の言葉「アガパオー」は、愛して、大切に思っての意)先に触れた挑戦を彼に向けます。それは彼が一途に求める本当の救いは、何よりもまず「自分」という殻から抜け出して「神ー隣人―自分」という本来のつながりにある自分に気づかせたかったからです。

ユダヤ教倫理の究極の目標は「神に似せて造られた」（創世記1・26～27）人間本来の姿に帰ることにありました。それを実現するために、人間は向かい合う相手を必要とし、互いに与え合い支え合うものとして造られたのです。こうした「対話的な人間の本性」は神に由来する、というのがユダヤ教の本来の確信でした。しかし、「律法／戒律」を厳格に遵守することこそが救いを保証する道だ――イエスはこうした逸脱に陥ってしまった当時のユダヤ教の在り方に対して挑戦したのです。今イエスはこの若者に対してこう言いたいのです。

あなたの目の前にいる人、特に助けを必要としている人にこころを開いて自分が手にしている善き物を与えなさい。自分の幸せだけを求めてどんなに頑張っても空しさを感じるのは、誰かに自己を捧げるためにこそ人間は存在しているからだ。自分のことよりも誰か人のことを気遣いなさい。そのために、勇気をもって自分の殻から抜け出し、誰かの支え手となり、力を与え、護りとなりなさい。生きる喜び、生きる意味、救いの実感は神から与えられるものだ。それは自己満足、無関心や独善の悪循環を断ち切って、惜しみなく自分と手にしている善きものを分かち与えることによってこそ可能なのだ。「あなたに欠けているものが一つある。行って持っている物を売り払い、貧しい人々に施しなさい。そうすれば、天に富を積むことになる。それから、わたしに従いなさい」（マルコ10・21）――「何をしたら永遠の命を得ることができますか」（マルコ10・17）と率直に問うた若者への見事な答えがここにあります。

イエスは今、この若者にユダヤ教本来の深みへ向き合わせ、さらに神から遣わされた自分に深く出会わせようとしたのでした。これこそ「永遠のいのち」の道であるとイエスは訴えたのです。

4　「愛を生きること」とミサ聖祭

先に挙げた『第一ヨハネの手紙』は、わたしたちが互いに愛し合って生きなければならないわけは、何よりも、神が御独り子の贖いによって先にわたしたちを愛してくださったことにあると教えています。

「神は、独り子を世にお遣わしになりました。その方によって、わたしたちが生きるようになるためです。ここに、神の愛がわたしたちの内に示されました。わたしたちが神を愛したのではなく、神がわたしたちを愛して、わたしたちの罪を償ういけにえとして、御子をお遣わしになりました。ここに愛があります」（4・9〜10）

なぜ、キリストを信じるカトリック信者が教会の草創期から「ミサ聖祭」を感謝の祭儀として祝い続けてきたのか（『エッセンス』二〇一頁）、そのわけはまさにこの『第一ヨハネの手紙』が述べている通りです。ミサ聖祭（＝エウカリスチア／感謝の祭儀）、すなわち、「過ぎ越しの奥義」の祝祭を共に行うのは、まさに神の愛を想起し、確認し、それに触れる「聖なる時」だからであり「その方によって、わたしたちが生きるようになるため」なのです。

わたしたちは「隣人愛を生きる」という課題を、高邁な倫理・道徳や人道主義のように捉えるのではありません。それらは確かに素晴らしいことですが、わたしたちキリスト信者にとっての「隣人愛」の動機とは、あくまでも、「先に神がわたしたちを愛してくださったこと」への恩返しなのです。そのため「すべてを治められる神よ、あなたは先にわたしたちを愛してくださいました。この愛に支えられるわたしたちが、いつも心から兄弟に仕えることができますように」（年間週日の祈願文、第十六）とわたしたちはミサ聖祭で祈るのです。

5 「隣人となる」

「愛する／大切にする」と言っても、時にはその実践が大変難しく感じることがあります。

聖書によると、あるとき「隣人とはだれか」と問い詰めた律法学者に、イエスは有名な「善きサマリア人のたとえ話」（ルカ10・25〜37）を語り、民族や敵味方を超えてあなたも「隣人となれ」と教えたのでした。確かにユダヤ教にも「隣人を愛せよ」という掟がありましたが、それはあくまで同胞に限られ、サマリア人のような敵対する相手には適応されなかったのです。イエスは今、それをひっくり返し、敵側の「サマリア人がユダヤ人を助ける」という物語に律法学者を引き込み、「誰が強盗に襲われた者に対して隣人となったか」と問うたのです。そして「あなたも同じようにしなさい」と命じたのでした。ここにはもはや民族主義の一かけらも見られません。

日本語で「情け」(2)といえば、利害や打算を離れ、困っている（弱い立場にある）人に同情して、援助・激励する親切心を意味します。「情け深い」人が称賛され、「情け知らず」の人が非難の的とされるのは、洋の東西を問わず人間の普遍的な確信です。「情け」を普遍的な価値とし、それを人の評価の基準とするということは、イエス・キリストの教えにもあらわれています。

一人ひとりの人生の「質」は、最終的に「隣人となる」ことで計られるとイエスは教えます。『マタイ福音書』には、イエスの最後の説教として次のような「最後の審判」の教えが記されていますが、その中で永遠のいのちの報いを得るのは「あなたがたが、わたしが飢えていたときに食べさせ、のどが渇いていたときに飲ませ、旅をしていたときに宿を貸し、裸のときに着せ、病気のときに見舞い、牢にいたときに訪ねてくれたからだ」（25・35〜36）と言い、神は助けを必要とする立場の人とご自分を同一視するとイエス・キリストは訴えます。「あなたがたによく言っておく。わたしの兄弟であるこの最も小さい者の一人にしたのは、わたしにしてくれたことなのである」（25・40）と断言し、それを裏返して「この最も小さい者の一人にしなかったのは、わたしにしてくれなかったことなのである」（25・45）とイエスは教えるのです。

かけがいのない「あなた」として相手に寄り添うということの奥行の深さと重大さをイエス・キリストは気づかせようとします。すなわち、目の前の具体的な「その人」と愛をもって向き合うということは、実は、その人とこの自分を共に支えている「大いなる御者」に向き合っていることだというのです。その人とのいのちの響き合いは、大いなる御者とのいのちの響きとつながっているのです。この大いなる事実を『ヨハネ福音書』はイエスの言葉として次のように述べています。「わたしを愛する人は、わたしの言葉を守る。わたしの父はその人を愛され、父とわたしとはその人のところに行き、一緒に住む」（14・23）。「友」と呼んで寄り添ってくださるイエス・キリストを「愛する人」は、当然、その言葉（＝神と人とを愛する呼びかけ）を生きるはずだ。そして、御父と子であるわたし（イエス・キリスト）は、その者といのちの交わりを共にすると言うのです。この意味でイエス・キリストは単なるヒューマニズムを提唱しているのではなく、わたしたちの究極の救いがどこにあるかを教えているのです。「隣人となる」、すなわち、自分を必要としている誰かに「自分」を与えるとき、互いに「あなた」と呼び合う関わりをもって生きる意欲を共有していくことになる――これがいのちの根源である大いなる御者（神）に触れていく道なのであり、「救い」を引き起こしていくことになるのです。

神による一人ひとりの人生の最終評価、しかもそれがわたしたちの希求する救いの成就か、あるいは、滅びなのかが決定されるとなると、「隣人愛」のテーマは気軽に聞き流していい問題でないことがよく分かります。

6　ミサからミサへ

神の子イエス・キリストは、傷つき倒れているわたしたちに対して「隣人」となってくださった。

『ヨハネ福音書』では「隣人」をもっと具体的に「友」と言い直しています（15・15）。「ミサ聖祭」ではこの恵みを感謝し、祝うのです。心を一つにして「過ぎ越しの奥義」に与りながら、わたしたちもまた「隣人となる」力をこの方からいただくのです。

「感謝の祭儀を終わります。行きましょう、主の平和のうちに」という司祭の言葉を受けて、わたしたちは日々の暮しに派遣されていきます。普段の生活とは、まさに「隣人となる」実践の場であり、信仰をもってキリストと共に行動する場に他なりません。

そして再び、「ミサ」に戻ってくるわたしたちです。こうしたいわば振り子運動、循環の動きがわたしたちを次第に変えていくのです。「過ぎ越しの奥義」が一人ひとりのいのちの中に根付き、実を結び、そして刈入れを待つのです。

注

(1) **重要な掟**　当時のユダヤ教社会では、律法（＝宗教戒律）があまりにも煩雑になってしまった結果、どれが根本的なものかが分からなくなっていたようである。イエスは『旧約聖書』を引用しながらズバリ「一番重要なこと」をここに示し、自分が説く福音的生き方の根本としたのである。

(2) **情け**　『新明解国語辞典』、三省堂、参照。

2 平和を実現する人々は幸いである

1　平和

隣人愛の実践は、イエスの「平和を実現する人々は幸いだ」という祝福をもたらします。今日のわたしたちの社会は、地球レベルでも日本という社会のレベルでも、何と「平和」からほど遠いことでしょう。しかし、考えてみれば、これまで「平和」が完全に実現した時（時代）が一度でもあったでしょうか。いつの時代にあってもこころから願う「平和」が実現しないからこそ、クリスマスの夜の「いと高きところには栄光、神にあれ、地には平和、御心に適う人にあれ」（ルカ2・14）という天使たちの歌声がこころに響きます。イエスは、人類が願ってやまない「平和」をもたらす方であり、まさに平和の実現がこの方の誕生によって始まった、という喜びと期待がこの歌に込められているからです。そして、イエスは宣教活動の途中で人々に訴えます。

「平和を実現する人々は、幸いである、／その人たちは神の子と呼ばれる」（マタイ5・9）

東北のケセン語をもってイエスの言葉とこころの深みを探求する山浦玄嗣氏[1]は、この箇所を「お取り仕切りの安らぎに誘う人は幸せだ。その人たちは神さまから『我がいとし子』と呼んでいただける」と訳しています。「平和を実現する人々」の聖書の本来の言葉は「平和を作る者／エイロポイオス」ですが、問題はここでイエスが「平和」をどのように捉えていたかということです。イエスはあるとき出血で長いこと苦しんでいた一人の女性を癒し「娘よ、あなたの信仰があなたを救った。安心して行きなさい。もうその病気にかからず、元気に暮らしなさい」（マルコ5・34）と励ましの声をかけました（『エッセンス』六六〜六八頁）。傍線の「安心して行きなさい」の直訳は「平和／平安のうちに行きなさい」です。イエスはこの言葉をもって単なる安心感や平穏無事を伝えたのではなく、自分（＝イエス自身）との出会いによって神と共にある喜びをこの女性に体験させたのです。そのため「あなたの信仰があなたを救った」と言って、一挙に神とのつながりへとこの女性を引上げたのでした。イエスは仰せになります。

「わたしは、平和をあなたがたに残し、わたしの平和を与える。わたしはこれを、世が与え

るように与えるのではない。心を騒がせるな。おびえるな」（ヨハネ14・27）

イエスが訴え、実現させようとしている「平和」が、明らかに「この世の平和」と同じでないことが明言されています。そうであればこそ山浦氏はイエスが言う「平和／エイレーネ」を「お取り仕切りの安らぎ」と言い換えたのでありましょう。氏によれば「お取り仕切り」とは「神の支配／神の国」、「神の一方的な働きかけ」を意味します。この世が与える平和とは、わたしたちが日々体験しているように、人間の力関係の微妙なバランスや駆け引き、裏工作によってもたらされる妥協の産物です。そして原爆という究極の破壊兵器のおどしをもって互いにけん制し合う力関係の産物でもあるのです。およそ「平和」とはいえない手段で「平和」を実現している矛盾した現実がここにあります。しかし、「神の支配／神のお取り仕切り」がもたらす平和は、全く別物であることは言うまでもありません。

2　イエスの愛と「平和」

イエスが「わたしは平和を、世が与えるように与えるのではない」と言う場合、どのようなことを「平和／エイレーネ」と言っているのでしょうか。それは、これまで一貫して見てきたように、何よりもご自分の「贖いのみわざ」による救いの実りを指しています。まさに「お取り仕切りの安らぎ／神の支配の安らぎ」に他なりません。「過ぎ越しの奥義」という視点から言うならば、この奥義に与らせていただくことによってもたらされる真の希望と生きる意欲、それに支えられた「互いに尊び合う愛」の実践、そして「幸いである」と主から祝福され肯定されることです。「世が与えるような平和」ではなく、イエスが言う「平和」とはこのようなことなのです。

平和はまず「願うこと」から始まります。誰もが平和で平穏無事な生活を願っているため、

「平和」という言葉は宗教家だけでなく政治家や権力者も口にし、ときには、陳腐なスローガンにさえなりさがってしまうことがあります。「世界平和」「恒久平和」「平和会議」「平和行進」「平和実現」「平和主義」などなど「平和」と名付けられたさまざまな活動が展開されますが、何か嘘っぽさがぬぐい切れないのはどうしてなのでしょうか。きっとそれは人間的な思惑や欲望を実現するために「平和」という言葉が利用され、あたかも自分たちがそれを「実現してあげる」ようなものと、勘違いしているからでありましょう。「平和」をかかげながら政治や宗教勢力の指導者が人々を支配したがる現実があり、また歴史を振り返れば平和の名の下で戦争さえ起こしてしまう現実がいくつもあります。こう考えると人間ができることと言えば、せいぜい差し当って対立し合う双方が妥協し合うこと（多くの場合、武力をちらつかせておどし合う現実がありますが）によって暫定的な「安定」を図ることぐらいです。そして一時的な安定はすぐに崩されてしまうことをわたしたちは痛いほど知っています。そのくらい「平和」の問題は一筋縄ではいかない課題だと言えます。

なぜこんなことになっているのでしょうか。イエスの福音の視点によれば、それは人間がかかえる罪深い「闇」の現実があるからです。神と隣人に対する傲慢さ、自己顕示欲と支配欲という内なる現実に振り回される現実です。しかもそうしたことに気づいていないか、あるいは、真摯に向き合おうとしない現実――イエスはこれこそ「滅び」であると訴えたのでした。イエスが示す「救い」とはこの問題と関わるまさに「福音」なのです。

3　イエス・キリストを信じることと「正義と平和」の課題

確かに政治の世界では「正義」を振りかざして「自分たちこそが正しい」と主張し合いながら、平和の実現のために道を探ります。現実的な混乱や悲劇のただ中で「平和を実現しようと」

誠実に努力する人々をイエスは祝福なさいました（マタイ5・9）。共に社会を築く責任をになう市民としてこうした人々に賛同し輪を広げていくことはキリスト者としても大事な課題であることは言うまでもありません。

それでも、「正義」や「平和」を声高に叫ぶ個人や団体に、わたしたちがある種のうさん臭さを覚えるのはどうしてなのでしょうか。「何か変だ」という直観を大事にしなければなりません。なぜなら、それは本当の平和とはどのようなことなのか——それを捉えようとするきっかけとなるからです。

イエスの「わたしは平和を、世が与えるように与えるのではない」（ヨハネ14・27）という言葉にもう一度耳を傾けて見る必要があります。イエスを「キリスト」と信じるということは、イエスを「世の救い主」と認めその生き方に倣い続けることです。イエスは「わたしは柔和で謙遜な者だから、わたしの軛を負い、わたしに学びなさい。そうすれば、あなたがたは安らぎを得られる」（マタイ11・29）と仰せになり、また「柔和な人々は、幸いである、その人たちは地を受け継ぐ」（マタイ5・5）と言って「柔和」[2]を生きることの意義を強調なさいました。

「平和」や「正義」を問題にするとき、まずイエスの言うこの「柔和という生き方」に注目しなければなりません。イエスの「柔和」とは軟弱な態度や弱々しい優しさ、あるいは、卑屈な態度とは、全く違います。それは「優しく、温和で、素直な」生き方で「みすぼらしさをともなうへりくだり」、「この世の権勢や威勢のよさとは無関係の高ぶりのない生き方」を意味します。このようないのちの輝きを身につけるのは簡単なことではありません。しかし、こうしたイエスの「柔和」を生きる者こそが確実に「平和」の輪を人々の間に広げ、「地を受け継ぐ」、すなわち「神の支配」を広げそれに与るのです。カトリック教会がいつの時代にも生み出してきた聖人たちとはこのような「柔和」を生きた人々でした（アッシジのフランチェスコや現代のマザー・テレサ、それにプロテスタント信仰を生きた数多くの証し人もみなイエスの「柔和」を生きた人々です）。

力ある者がずる賢く裏工作を展開しながら、自分の利益だけを考える不正に満ちた社会の現実を前にするとき、誰もが不満や怒りを覚えるのは当然でありましょう。不正をただし、正しいことを求めそれを実現したいと望みます。時には正義を強く訴えるのはいのちの当然の叫びです。『ルカ福音書』の「マリア賛歌」の力強い言葉は心に響きます。

「主はその腕で力を振るい、／思い上がる者を打ち散らし、

権力ある者をその座から引き降ろし、／身分の低い者を高く上げ、

飢えた人を良い物で満たし、／富める者を空腹のまま追い返されます」（1・51～53）

イエスの福音による新しい時代が始まる予感が歌われています。全能の神こそが人の世を悪の支配から解放するという強い信仰がマリアの言葉にみなぎっています。この信仰に立って今見たイエスの柔和をもって「正しさ」の願いと叫びを上げ行動に移すとき、まさに「正義」と「平和」はわたしたちの信仰の確かな証しの指標となるのです。

4　「正義」にいのちを与えるのは愛

わたしたちが「正義」や「平和」を問題にするのは政治活動としてよりも、福音信仰を動機としていることを忘れてはなりません。救い主イエス・キリストを信じるわたしたちにとって「正義」だけが問題なのではなく、「愛と一体としての正義」だということです。「正義」にいのちを与えるのは「愛／アガペー」であることを忘れてはなりません。「正義」だけを問題にするのは政治の世界で、そこには普段の生活とはかけ離れた「理論／イデオロギー」とさまざまな工作が渦巻いており、ときには暴力や脅しや圧力さえ用いられることを、わたしたちは知っています。そのため、キリスト信者として「正義」の問題に取り組むとき、一つの落とし

穴に注意する必要があります。すなわち「正義主義」とでも言うべき盲点です。理論に酔ってしまい、「正義」に関わっている以上、自分も自分の言うことも全て正しいと思い込んでしまうというワナです。正義を声高に口にする者をときどき人々が嫌がるのは、ひょっとしたらこの点に気づいているからかも知れません。律法を盾にとって自分たちこそ「正しい」と言い張ったファリサイ派とイエスとの対決は、このようなことであったのでした。イエスは自分自身を与え尽くす愛、すなわち、十字架の死をもって「神と人との間の正しさ」「人間の依って立つ正しさ」がどのようなことかを示されました。まさに「正義」に「愛」といういのちを吹き込んだのです。「正義と平和」を問題にするとき常に「愛」を忘れてはなりません。「正義と平和」ではなく「正義と平和と愛」なのです。

5　教皇フランシスコの教え

現教皇フランシスコは、「いつくしみの特別聖年」に当たって大勅書『イエス・キリスト、父のいつくしみのみ顔』[3]を公布されました。その中で教皇はカトリック教会が目指す「正義」について次のように教えています（同勅書21項より）

「もし神が正義のみにこだわるならば、神であることをやめることになるでしょう。そして、律法の遵守を主張するすべての人と同じくなってしまうはずです。正義だけではたりません。正義にのみ訴えることが正義を台なしにしてしまう危険を伴っていることを、経験は教えています。だからこそ、神はいつくしみとゆるしを携えて正義を超えておられるのです。このことは、正義を過小評価したり、正義を余計なものにしてしまうという意味ではありません。むしろ逆です。過ちを犯した人は報いを受けなければなりません。しかしそれだけで終わりではありません。むしろそれは、ゆるしの優しさを体験することによる回心の始まりなのです。神は正義を拒まれません。神は正義を完全なものとし、真の正義の礎である愛の体験という最高の出来事の中でそれを超えるのです。（中略）この義は、イエス・キリストの死と復活によってもたらされた恵みとして、すべての人にあたえられたいつくしみです」。

まさにイエス・キリストは当時のユダヤ教で重視されていた「義／神のただしさ」に自分を与え尽くした十字架の愛をもっていのちを吹き込んだのでした。

理解を深めるために

「正義」という言葉遣い

今日、教会の中では「正義」という言葉が、祈りや典礼、そして社会的な信仰実践において頻繁に使われている。しかし、この言葉でわたしたちカトリック教会は何を言いあらわそうとするのであろうか。しばしば「正義」と聞くだけで嫌気がさすという人々がいるが、なぜなのだろうか。おそらくこの言葉を巡ってきちんとした理解が、教会内において語る方にも聞く方にも共有できていないためであろう。少し、整理してみたい。

(1)日本語の「正義」と言う言葉は、独善的あるいは排他的な印象を与えることがある。「あの人は正義感が強い」と言えば、信念や勇気があってたのもしいという反面、融通がきかないとか寛容さに乏しいという否定的な側面をも指すことがある。「正義」というとき独善的あるいは排他的な印象を与えてしまうのは後者の意味のためであろう。

(2)ところが、聖書の世界（特に福音書）では、「正義」とは寡婦や孤児、貧困にあえぐ人々への思いやりや公平さを意味し「慈悲や憐みのこころ」[4]と一体をなす語で、何らかの抽象的な正義の理念への熱意とは違う。したがって、キリスト教的な「正義」とは、全ての人との和解を求める姿勢を前提とするものであって、自分とは異なる考えを持つ人々に対する排他的・高圧的な姿勢をよしとするものではない。

(3) このようなキリスト教の「正義」観の背景にはさらに基本的な世界観がある。すなわち、全ては神に創造されており、そのため「正義」とは、神が人間およびあらゆる被造物に与えた本性と尊厳にふさわしく対処することを意味する。聖書はヘブライ語の「ツェダカー」、ギリシャ語の「ディカイオシュネー」という言葉をもって「神と人間の本来の関係」をあらわそうとし、それは日本語で「義」と訳されてきた。その上で、人間相互のあるべき本来の関係が求められるのであるが、日本語ではこの場合「正義」と訳されてきた。これらの聖書の語に加え、ラテン語の「ユスティチア／Justitia」（英語のjusticeの語源）の場合も、日本語では「義」と「正義」という二つの言葉で訳されている。しかし、日本語の「正義」という言葉では、「ツェダカー」（ヘブライ語）や「ディカイオシュネー」（ギリシャ語）、また「ユスティチア」（ラテン語）というキリスト教古語をもってあらわされた聖書本来の「神とのあるべき本来の関係」という意味合いが十分反映されているとは言いがたい。なぜならば、日本語の「正義」にはどうしても排他的な意味合いがつきまとってしまうからである。むしろ、漢語の「正義」よりも和語の「ただしさ」という言葉の方がもっといいのではないか。

6　カトリック教会の社会への関心――「社会教説」

最後にカトリック教会の人類社会への関心と責任について幾つかの要点を取り上げてみたいと思います。二〇〇四年にバチカンから刊行された『教会の社会教説綱要』[5]（カトリック中央協議会訳）を参照しましたので、関心のある方は是非本書をひもといてください。現代における聖霊の力強い息吹きと導きをそこに見出すでありましょう。「わたしたちが神を愛したのではなく、神がわたしたちを愛して、わたしの罪を償ういけにえとして、御子をお遣わせになりました。ここに愛があります。愛する者たち、神がこのようにわたしたちを愛されたのですから、わたしたちも互いに愛し合うべきです」（ヨハネの手紙一4・10〜11）。カトリック教会が訴える「社会的正義」の訴えの根底には、ここに記された初代教会の信仰があるのです。

(1)カトリック教会は、信仰から生まれる原理を社会、文化、政治、および経済に適用することとは、教会の使命の不可欠な一部であると常に理解してきた。教会は人類の歴史の進展にともなって新しく浮上する課題に関して、信仰の視点から熟考する必要にせまられている。

(2)二〇世紀は二つの世界戦争、人種主義を背景とする多くの大量虐殺事件、冷戦とそれにともなった軍拡競争、植民地時代の終結と独立後の極度の貧困、そして世紀の後半においては環境問題が浮上した。これらの諸問題の結果、貧困、抑圧、差別、排斥のために苦しんでいる人々に、カトリック教会は「隣人愛」の実践として、関心を寄せ、寄り添い、救済の手を差しのべる。

(3)カトリック教会は、不平等、不和、仲たがい、紛争の根源となる要因について常に目を向ける。

(4)カトリック教会は、平和を真剣に求め、人類史を損なってきた戦争を忌み嫌う。紛争解決のために非軍事的、非暴力的な手段が用いられることを強く奨励し、軍縮を呼びかける。

(5)自然環境の危機は新しい課題であるが、教会は人間が自然環境との関わりにおいて責任をもたなければならないことを強調する。

(6)カトリック教会は家庭の重要性を強調する。それは人間が本質上、関係性に向けられて創造されているからである。家庭に関する教えにおいて教会が目指すのは、人間の尊厳を保護することと無防備な人を守ることにある。とりわけ離婚と中絶に関する教会の教えはこれを目的とする。また、離婚してしまった人々や再婚した人々を排斥するのではなく受け入れ支えていく。

(7)人口増加と経済の動向や内戦の長期化にともなう難民問題、新しい戦争形態となりつつあるテロ活動の問題に教会は関心を寄せ、諸国の政府と連携しながら打開の道を探っていく。

(8)社会の状況が変化していく中で、信仰に基づいた新しい霊的熟考が必要とされ、その熟考に基づいて教会の「社会教説」は発展していくが、その発展の中心になるのは各国の司教協議会である。

このようなカトリック教会全体の取り組みは、言うまでもなく特定の政治集団や政党のイデオロギーに基づくものではなく、福音的価値観に基づくものです。わたしたちは「キリストの教会」のメンバーである以上、社会の動き、特に貧困、抑圧、差別、排斥のために苦しんでいる人々に無関心であることはゆるされません。その上で、各自はそれぞれ自分が支持する政党やその理念を選び「選挙」の義務を果たさなければなりません。福音に基づいた「批判の眼」を常に保ち、望むならばさまざまな政治活動に直接・間接的に参加することもまた、信仰実践の一つでもあるのです。

7　「平和を願ういのり」

社会のただ中に生まれ、成長し、老い、そして人生の幕を閉じて「社会」から離れていくわたしたちですが、誰も自分で時代や地域に限定された特定の社会を選ぶことはできません。ものごころついたら自分が産み落とされた「この社会」の現実を知り、そこに組み入れられた自分の存在に気づくのです。しかし、その社会に対して自分にも責任があるといわれてもピンときません。ましてや特別な能力や機会がないかぎり、自分が社会の平和に貢献できるとは思わないのが普通です。しかし、日々の人間関係が「社会」であるとするなら話は別です。イエスが「平和を実現する人々は幸いである」というとき、特定な活動をもって「社会」貢献を呼びかけているのではなく、隣人とのつながりを踏まえてのことであったはずです。

ここにアッシジのフランシスコの祈りとされている「平和を願ういのり(6)」があります。ここで祈られていることはまさにイエスの福音の生き方に他なりません。「平和」を祈るだけでなく、その実現の「道具」としてくださいという具体的な願いの一つひとつは、キリスト信者の生き方の指針ではないでしょうか。「平和の実現」の具体的な行動のヒントがここにあります。そして「過ぎ越しの奥義」はこのような生き方の中ににじみ出てくるのです。

†

主よ、私を平和の道具としてください。憎しみのあるところに愛を、争いのあるところに赦しを、分裂のあるところに一致を、疑いのあるところに信頼を、誤りのあるところに真実を、絶望のあるところに希望を、闇のあるところに光を、悲しみのあるところに喜びをもたらす者とさせてください。

（「平和が実現しますように」と漠然と祈るだけでは不十分である。一歩進んでこの自分を平和の実現のために使ってくださいと差し出すことだ。平和実現のために具体的に行動していく道筋が示され、そのた

めに自分を使ってくださいと祈るのである）

主よ、慰められるよりも慰める者としてください。理解されるよりも理解する者に、愛されるよりも愛する者にしてください。

（原文では「わたしに望ませて下さい」で始まり、自ら選び取る意志が強調されている。望むことなしに自分が「平和の道具」に変わることはできない。しかし望むこと、自己変革の意欲さえも、主ご自身からの賜物である以上、それを願わなくてはならない）

それは自ら与えることによって受け、赦すことによって赦され、自分自身を与えつくすことによって、永遠のいのちをいただくからです。

（福音の逆説の論理が示される。まさにイエス・キリストの十字架に示された「過ぎ越しの奥義」が、自分の身に実現していくことを受け入れる表明であり、イエス・キリストの救いの恵みの確認である）

注

（1）**山浦玄嗣**（やまうら はるつぐ）一九四〇年生まれ。医師としてのかたわら、気仙地方の方言を「ケセン語」として長年にわたり研究し、ケセン語による四福音書の翻訳を完成させた。新たな福音書として日本各地の方言を駆使した『ガリラヤのイェシュー』が反響を呼んだ。聖書の言葉と日本語の言葉の感性を丁寧に比較しながら、イエス・キリストのこころに迫ろうとする姿勢は日本のキリスト教世界に新風を吹き込んでいる。

（2）**柔和**　柔和と訳された聖書の原語は「プラユス」で、それは単に「こころ優しい」という意味ではなく「みすぼらしい、へりくだった、高ぶることのない」という意味合いをもつ。イエスが受難の前にエルサレムに入城する様子を、マタイは『ゼカリア書』を引用しながら「柔和な方で、ロバに乗って」（マタイ21）来られたと描いている。ここでの「柔和」とはヘブライ語の原文では「みすぼらしさ」を意味する。「軍馬」はこの世の王が持つ権力のシンボルであるが、イエスは「貧しく、みすぼらしい者」としてロバに乗ってエルサレムに入って来るのである。『ヨハネ福音書』では、イエスのみすぼらしさに対する驚きを、ピラトの狼狽として描いている（19・1〜16）。

(3) **イエス・キリスト、父のいつくしみのみ顔**　二〇一五年四月一一日に発布された。カトリック中央協議会発行。

(4) **慈悲や憐れみのこころ**　『エッセンス』七一頁参照。なお、ラテン語では「ミゼリコルディア／misericordia」と置き換えられた。それは「気の毒に感じるこころ」を意味する語である。

(5) **社会教説**　バチカンの教皇庁は二〇〇四年に『教会の社会教説綱要／Compedium of the social Doctrine of the Church』を発刊した。今日の人類社会におけるカトリック教会が取り組むべき諸問題と行動の基本指針が四〇〇頁以上にわたって記されている。歴史に残る文書となろう。なお、ここでの要約は、日本語版発行によせられた教皇大使　アルベルト・ボッターリ・デ・カステッロ大司教の手紙を参考にした。

(6) **平和を願ういのり**　この祈りはアッシジのフランシスコ自身が作ったものではなく、彼の精神を反映した祈りであるが、作者は判明していない。第一次世界大戦中にフランシスコ会第三会員によって作られたのではないかと言われているが定かでない。

第二章

自己の成長——過ぎ越しの神秘を生きる

第一章では、信仰の恵みに応える生き方の基本である「祈りと愛の実践」について学びました。それを踏まえて、この第二章では「キリスト信者としての自己の成長」について学んでいきたいと思います。

『エッセンス』の副題は、「より善く生きるための希望の道しるべ」でした。まさに洗礼は神と人の前で「より善く生きる」ことを目指す出発なのであり、そのために「洗礼はゴールではなくスタートである」と言われます。

「より善く生きる」とは、「自己の成長」の問題です。何に向かっての成長でしょうか。それはまず、先に見たように「神と隣人を愛する」という課題における自己の変化を意味します。さらにそれは、「過ぎ越しの奥義」を自分のいのちに体現していく自己の変化です。草花が太陽に向かって伸びていくように、洗礼の恵みをいただいてキリストを信じるようになったわたしたちは、「過ぎ越しの奥義」の中でゆっくりと変貌していくのです。でも、この「変化」とは、自己修養をもって立派な人になり周りから称賛されることを目的とすることではありません。イエスのように惜しみなく自分を与えていく生き方への変化であり、イエス・キリストがもたらされた「永遠の救い」を目指しての「変化／成長」です。イエスは、この変化を「蒔かれた種の成長」という素朴なたとえをもって説き明かしました。

「神の国は次のようなものである。人が土に種を蒔いて、夜昼、寝起きしているうちに、種は芽を出して成長するが、どうしてそうなるのか、その人は知らない。土はひとりでに実を結ばせるのであり、まず茎、次に穂、そしてその穂には豊かな実ができる。実が熟すと、早速、鎌を入れる。収穫の時が来たからである」（マルコ４・26〜29）

「神の国／支配」の働きは、人間の計らいをはるかに超えていながら、しかし、確実に実りに向かってその人の「変化」を促していくひそやかな働きかけだと言うのです。

また、キリストに出会ったパウロは、「幼子だったとき、わたしは幼子のように話し、幼子のように思い、幼子のように考えていた。成人した今、幼子のことを棄てた」（一コリント13・11）と告白しました。さらに、神についてのさまざまな思い込みやイメージに留まるのではなく、じかに「顔と顔を合わせて」（一コリント13・12）出会うことが救いの完成だと教えて、コリント教会の人々を励ましたのでした。

まさに、わたしたちは救いの完成を目指して、絶えず成長していかなければなりません。イエスは「あなたがたの天の父が完全であられるように、あなたがたも完全な者となりなさい」（マタイ5・48）と励まします。ここでいう「完全な者」というのはギリシャ語の原文では「テレイオス」で、それは「十分に成長した、円熟の極みに達した」を指す味わい深い言葉です。初めから完璧な状態であれと言っているのではなく、ゴールを目指して十分に成長していきなさいと励ますのです

それならば、どのように「過ぎ越しの奥義」のうちに自己が成長していくのか、どのようにこの大きな課題に応えていったらいいのか、この大事なことについてさらにご一緒に学んでいきましょう。

コラム5　神の国

『エッセンス』（五四頁から参照）でも強調したように、イエスは「神の国の到来」を福音として告げたが、人々は（当時のユダヤ教社会の支配者たちや民衆の多くも）それを政治的な変革と誤解し、あげくの果てにイエスを死罪にするようローマ側（総督ポンティオ・ピラト）に告訴した。しかし、イエスは全く地上的な意図がなかった。それならイエスは「神の国」の言葉をもって何を訴

えたのだろうか。もう一度ここでおさらいしておきたい。

日本語で「国」と訳された聖書の語は「バシレイア」であるが、それは領地に結ばれた国家というよりも「統治／王の統治」を指す。したがって「神のバシレイア」とは、神が王として統治するできごと、王である神の支配を意味する。『マタイ福音書』では「神」を意図的に「天」と言い換えているため「神の国」は「天の国」と言いあらわされている（詩編103・19参照）。

イエスが示した「神の国／神の支配」は、イエスの言動全体からみて次のような内容を秘めたメッセージであると言えよう。
(1)イエスは「神の国／神の支配」をいろいろなたとえで教えているが、特に「種まき」のたとえ（マタイ13・1～）では二つの面が浮上してくる。まず神の一方的な働きかけがあるものの、人間からの「応え／協力」もまた必要とされるということである。この緊張関係において「成長」といういのちの姿があり、まさに「神の支配」はその人の中に「成長していく出来事」だということである。
(2)「神の国／神の支配」の内実は「神の愛」である。ここにもまた、まず神の一方的な出来事でありながら、それに応えるわたしたちの行動が求められる。
(3)イエス自身がこの「神の愛」の体現者であった。「わたしがあなたがたを愛したように、あなたがたも互いに愛し合いなさい」（ヨハネ13・34）。「神の国／神の支配」とはしたがって、イエスが示された「神の愛」におけるわたしたちの生き方と、それに基づくいのちの勢いを意味する。
(4)イエスは十字架の苦しみと死を自分が告げた「神の国」の到来の仕上げとして受け入れた。自分を献げきったイエスの愛を受け入れ、それに応えたのが、父なる神による御子イエスの復活だった。そのため『新約聖書』は「イエスは死から立ち上がらせられた」と記している。

以上の点を踏まえると、イエスが「神の国が近づいた、悔い改めて福音を信じなさい」と言うとき、それは救いの高邁な理念を教えようとしたのではなく「このわたし（イエス）」をしていよいよ「神が王として救いの出来事を引き起こすとき」が始まったと訴えているのである。それはまさにイエスとの実存的出会いへの招きであり、人々はそれを通して「神の国／支配」を体験し始めたのだった。

第六留

イエス、ベロニカが差し出した布で顔をぬぐわれる

第一節　苦しみをどう受けとめるか

1　苦しみ・悩みの現実

1　生きることは苦しむこと

「苦しい」という体験は、あまりにも身近でかつ多種多様です。生活上の不安や心配、病気、恐怖感、誤解することと誤解されること、後悔の痛み、失望、裏切られたくやしさと仕返しの炎、自信が持てない現実、限りなくふくらむさまざまな欲望、こころを閉ざす頑固さ、他人の不幸を喜ぶ非情なこころ、突然の病いや事故、そして死の現実とその先の分からなさなどは、わたしたち誰もが抱えている悩ましい現実です。そして、これらは身体的・精神的な「苦しみ／苦悩」を引き起こし、そのため程度の差こそあれ日々の生活にも影響を及ぼすのです。その結果、自我は動揺して的確な判断ができず、どっちに向かって歩みだしていいのか迷ってしまう。まさに「苦しみ／苦悩」は方向感覚を奪うのです。

「宗教」という現象がどの時代、どの社会にも見られるのは、こうした人間が「苦しみ」の現実に足をとられて、自分の立ち位置や自分を囲む全体が見えなくなってしまった現実に対処する「知恵」なのかもしれません。

人生は、決して計画通りには進みません。自然界も世間（人の世）も自分の思いとは関係なく動き、そして誰もがこころの冷酷さ（聖書の言う「罪」という闇）を抱えており、それが猛威をふるう現実は近しい肉親や仲間の関係にあっても例外ではありません。

こうしたどうしようもない重い現実を凝視して、「生は苦なり」とブッダは言い切りました。

生きることと苦しむこととは一体であるというのです。見事な洞察ではないでしょうか。

2　良寛の言葉

今なお広く多くの日本人に慕われている良寛[1]は、ある手紙[2]に「災難に逢う時節には災難に逢うがよく候、死ぬる時節には死ぬがよく候」としたためました。禅宗の修行に身をかけて悟りを得た彼は、托鉢僧として成り行きのままに生き、一切の意図的な働きを捨てた人でした。ここに記した言葉は彼の晩年の境地をよくあらわしています。「思い悩むな」（マタイ6・25、31）というイエスの言葉に通じるものがあります。

しかし、良寛と違って、苦しみを抱えながら生きなければならない現実を前にして、こころを乱してしまうわたしたちです。「苦しみ」をどう捉え、どうしたらそこから自由になれるのか。この最大の課題に人類は、宗教や哲学をもって取り組んできました。ブッダは人間の「欲望」こそが苦しみの原因であるとして、そうした悪循環からの解放（解脱）の道を説いたのでした。日本人に親しまれてきた「般若心経[3]」は、そのエッセンスを説いたものです。右に挙げた良寛の言葉は、まさにブッダの（そして「般若心経」の）確信の表明に他なりません。

3　聖書の世界では

聖書の世界は「苦しみ」という重いテーマをどのように受けとめ、それに向き合っているのでしょうか。『旧約聖書』は『創世記』で始まりますが、そもそもこの信仰文書は、「なぜ悪があり、人はなぜ悪ゆえに苦しまなければならないのか、その悪から自由にされる道は果たしてあるのか」という根本問題を、壮大な救いの歴史というテーマをもって解き明かそうとします。また、預言書の一つである『ホセア書[4]』などは、人間と共に苦しむ神を感動的に描く一方で、

『ヨブ記』(5)は、神が正しい方であるにもかかわらず、なぜ義人（正しい者）を苦しみの中に放っておかれるのか、という大問題に真正面から取り組んでいます。そして『エッセンス』（三二頁）で見たように、イスラエルの民の歴史の中で「苦しむ僕《しもべ》」という不思議な存在が登場してきます。「身代わりとして苦しむ、来たるべきメシア」は、苦しみを浄化する者であり、愛ゆえに懲らしめをからだを張って受けると言うのです。

一方、キリスト教信仰を記した『新約聖書』は、「苦しみ」の問題を一貫して神の子イエス・キリストと結びつけます。この方は人間の苦悩を引き受ける者、あの『イザヤ書』で告げられた「苦しむ僕」であり、真の解放者であると訴えます。特にイエスの受難と十字架の死において、人間の苦しみと闇（罪）が凝縮された。イエスは限りない愛をもってそれを受け入れた。それに応えて父なる神は御子イエスを死の闇からいのちへと立ち上がらせた（復活させた）――「過ぎ越しの奥義」と呼ばれる神の介入の神秘な出来事、これをわたしたちは「復活」と呼びキリスト教信仰の土台とするのです。苦しみが全てではなく、それは神のわざによって逆転される。これがイエスの贖いのわざの中心メッセージなのです。パウロはこれを踏まえて「キリストと共に苦しむなら、共にその栄光をも受ける」（ローマ8・17）と述べて当時のキリスト信者を励ましたのでした。

4　苦しむ人々に寄り添うイエス

福音書は、苦しむさまざまな人々に寄り添うイエスを伝えています（『エッセンス』七一頁参照）。『マタイ福音書』からそうしたイエスの姿をいくつか拾ってみましょう。

・「人々がイエスのところへ、いろいろな病気や苦しみに悩む者、悪霊に取りつかれた者、てんかんの者、中風の者など、あらゆる病人を連れて来たので、これらの人々をいやされた」

（4・24）。

中でも娘の病気の回復を必死になって願う一人の母親とのやり取りが心打ちます。

・「主よ、ダビデの子よ、わたしを憐れんでください。娘が悪霊にひどく苦しめられています。（中略）主よ、どうかお助けください」（15・22、28）と叫びながら、執拗にすがるカナンの女にイエスは根負けして、「婦人よ、あなたの信仰は立派だ。あなたの願いどおりになるように」（15・28）と言って娘を癒したとマタイは記しています。「立派だ」とイエスがほめたこの女のような強い信仰を人々が取り戻すように、イエスは各地を巡ったのでした。その信仰とは「不幸や絶望にもかかわらず神に信頼をよせる」ということです。

また、ルカは「幸いだ／幸せだ」と言ってイエスは自分についてくる人々を励ましたと記しています。

「貧しい人々[6]は、幸いである、／神の国はあなたがたのものである。今飢えている人々は、幸いである、／あなたがたは満たされる。今泣いている人々は、幸いである、／あなたがたは笑うようになる」（ルカ6・20〜21）

それにしても、「貧しい」「飢えている」「泣いている」ということがなぜ「幸いだ」と言えるのでしょう。人間の常識を超えたイエスの言葉の背後に何があるのでしょうか。イエスのこうした発言は当時のユダヤ教社会の現実を踏まえてのことです。「貧しい」「飢えている」「泣いている」という具体的な苦しみにある者こそが誰よりも「神の国／支配」に与り、喜ぶのだとイエスは言うのです。人間の眼から「クズ」、無価値と見なされ、苦しみに追いやられている人々こそが、イエスの与える「新しいいのち（復活のいのち）」を体現するというのです。まさにここには逆転があります。日本語で「幸い」と訳された聖書の言葉は「マカリオス」で、それは「幸福な、恵まれた、祝福されている」を意味します。「祝福される」とは、丸ごと良しとされ、認められ受け入れられるということで、それをなすのは「神」ご自身であって、人間なのではありません。ここには「苦しみ」という現実に対するイエス・キリスト独自の目線があります。苦しみや苦悩は神の介入によって乗り越えられるという根本メッセージを、イエスは「神の国はあなたがたのもの」だからだ、と訴えるのです。

5　自らの「苦しみ」に招くイエス

このように苦しむ人々に寄り添うイエスでしたが、あるとき自分自身が大きな苦しみに巻き込まれることを弟子たちにはっきりと打ち明けたのでした。『マルコ福音書』はこう記しています。

「それからイエスは、人の子は必ず多くの苦しみを受け、長老、祭司長、律法学者たちから排斥されて殺され、三日の後に復活することになっている、と弟子たちに教え始められた」（8・31）

弟子たちにとってまさに晴天の霹靂で、狼狽したペトロが「そんなことがあってはならない」と激しくいさめたところ、かえってイエスからひどく叱責されます。それからイエスは弟子たちに「わたしの後に従いたい者は、自分を捨て、自分の十字架を背負って、わたしに従いなさい」（8・32〜34）と語ったのでした。

聖書の世界において、「十字架」は苦悩や苦痛、恥辱の象徴ですが、今イエスは、わたしに従う者はそれぞれ「自分自身の苦しみ（＝十字架）」を、わたし（イエス）の「贖いの死／十字架」に重ねなさい、と言うのです。

誰にとっても「苦しみや苦悩」は闇におおわれた世界で、わたしたちをおびえさせます。そのために目の前の苦しみの真相をどうにかしてつかんで安心しようとします。しかし、理解しようとしてもがけばもがくほど苦しみに翻弄されてしまうこともまた事実です。イエスが「自分を捨てて」というのは、こうした格闘を止めよというのでしょう。「わたしの後に従いたい者は、自分を捨て、自分の十字架を背負って、わたしに従いなさい」とイエスは呼びかけるのです。

このように呼びかけたイエスですが、しかし、自分が受けるべき受難を前にすると苦しみ悶え「この杯をわたしから取りのけてください。しかし、（中略）御心に適うことが行われますように」（マルコ14・36）と御父に祈りました。そして、十字架上では最後に悲痛な叫び[7]をあげて息絶えたのでした。苦しみに押しつぶされていくイエスの生々しい姿です。

後にキリスト信者たちはこのように全てを父なる神に委ねたイエスの姿を「ケノーシス（ギリシャ語）／自己無化、自己放棄」（『エッセンス』一七六頁）と呼んで大切にしてきました。苦しみや苦悩の分からなさを前にして、それを御父のみこころと信じて受け入れるという究極の選択です。しかし、ここに「過ぎ越しの奥義」があらわれたのです。十字架から復活へという神の介入による大逆転です。

「わたしの後に従いたい者は、自分を捨て、自分の十字架を背負って、わたしに従いなさい」。苦悩の意味が今は見えてはこないけれども、イエスを信じ、イエスと共に自分の「十字架」を丸ごと受け入れて担うとき、すなわち、自分の苦しみをイエスの十字架（贖いの死）に組み込むとき、苦しみが意味を持ち始めるというのです。確かに苦しみはいとうべきもので、常に分からなさと迷いを引き起こすのですが、しかし、イエス・キリストの「過ぎ越しの奥義」というとてつもない大きな「神的な分からなさ」の中に飲み込まれるとき、苦しみは乗り超えられていくのです。イエスは、苦しみの彼方に何があるのかをご自分の「過ぎ越しの奥義」をもって示されたのでした。わたしたちが体験する当面の苦しみは、このようにイエスの贖いの苦しみに重ねるときに意味をもつのですが、さらに自分自身の犯した罪の償い（罰ではない）として受けとめることもできるのです。それは神のみ前での自分のいのちの「浄め」という意味を帯びるということです。しかし、それさえもイエス・キリストの「過ぎ越しの奥義」があればこそです。

6　パウロの悟りと教え

パウロは、初めユダヤ教のファリサイ派に属していた人物で、信仰上の確信からイエス・キリストを憎み、イエスを信じて従っていた人々（キリスト信者たち）を迫害していました（使徒言行録8・1〜3、9・1〜2参照）。ところが、彼はダマスコに向かう途上で復活したキリストの光に打たれ、キリストの救いを伝える「宣教者パウロ」に変えられたのでした（使徒言行録9・3〜31参照）。まさに人間の思惑を超えた神の介入の出来事です。

このパウロは、「過ぎ越しの奥義」に与る恵みを次のように強調します。「それともあなたがたは知らないのですか。キリスト・イエスに結ばれるために洗礼を受けたわたしたちが皆、またその死にあずかるために洗礼を受けたことを。わたしたちは洗礼によってキリストと共に葬られ、その死にあずかるものとなりました。それは、キリストが御父の栄光によって死者の中から復活させられたように、わたしたちも新しい命に生きるためなのです」（ローマ6・3〜4）（『エッセンス』一八七頁〜、二三四頁参照）。

さらにこのパウロは、「わたしは、キリストとその復活の力とを知り、その苦しみにあずかって、その死の姿にあやかりながら、何とかして死者の中からの復活に達したいのです」（フィリピ3・10〜11）と言い、「主イエスを復活させた神が、イエスと共にわたしたちをも復活させ、あなたがたと一緒に御前に立たせてくださると、わたしたちは知っています」（二コリント4・

14）とも言います。このようにイエスの贖いの苦しみに与ることによってのみ、復活に達するという悟りをパウロは力強く繰り返したのでした。

洗礼の恵みによって「過ぎ越しの奥義」に与るということは、苦しみの中にも意味を見出すことです。苦しみの極致である死のどん底から永遠のいのちに引き上げる神の力、すなわち、「復活」の希望をパウロは告げます。それで彼は次のように言ってローマの信徒たちを励ましたのでした。

「そればかりでなく、苦難をも誇りとします。わたしたちは知っているのです、苦難は忍耐を、忍耐は練達を、練達は希望を生むということを。希望はわたしたちを欺くことがありません。わたしたちに与えられた聖霊によって、神の愛がわたしたちの心に注がれているからです」（ローマ5・3～5）

こうした希望があればこそ、教会は「わたしたちが困難や苦しみに出会う時もくじけることなく、主の復活の力によって乗り越えて行くことができますように」（復活節金曜日朝の「教会の祈り」から）と祈り続けるのです。

7　パウロだけでなく

これまで挙げた「苦しみ」理解は、当然パウロだけのものではなく、『新約聖書』全体を貫く信仰です。『ヘブライ人への手紙』(8)は、イエスを大祭司のイメージをもって紹介し、わたしたちの救いのために自らをいけにえとして献げきった慈しみ深い方であると説き明かしています（4・15、5・1～10、7・20～28、9・11～14、9・26～28、12・3などの箇所を味わってください）。

『ヨハネ福音書』は、すでに洗礼を受けているキリスト信者に、自分たちがどれほどの恵みをいただいている者であるかを再確認させる、いわば「霊的指南書」とも言える信仰書ですが、独自の時間系列をもってイエス・キリストの救いのみわざを展開しています。ここでは迷う人、苦しむ人、不安を抱える人とイエスとの出会いの出来事を列挙しましょう。イエスとのやり取りから登場人物がどのように「迷いや苦しみ」から解放されていったかを思い巡らしてくださ い。

サマリアの女との対話（4・4～30、39～42）
役人との出会い（4・43～54）
姦通の女を救う（8・1～11）
盲人を癒す（9・1～34）
不信仰なトマス（20・24～29）
イエスとペトロ（21・15～23）

これら一つひとつの生き生きとした物語は、イエスと出会った人々の「変えられていく」喜びを伝えています。善き出会いは成長の機会を与えます。愛深いイエスとの関わりがきっかけとなって、出会ったその人は「自分」という小さな殻を抜け出し、イエスによって見出した確かな希望に向かって歩み出して行きます。イエスを信じるということは、自分の全てがどこに向かって、どのようにまとまり、どのように実るのか、その見通しをいただくということです。全能の愛深い神が与えて下さる救いの希望（将来）が、今・ここで出会う全てに、そして苦しみにさえ意味を与えるのです。まだ手にしていない「将来」を信じ、そこに至る道を歩むとき、わたしたちは一歩一歩を進める足をどこに置いたらいいのかを知るようになるのです。イエスが「わたしは道であり、真理であり、命である」（ヨハネ14・6）と自分を紹介し、この自分に従って来るようにと招くのはそのためです。

注

（1）**良寛**（一七五八～一八三一）　18歳で出家、曹洞宗の僧として諸国を行脚した後、故郷に戻り托鉢僧の生活を始める。詩作や書道を楽しんで童子と遊び、一切の意図的な働きを捨てた清貧の生涯を送った。

（2）**ある手紙**　文政一一年（一八二八）11月12日、三条地震があった。山田杜皐《とこう》らの地震見舞いに対する良寛（71歳）の返事。この言葉は、彼の長い仏教信仰とその実践の心境を垣間見させてくれる。

（3）**「般若心経」**　玄奘《げんじょう》（六〇二～六六四）訳の三〇〇字足らずの経文で、般若（＝最高の徳である知恵）の生き方を説いている。

（4）**『ホセア書』**　BC八世紀半ばに北イスラエル王国で書かれた預言書。カナンのバアル宗教の性的混乱をともなった礼拝が人々の心を腐敗させてしまったことを嘆き告発する。

（5）**『ヨブ記』**　BC四〇〇年頃からBC二世紀にかけて書かれたとされる信仰作品で、義人がなぜ苦しまなければならないのか、なぜ神はそれを許すのかという難解な問題を対話劇のスタイルで展開していく。

（6）**「貧しい人々」**　聖書の言葉では「プトーコイ」と言われている。それは物乞いのようにひどく困窮している人々で、社会的に無価値とみなされている人々を指している。貨幣経済を土台としている今日の（日本のような）社会では、「貧しい」というと「金銭に不足している人々」を連想しがちであるが、イエスの時代では何よりもユダヤ教社会で無価値とされていた人々、特に「律法に無知でそれを守ることをしない人々」であった。日本語の「人間のクズ」に近い意味合いの「アム・ハアーレツ／地の塵の民」という言葉をもって侮蔑的に呼ばれていた（『エッセンス』三八、四二頁）。しかし、イエスはこうした人々と共に歩み、その友となったのである。また、『ルカ福音書』は、ここで取り上げた「幸い」という祝福に続いて「しかし、富んでいるあなたがたは、不幸である、／あなたがたはもう慰めを受けている。今満腹している人々、あなたがたは、不幸である、／あなたがたは飢えるようになる。今笑っている人々は、不幸である、／あなたがたは悲しみ泣くようになる」（6・24、25）というイエスの言葉を記している。それは先の「幸い」を反転させた嘆きの訴えとなっている。日本語で「不幸である」と訳されている聖書の原語は「ウーアイ」で、それは悲嘆や悲痛をあらわす間投詞である。「ああ、何と悲しいことか！」「あなたたちのことを思うと胸が張り裂けるようだ」という思いを秘めた嘆きの声、それが「ウーアイ」である。したがって、直接に「不幸だ」「わざわいだ」と言っているのではない。

（7）**最後の叫び**　イエスの十字架での最後の悲痛に満ちた叫び「エロイ、エロイ、レマ、サバクタニ（アラマイ語→ヘブライ語では、「エロイ、エロイ」が「エリ、エリ」となる）「わが神、わが神、なぜわたしをお見捨てになったのですか」（マルコ15・34）には、人間の苦しみと闇が最も凝縮されている。ユダヤ教典礼の大いなる嘆きの詩編（第22編）を口にしながらイエスは死なれた。しかし、現代のユダヤ教側は「エロイ、エロイ、レマ、サバクタニ」を「わが神、わが神、なぜわたしをお見捨てになったのですか」と訳すのは誤りで、本来は「何のためにあなたはわたしを見捨てられたのですか」であると指摘する（V・フランクル、P・ラピーデ『人生の意味と神』新教出版社、一三三頁参照）。「なぜあなたはわたしを見捨てられたのですか」という問いかけは、「神に対する疑いに由来し、神を疑問視し、後ろ向きに、過去へ、動機づけへ向かいます。（中略）それに対して、ヘブライ語で三千年前から立てられ、イエスもきっと知っていたであろう『何のために』という問いは、未来を見ており、したがって神を疑問視しているのではなく、神に問いを立てています。その問いは、この苦しみの意味をまったく確かなものとして前提した上で、なぜ神がそれをわたしに課せられたのかを（イエスは）知りたく思っているのです」。このユダヤ教の神学者ラピーデの言葉は、貴重な指摘である。

（8）**『ヘブライ人への手紙』**　AD八〇年頃書かれたとされる新約信仰に基づく文書。

第七留

イエス、ふたたびお倒れになる

2 苦しみに対する姿勢

1 カトリック教会の伝統

『新約聖書』に記されたキリスト信者の確信、すなわち、イエス・キリストの苦しみに与かり、共感し、さらにその視点から苦しむ人々の「隣人となる」ことを目指す生き方は、具体的な教会の歩みにおいて継承され今日に至っています。キリスト教が「愛の宗教」と呼ばれるのはこのためなのです。こうしたイエス・キリストとの苦しみの共感は、「苦しみ」を恐れない生き方をキリスト信者にもたらしたのでした。

初代教会から始まったキリスト信仰と教会への激しい弾圧は、多くの殉教者たちを出しました。一方、キリスト信者たちは、社会的な弱者であった孤児や寡婦に寄り添い、病人たち（特に忌み嫌われ差別の対象とされた病人）に奉仕する教会の姿は、当時の為政者たちの注目の的となったほどです。(9) 中世の時代になると多くの修道会が生まれますが、その多くは医療施設をも運営していました。そこでは多くの修道者たちが病人の看護や世話に一生を捧げ、その伝統や精神は今日の医療世界にも影響を与えているのです。

戦国時代末期の一五四九年、フランシスコ・ザビエルによって伝えられ、その後七〇年ほど続いた「切支丹／キリシタン」時代(10)にあっても、キリスト教固有の「苦しみ理解」と信仰に結ばれた連帯が、日本にも広く展開し多くの実りをもたらしました。老若男女を問わず身分の高い大名や武将、侍たち、商人たち、農民たちや貧困層にキリスト教固有の考え方が広がっていったのでした。すなわち、「苦しみ」を避けるのではなく、神の愛を信じて共に助け合いそれに対処するという姿勢です。しかし、それは為政者には都合の悪い思想とされ、「キリシタン禁令」という極めて厳しい弾圧が明治維新まで続くこととなります。

2　今日の社会にあって(1)―マザー・テレサの言葉―

「苦しみ」を忌避するのではなく、神の愛を信じてそれに対処するというキリスト教の姿勢は、人類社会に希望を与えてきました。M・ルーサー・キングやマザー・テレサをはじめ、日本においてもおびただしいキリスト信者たちの生き方は、希望の源です（『エッセンス』二五〇頁参照）。また、苦しむ人々との連帯と社会正義の実現の道筋をさぐる神学とその実践、今日の功利主義的文明の隅に追いやられて貧困にあえぐ人々や心身に障害を抱えた人々、孤独な老人たちなど社会的に弱い立場にある人々に眼を向け、援助を呼びかける姿勢は現代社会の光と言えます。

ここでは、マザー・テレサ（一九一〇〜一九九七）の言葉を幾つか紹介します。彼女は単純素朴な言葉でキリストを信じる者の「苦しみ理解」を見事に言いあらわしています（『マザー・テレサ―愛と祈りのことば』より、ホセ・ルイス・ゴンザレス・バラド編、渡辺和子訳、PHP研究所）。

・苦しみそのものには価値はありません。キリストとその受難を分かち合えるものとなった時、わたしたちの苦しみは、この世で最も尊い賜物になるのです。

・あなたのごく近くに、愛情と優しさに飢えている人々が、きっといます。どうぞその人たちを見捨てないでください。彼らに人間としての尊厳を認め、あなたにとって大切な人たちなのだと、真心こめて認めてやってください。あなたからの愛と優しさに飢えている人とは誰なのでしょう。イエスご自身に他ならないのです。苦しんでいる人の姿のもとにましますイエスご自身なのです。

・苦しみのない人生など決してあり得ません。信仰をもってその苦しみを受け入れるとき、それは、イエスの受難に与り、彼への愛を示す機会となるのです。

3　今日の社会にあって(2)―横田早紀江さんの言葉―

横田早紀江さんは、今日の日本社会での悲劇を担う一人です。一九七七年、突然大切な中学一年生の娘（めぐみさん）を北朝鮮に拉致され、以来四二年間（二〇一九年現在）絶望の淵に立たされながら再会の希望を胸に生きているキリスト信者です。その著『愛は、あきらめない』（いのちのことば社、二〇一四）の一部を引用し、紹介させていただきます。耐えがたい苦しみをいかに信仰をもって受け入れ、希望の源としておられるか、わたしたちの社会に生きる同胞の貴重な声です（二〇九頁以下、三章からの引用で、改行等少し変更したところがあります）。

・娘がこつ然と姿を消すという、思いもかけない出来事の中にあって、夜はあまり眠れず、昼間はむなしくなってぼんやりしたり、涙にぬれていました。そんな頃に、いろいろな宗教や占いの人たちが、よく訪ねて来て、「こんな事件が起きるのは因果応報だ」とか「きちんと先祖をお祀りしていないからだ」とか、心に突き刺さることばを残していきました。そんなことに心を痛めている私に、めぐみのいちばん仲の良かったお友達のお母さんであるSさんが、慰めのことばをかけてくださいました。それは、聖書のことばでした。

「イエスは道の途中で、生まれつきの盲人を見られた。弟子たちは彼についてイエスに質問して言った。『先生、彼が盲目に生まれついたのは、だれが罪を犯したからですか。この人ですか。その両親ですか』イエスは答えられた。『この人が罪を犯したのでもなく、両親でもありません。神のわざがこの人に現れるためです』」（ヨハネ9・1～3）。初めて聞く、不思議なことばでした。（中略）このこと（突然の失踪）が子どもの罪のためでも、両親の罪のためでもないということばは、当時の私の心に、大きな慰めを与えてくれたのは確かでした。

・（ヨブは）あまりの悲惨さに、時には自分が生まれたことを呪ったり、神を恨んだりすることばも発しますが、最後まできちんと神に目を向ける姿勢を崩さずに、苦難に打ちかっていくというお話でした。どんなに大変なところを通らされても、この神がなさることは正しいのだと、どこまでも神から目を離さずに信じきっているヨブの姿を見た時、言いようもない感動を覚えました。

・めぐみの事件やその後の救出活動などをとおして、確かに大変なところを通らされますが、その中にあって、心の底では私はいつも平安でした。体もたましいも疲れ果ててしまうことは、今でもしばしばあります。悲しくて泣いてしまうこともあります。しかし、ここまで、何ものにも倒されることがありませんでした。（中略）この事件がなければ、キリストに出会うこともなかったでしょうし、クリスチャンになることもなかったでしょう。私は、こうして長い年月、神様に愛され訓練していただいて今日があることを、心から感謝しています。

・聖書の一つ一つのことばは私のたましいに、痛みとともに心地よくしみました。人を超えた深く大いなるもの、真実の神の存在を感じたのです。（中略）そして、私のように罪ある全ての人間を救うため、キリストが十字架の苦しみを体験され、血を流して死んでくださったことを知り、深い感動を覚えました。

「神様、私はほんとうにあなたを知ろうともしない罪深い、生まれながらのわがままな者です。人知の及ばないところにあるあなたのご存在は、この世の悲しみ、苦しみ、全てのものをのみ込んでおられることを信じます。めぐみの悲しい人生も、この小さな者には介入できない問題であることを知りました」

こうして、私は神を受け入れました。

4　カトリック教会が大事にしてきた信心業

ここでは、自分が苦しむとき、あるいは、人の苦しむ人々とのつながりを「信仰の行」として具体的な形、祈りの形で確認する信心業を二つ紹介します。

(1)一つは「十字架の道行」です。これは、救い主イエス・キリストが自分の贖いの使命を全うする十字架刑のプロセスをたどる行《ぎょう》です。（『エッセンス』一四〇頁）エルサレムの街路地を十字架を担ってひきまわされたイエスの一つひとつの場面にたたずみながら、贖いのみわざをなし遂げていくイエスの限りない愛を黙想し、自分自身と対話します。

(2)もう一つは、「ロザリオ」(11)の祈りにおける「苦しみの神秘の黙想」です。イエスの母マリアと共に、イエスの「贖い」の使命達成のために受け入れた受難を黙想します。

これらの信心業は、先のあのイエスの言葉「わたしの後に従いたい者は、自分を捨て、自分の十字架を背負って、わたしに従いなさい」（マルコ8・34）に込められた「過ぎ越しの奥義」をイエスと共に味わい、日々の歩みの中で力とする信仰のわざなのです。

5　罪の償い

苦しみを体験するとき、それを自分の犯した罪の償いとして引き受けることも大切です。罪のゆるしの恵みを受けたとしても、罪の償いを何らかの仕方で果たさなければなりません。一番奨められるのは愛徳の実践でありましょう。さまざまな理由で困っている人々に手を貸すことは、どんな小さなことであっても立派な償いとなるはずです。なぜならば、「罪」はほとんどの場合、誰かに悲しみや苦しみをもたらしてしまうため、それを償い、おぎなうことが求められるからです。悲しませてしまった当人が目の前にいなくとも、別の誰かに愛徳のわざを施すことによってきっとそれはかなうという「つながり」の確信はどの宗教にもみられることです。ちょっとした犠牲をともなう愛の実践を、罪の償いとして自発的に行うことは、主のみ前での立派な信仰行為なのです。

しかし、積極的にそれができない場合もあります。とくに病いに倒れ心身が思うようにならなくなった場合、身に受ける苦痛やこころに覚える苦しみを、罪の償いとして受けることが大事です。神の子イエス・キリストの贖いの苦しみに自分の苦しみを重ねるとき、苦しみは意味を持ち、イエスの贖いのみわざに参加させていただくことによって、神のみ前で自分のいのちが浄められていくからです。言うまでもなく、イエス・キリストの「過ぎ越しの奥義」があればこそです。

パスカル(12)は、晩年に見舞われた病いの苦痛の中でイエス・キリストに次のように祈りました。

「あなたを通しておささげしなければ、何ごとも神によろこんでいただくことはできません。ですから、わたしの心をあなたのみ心と通じさせ、わたしの苦痛をあなたの苦痛と合わせてください。わたしの苦しみが、あなたの苦しみとなるようにしてください。あなたと一つにしてください。（中略）こうして、もはや苦しむのはわたしでなく、わたしの中にあって、救い主である神よ、あなたが生き、あなたが苦しまれるということになるのです」

注

(9) **ユリアヌス帝**（在位三六一—三六三）　ローマ帝国ですでに国教化されつつあったキリスト教を退け、古来の異教を復活させようとしたが、キリスト教の福祉活動についてはそれを見倣うようにと異教の指導者たちに命じた。

(10) **キリシタン時代**　例として「ミゼリコルジヤの組」や「サンタマリヤの組」をはじめとする、キリシタン信徒の自発的な信心会が挙げられる。それらはイエス・キリストの愛の実践を目指すもので、自分の魂の救済ばかりでなく、周りの「弱い人々」の心身の救済に励む信仰運動であった。一五九二年の「ドチリナ・キリシタン／カトリック要理」では、次のような一四個条の「慈悲の掟」が「第一肝要の事」として掲げられている。一、飢えたる者に食を与える。二、渇したる者に飲み物を飲ます。三、裸の者に衣類を与える。四、病人をいたわり見舞う。五、旅人に宿を貸す。六、囚人の身元引受人になる。七、無縁の死骸を納骨する。八、人によき意見を加える。九、無知なる人に道理を教える。一〇、悲しみの者をなだめる。一一、折檻（＝強くいさめる）すべき者を折檻する。一二、恥辱を堪忍する。一三、隣人の至らぬ事を赦す。一四、自身に仇をなす者と臨終時の人のために神に祈る。

(11) **ロザリオ**　「ロザリオ」という呼び名は、バラの冠を意味するラテン語の「rosarium」に由来する。一二世紀後半、アルビ派異端と戦ったドミニクス（一一七〇頃〜一二二一）が、この信心業を広めたと言われる。「主の祈り」「アヴェ・マリア」「栄唱」をロザリオの珠を交互に繰りながら唱え、イエス・キリストの生涯に示された神の愛を偲び黙想する。

(12) **ブレーズ・パスカル**（一六二三〜一六六二）　フランスの科学者、数学者、キリスト教思想家。若くして流体力学、確率論、積分法など物理学・数学の分野における発見で名声を博したが病弱であった。のちに深い宗教体験を経てカトリックの厳格派（ヤンセニズム）に近づき、イエズス会を厳しく批判した。晩年、病いと戦いながら『パンセ』を書き留める。ここでの祈りは小品「病の善用を神に願う祈り」から。

第二節　関わりの中にあるわたしたち

1 「おかげさま」を生きる

1 「関わり／交わり」の中で生きる人間

キリスト信者とは、洗礼の恵みを受け、キリストの教会の中で福音に共に導かれながら「過ぎ越しの奥義」を生きる者です。この生き方は一人ひとりが、救いの完成に向かって成長し、変貌させられていくという姿となってあらわれます。第一節では「苦しみ」の現実にどう向き合うかという視点からこの「成長／変貌」を考えました。

この第二節では、視点を変えて「関わり／交わり」の中で生きるわたしたちのいのちの現実を見ていきます。「過ぎ越しの奥義」は関わりの中にある「日常の」のいのちの在りようの中で開花し、わたしたちを神のいのちへと成長させていくからです。

キリストを信じるわたしたちの「相互のつながり」は、神とのつながりの中で初めて本物となっていきます。しかしながら、わたしたちはときどき「孤独」を強く感じたり、人との関わりを疎ましく思ったり、そのために「鬱《うつ》」状態に陥ることさえあります。関わりを生きながら、ときには孤立へと追いやられるわたしたちの現実――「過ぎ越しの奥義」における「成長／変貌」というテーマを、こうした揺れ動きの現実をふまえてみていきたいと思います。

2 東日本大震災で寄せられた「祈りと応援の声」

二〇一一年三月一一日に突然発生した東日本大震災と津波、そして原発事故。その凄惨な光景と悲しみが、マスメディアを通して伝えられ、日本のみならず世界中に大きな衝撃を与えたことは、今なお記憶に新しいところです。全国から派遣された大勢の消防士、警察官、自衛隊員、医師や看護師たちに混じって、おびただしい数にのぼるボランティアが被災地に駆けつけ、瓦礫の撤去や泥のかき出しや炊き出し、救援物資の整理や配給にたずさわったことをわたしたちは知っています。それだけではありません。莫大な量の食料と飲み物、衣料、生活物資などが次々と被災地に届けられました。それだけではありません。あの混乱と衝撃の中で「祈りと応援の声」が湧きあがり、ウエブサイトやインターネットを通して日本各地のみならず世界中から寄せられたのでした。

以下、そうした声のほんの一部をここに紹介してみたいと思います。（『PRAY FOR JAPAN—三・一一　世界中が祈りはじめた日』講談社。なお、引用文には改行など少し手を加えた）

・日本のために祈っています。一つだけである地球、そしてその中に住んでいる私たちは皆家族です。心が痛くずっとなみだが出ます。しかし希望はそばにあります。（Seoul,Korea）

・自宅は流され自分は避難所にいるのに、店が大丈夫だったからって無料でラーメンをふるまっているラーメン屋さん…。日本ってこんなに皆、温かい…。

・さっきの知らない国際電話、「誰か日本の人に繋がればいいな」と思って、日本の局番で自分と同じ番号を押してかけて来たらしい。心配と応援の電話だった！　英語よくわからなかったけど、言っていることは理解できた！　向こうで沢山の人が「Pray for Japan」って！

・被災地からです。みんなの声がちゃんと届いている！　そして隣のひとと泣いている。ありがとう。すぐそこでは、遺体が何百人とうちあげられて状況に悔しいだけ。（中略）とにかく皆の声に支えられてる！

・避難所で、四人家族なのに「分け合って食べます」と、三つしかおにぎりをもらわない人を見た。凍えるほど寒いのに、毛布を譲り合う人を見た。きちんと一列に並んで、順番を守って物資を受け取る姿に、日本人の誇りを見た。
・日本の皆さん、頑張れ！　絶対に、前に進んでいける！　心からの愛と深い敬意を。（メキシコ）
・週末、小二の娘がどこで覚えてきたのか「上を向いて歩こう」を熱唱しながら歩いていた。「どうした？」と尋ねたら、「地震で大変な人に聞こえるように」との事。届きましたか？

3 「神の国／支配」はあなたがたの間に

イエスは「神の支配／国」の到来を「福音」として伝えたのですが、しかし、人々はそれを誤解して目に見える新しい国と捉えたのでした。そのためイエスは、「神の国は、見える形では来ない。『ここにある』『あそこにある』と言えるものでもない。実に、神の国はあなたがたの間にあるのだ」（ルカ17・20～21）と教えます（『エッセンス』五五～五六頁）。ここで「あなたがたの間に」と訳された部分について理解を深めてみます。「間に」は原文では「エントス」で「内に、内部に、中に」を意味する副詞です。注意したいのは「エントス」が「内面／精神的世界」を指しているのではなく、まさに「われら／わたしたち」という生きた絆や連帯意識の「ただ中に」あるということです（実際、キリスト教の歴史においては「精神論」として捉えられていた長い時期がありました）。イエスが言いたいのは、「神の国／神の支配」という一方的な働きかけがすでに「あなたたちのただ中」にあり、わたしたちはすでにそこに置かれているということです。「神の働きかけ」とは、わたしたちの救いを引き起こすひそかな力であり、それは「恵み」としか言いようがありません。

先に紹介した大震災直後の声が、時を経ても今なおわたしたちのこころを打つのは、実は神の働きかけがそこに生き生きとあらわれていたからではないでしょうか。まさに「あなたたちの間にある」というイエスの言葉通りです。突然の破滅と大混乱に突き落とされたにもかかわらず、被災者たちが互いに支え合い、いたわり合い、希望のうちに立ち上がって前に進もうとする姿は記憶に新しいところです。でも被災した人々のこうした姿は、国内外のおびただしい人々の祈りと応援に支えられていたものであったことをわたしたちは知りました。「差し当たっての救い」へと向わせるこうした希望と連帯（＝きずな）の不思議さをイエスは「神の支配」と呼び、それが「あなたたちの間に／あなたたちのただ中に」確かにあると言うのです。イエスはご自分の言動をもって出会う人々にこのことを気づかせ、その力に参与させようとしたのでした。

4　「おかげさま」ということ

わたしたちは日頃、人から受けた支援や親切に「おかげさまで」という言葉をもって謝意をあらわします。「おかげさま」の「おかげ／御蔭」とは元来、神仏から受ける助けや加護を指す言葉で、それが「他人から受ける助け」に対しても使われるようになりました。

それにしても、神仏の加護を「蔭／かげ」と呼ぶのはおもしろいことです。おそらく、「カゲ／影」が常にモノに寄り添うように、神仏の助力《じょりょく》が常にわたしたちに寄り添っていること、さらに人は日蔭の下でホッとするように、わたしたち誰もが神仏の加護の下に置かれて安らぐものであることを「おかげさま」という言葉で言い当てようとしているのでしょう。

大いなる者から受ける根本的なご加護と他人から受ける助けによって、この自分は生かされている――この実感を感謝して「おかげさまで」と言うのです。キリスト教の世界ではそれを

「恵み[1]」とか「恩寵」という言葉で言いあらわしてきました。

イエスは言います。「空の鳥をよく見なさい。種も蒔かず、刈り入れもせず、倉に納めもしない。だが、あなたがたの天の父は鳥を養ってくださる。あなたがたは、鳥よりも価値あるものではないか。（中略）野の花がどのように育つのか、注意して見なさい。働きもせず、紡ぎもしない。（中略）今日は生えていて、明日は炉に投げ込まれる野の草でさえ、神はこのように装ってくださる。まして、あなたがたにはなおさらのことではないか」（マタイ6・26、28、30）。

イエスは創造主である神の摂理に信頼するよう励まします。そうした励ましを受けるわたしたちの方から見れば、まさに「おかげさま」で生きているという実感です。生かされて生きているのです。

5　横田早紀江さんの言葉

先に横田早紀江さんの言葉を引用させていただきましたが、この方もまた、東日本大震災の混乱と不安の時を過ごした一人でした。『愛はあきらめない』の中で、次のようにしたためておられます（一三八～一三九ページ）。

「被災地の避難所などで、自我を制しながら支え合って生活をしていらっしゃるみなさんの姿に、愛と希望を感じました。

私も心が混乱している時、周囲の人のさりげない支えによって助けられました。自分のこと見ていてくださっている方がいるのだということがわかるだけでも大きな慰めでした。互いにことばをかけ合って、あなたを忘れていないよ、ということを伝えてさしあげていただきたいのです。

どんな時も、輝く日の光が私たち全てに降り注がれています。野には花が咲きます。全ての人が大きな力に包まれて、いっしょに生かされています。うつむくときも、背中に太陽の熱を感じます。誰も見ていないように思えるときにも、神はあなたを心にかけておられるのです」

洗礼の恵みを受けて「過ぎ越しの奥義」を生きていくということは、早紀江さんが述べているように、神のご加護に包まれながら、特に身近な弱い立場にある人々に手を差しのべ、連帯し合うことなのです。これまで幾度も確認してきた「神と隣人を愛する」生き方なのです。いのちにおける確かなつながりを「おかげさま」と感謝し、と共に生き合うことです。

注

（1）**恵み**　キリスト教用語の「恵み／恩寵」は、ギリシャ語で「カリス」と言われ、後にラテン語では「グラチア」と言われた。英語の「グレイス／grace」はこれに由来する。ちなみにキリシタン時代の細川ガラシア夫人の「ガラシア」もラテン語に由来する「恩寵」の意味である。

2　わたしたちを誘惑におちいらせず悪からお救いください

1　主の祈りの結び

イエスが弟子たちに教えた「主の祈り」については、『エッセンス』（八〇、一〇七頁〜）で詳しく学びました。その際にこの祈りの結び、「わたしたちを誘惑におちいらせず、悪からお救いください」の部分にある「誘惑」について触れましたが、もう一度このことをいくつかの点からとりあげてみましょう[1]。

「誘惑／テイラスモス（ギリシャ語）」とは、その気になるようにそそのかすことです。「迷い」を引き起こす力によって悪事を選ぶようにうながす不思議な力です。わたしたち誰もが「誘惑」が何であるかを体験的に知っています。こうした原体験をふまえて、イエスは今尊い「主の祈り」の結びとして「わたしたちを誘惑におちいらせないでください」と祈らせるのです。ところでここでの「誘惑」とは何なのでしょうか。まずこのことを考えてみましょう。

先に、わたしたちは「おかげさま」という関わりの中に生きていることを見ました。神と隣人との豊かな関わりの中に日々の歩みを重ねているという根本的な現実で、イエスはこれを「愛」と呼びさまざまに訴えながら行動で示されました。神を「父」と呼んであがめること、そのみこころの実現を願い求めること、「わたしたちというつながり」において生存のための糧と、罪のゆるしを願い求めることです。ところがこうした救いに関わる一連のことがらを全部ひっくり返して否定してしまい、神から離れてしまうそそのかし――イエスがここで言う「誘惑」はこのことを指しているのです。「父」と呼んで信頼して願ってきたことがらを、全て否定してしまい「不信」に閉じこもり「神」ではなく自分を中心にしてしまうなら、その結果は滅びでしかありません。「生きる」意味も目的も見失ってしまうからです。

それで、このような誘いについひかれてしまう自分の弱さと限界を正直に認めますから、どうかそうした試練（そそのかし）だけには遭わせないでくださいと、イエスは「父なる神」に向かってはっきりと祈らせるのです。

ところで『エッセンス』でも指摘したように、「悪からお救いください」の「悪」は聖書の原文（マタイ6・13）では「悪い者／ポネーロス（ギリシャ語）」で、邪悪な意思を持った存在、すなわち「サタン（ヘブライ語）」を指す言葉です。聖書の世界で「サタン」とは人間の神への反抗の心を擬人化したもので、邪悪な存在とされてきました。なぜ邪悪かと言えば、人間本来の純真な心をさまざまな誘いをもって迷わせ、真実から引き離して混乱に落とし入れ、疑いと迷いと妄想の中で自分を見失わせるからです。破壊をひきおこし、見通しや希望を打ち砕いてしまうわたしたち人間の心にある闇の現実――これを聖書では「サタン／悪い者」と呼ぶのです。

理解を深めるために

「悪魔」について

「悪魔」と言えば、『マタイ福音書』の第四章の記事が有名である。そこでは、荒れ野で四〇日四〇夜にわたる断食の行を終えたイエスを「誘惑するもの」として悪魔が登場する（4・1～11）。ここで「悪魔」と訳された聖書本来の言葉は「ディアボロス」で、「中傷する／ディアバロー」に由来する語である。したがって、「ディアボロス／悪魔」とは、何よりも中傷者、誹謗者、讒言する者、悪意をもって告発する者を意味する。『旧約聖書』（ヘブライ語聖書）では、神を誹謗し、あるいは悪意をもって人を神に告訴する存在を「サタン」と呼んでいたが、『新約聖書』ではギリシア語の「ディアボロス」が「サタン」の訳語として用いられるようになった。ここに引用した『マタイ福音書』の箇所では、イエスは「退け、サタン」（4・10）と言っている。この「ディアボロス／サタン」が、今や「誘惑する者」として登場し、イエスをさまざまに誘うのである。誘惑の本質は「主の祈り」の結びでみたように、神への不信と、その裏返しである自己絶対化に他ならない。それは支配欲と自己顕示欲となってあらわれる。

ついでに言うなら、日本の宗教伝統における「悪魔」や「鬼」という語も、悪や不義を擬人的に表現したものである。そこでは仏教の教え、中国の宗教思想、日本の民間信仰などが入り混じっているが、人間の負の側面、悪の問題を生き生きと示しており、救いの希求が逆説的に示されている。しかし、普通日本語で「悪魔」というとき、そこには聖書的な「悪意をもって誘うもの」、「神から引き離そうとするもの」という考えはほとんど見られない。

今日、「悪魔」とその働きを認めることは普通なくなってしまったが、しかし、神話的・擬人的に表現されている「悪の捉え難い事実」を無視することはできない。古代人が「悪の現実」を擬人的に捉えようとしたのは、時としてそれがあたかも意志を持つ主体的かつ組織的な恐るべき力、人間を抑圧する破壊的な力、神秘で捉えがたいものと見なしていたからである。古代、中世のキリスト教芸術において悪魔を、恐怖と同時に魅惑する存在として描いたのは、「悪」の持つ秘めた力のためであろう。いずれにせよ、人間は擬人化することでつかみがたい「悪の現実」と向き合おうと試みたのである。

こうした古代の人々の体験は今日も同じではなかろうか。擬人化された「悪魔」を稚拙なものとして退けたとしても、悪の破壊的な恐るべき現実を無視することはできない。問題は「悪魔」という存在が本当に居るかどうかというよりも、キリスト信者として「悪の問題」

に対して基本的にどのような態度をとるかである。悪の力に対処するにあたって、キリスト信者は現実的でなければならない。人間の眼を惹く奇怪さや嫌悪感をともないながら、他方人を魅了し、こころを奪う力の正体を見抜かなければならない。自分をあざむくそうした悪の力と正面から闘うべきか、時には逃げるべきかを思慮深く考えて決断するには「祈り」がもっとも必要である。神の限りない愛とイエスの贖いの苦しみなしに、悪と向き合うことはできない。これがキリスト信者の根本的な確信である。この意味で父なる神に向かう「主の祈り」の結びの文言「わたしたちを誘惑に陥らせず、悪からお救いください」は、極めて味わい深いと言わなければならない。

2　関わりの中にあるいのちを無視するとき

先にわたしたち誰もが「関わりの」中で生きていることを取り上げました。「おかげさま」を生きること、イエスの教える「わたしたちの間にある神の国／支配」、そして「神と隣人を愛する」ことは、すべてつながっているのです。ひとことで言うなら、わたしたちのいのちが根本的に神と人との「関わり」の中にあるということです。

ところが、今指摘した「誘惑」とは、人間のこうした究極の在りようを否定しようとする誘いに他なりません。神を「父／アッバ」と呼ぶことによって、神との親しい関わりに入る恵みを、拒んでしまうそそのかしです。神をあがめ、そのみこころを求めることを拒み自分（たち）の考えや欲を優先する誘惑です。「わたしたち」という人間としての人格的な連帯を拒み、自分（たち）だけというエゴイズムにしがみつく誘惑です。自分の利益を絶対視し、思いやりや和解の価値を認めない誘惑です。

今日のわたしたちの身近なところで起こる悲惨な事件の数々、人類社会を脅かし悩ますさまざまな闇の現実は、暴力をともなう恐るべき破壊の力（核兵器の増大やテロリズム）としてあらわれ、「いのち」や築き上げてきた信頼関係を脅かしています。しかし、よく考えてみれば、これらの悲劇は全てこれまでに触れてきた「誘惑」にまさに陥ってしまった結果ではないでしょうか。果たしてそこからの救いの道はあるのでしょうか。

『ルカ福音書』は、救い主の到来を待ち続けてきたザカリアが、幼子イエスを腕に抱きながら次のように言って神を賛美したと記しています。

「（神の）憐みによって、高い所からあけぼのの光が我らを訪れ、暗闇と死の陰に座している者たちを照らし、我らの歩みを平和に導く」（1・78〜79）

イエス・キリストこそが、闇と死が支配する破滅と混乱の谷底で、行先を見失って右往左往するわたしたちを照らす真の光であり、導き出す方である――キリスト教信仰の訴える「救い」とはこうしたことを言うのです。その救い主であるイエスが今、「わたしたちを誘惑におちいらせず、悪からお救いください」と祈らせ、自分が教える「主の祈り」の結びとするのです。

3　心の平和ということ

わたしたちだれもが、「心が落ち着いていたい」「揺るがない強い心をもって平安でいたい」と願っています。「平常心を保つ[2]」とは、このような深い憧れのあらわれでありましょう。仕事の悩み、人間関係の悩み、子育ての悩み、家族のさまざまなトラブルの悩み、結婚や恋愛の悩み、金銭的な悩み、自分自身の生き方の悩み、病気の悩み、将来の不安や老いへの不安の悩み、などなど数えたらきりがありません。だからこそ「明日のことまで思い悩むな。明日のこ

とは明日自らが思い悩む。その日の苦労は、その日だけで十分である」（マタイ6・34）という
イエスの言葉がこころに強く響きます。
イエス・キリストはわたしたちに呼びかけます。「わたしは、平和をあなたがたに残し、わたしの平和を与える。わたしはこれを、世が与えるように与えるのではない。心を騒がせるな。おびえるな」（ヨハネ14・27）。そうです、わたしたちにとっての「平常心」とは、単なる心理的な落ち着きというよりも、イエス・キリストによる救いの恵みに与からせていただいた喜びと希望に満ちたこころの状態を言います。それは端的に「平和／エイレーネ（ギリシャ語）と言いあらわされてきました。この言葉をもってキリストを信じるわたしたちは互いに挨拶をかわすのです（『エッセンス』七〇頁）。
イエスの言葉を信じ、主が共に寄り添ってくださるという確信は、いのちを躍動させわたしたちを強めます。ミサ聖祭の結びである「派遣」の儀で、司祭は「行きましょう、主の平和のうちに」と声をかけ、会衆は「神に感謝」と応えながらそれぞれの生活の場に戻っていきます。でも帰っていく生活の場は、苦悩に満ち「平和」とは大きくかけ離れた場であることをわたしたちはよく知っています。だからこそこころの安らぎの場を求め、それがどこに戻って手にすることができるのかを知っています。ミサの聖体拝領の前に「あなたを置いてどこに行きましょう」と唱えるのはそのためなのです。

4　大きな苦悩に襲われるということ

わたしたちはイエス・キリストの「平和」を保ちながら、それを「平常心」として感謝のうちに日々を過ごそうとする反面、先に触れたようにさまざまな心配やわずらい、それがもたらす相互の不信感や神への不信頼という誘惑の間を揺れ動いている迷いの現実を抱えています。

ところがこうした日常的な迷いとは別に、人生の歩みにおいて誰もが幾度か深い苦悩（苦しみ）に陥りひどく傷つくことがあります。愛する伴侶や肉親、親友を失うとき、裏切られたとき、不治の病いを宣告されたとき、不慮の事故や事件に巻き込まれてしまったとき、事業に失敗し責任を取らなければならなくなったときなど、深刻な出来事は深い心の傷をもたらし、人を悲嘆に突き落としてしまいます。

心が傷つき失意と悲しみに陥ると、人は全てのことに興味を失うとともに、挫折感のため自信を失っていきます。自分は誰からも必要とされず、何をしてもうまくいかないという思いにとらわれ、一人ぽっちになってしまった淋しさを強く感じるものです。自分が他人から愛され尊重されていると思えなくなり、誰も自分に気をとめてくれないと思い込む孤絶感です。ひどい悲嘆に落ち込むとき、多くの場合、キリストを信じる者であっても「平常心」を全く失い悲しみに閉じこもってしまうことがあるのです。

5　深い苦悩に襲われ悲嘆に沈むということ

大切な人を失ってしまった悲嘆の例を考えてみましょう。自分にとって大切な「その人」がいなくなると、すべてが空虚になってしまい、いのちは停滞してしまいます。築き上げてきた強い絆が消えてしまった結果、不安と孤独と恐れが生じ、自信がなくなってしまうからです。そして、ときには生きる意味が全く見えなくなってしまうことさえあるのです。まさに「内的な死」と言えましょう。

こうした場合、現実を見つめることも受け入れることもできず、怒りにかられて自分や周りを責め続け孤立してしまいます。それは自分をバラバラにさせてしまう危険にさらされることで、まさにイエスが言う「誘惑」の現実です。不信と絶望に足を取られてしまうからです。

わたしたちの体と心は一つです。そのため、喪失感や悲嘆に陥ると、体が重苦しく、極度の疲労を感じ、生命力の低下が起こります。食欲がなくなったり、床から起きあがるのがとてもつらく感じます。しかし、こうした反応は自然なものであって、決して異常な病気なのではありません。

6　注意すべき闇の力

それならばこのような場合どうしたらいいのでしょうか。繊細で傷つきやすい心を持つ人間としてキリストを信じる者は、こうした「誘惑」にどのように対処し、どう乗り越えていったらいいのか、それについてご一緒に考えてみましょう。

「全ては無意味だ」とそそのかす「破壊の力・闇の力」こそイエスが闘った敵で、聖書の世界では「悪霊」とか「汚れた霊」などと呼ばれています。（『エッセンス』六二頁）先に触れた「主の祈り」の結びのあの言葉、「わたしたちを誘惑におちいらせず、悪からお救いください」にある「誘惑」や「悪（凶悪な者）」のことです。それは、「虚無」に引きずり込む「内的な死の力」と言えます。

人は誰であれ親から何らかの「負の遺産[3]」を受け継いでいます。子どもは親を選べません。その親もまた同じように自分の親を選べませんでした。果てしなく続くこの連鎖は一つのことを物語っています。すなわち、人間は多くの弱さや欠点を抱えた存在であって完全なものではないということです。今日の心理学は人間のこころの闇の分析に挑みさまざまな説明を試み、さらに「脳の障害」と関連付けようとしますが、それでも解明し尽くされてはいません。

いずれにせよ、わたしたちは例外なく心に何らかの「影」を負っており、「破壊の力・闇の力」と闘わなければならず、「救い」を必要としているのです。つかみ切れない過去の一切（体質や気質、性別や容貌もふくめて）が、各自にとって変えることのできない運命であるとするならば、それに対してどんな態度を取るのか、その運命をどう引き受け、そこから自分自身の人生をどう造り上げていくのか、このことが問われています。キリスト教信仰が、イエスを神から遣わされたた「キリスト／救い主、解放者」と認め、彼を信じて生きるように招くのは、こうした人間存在の現実をふまえてのことなのです。

7　苦しみを打ち明ける―苦しみにおける連帯の力

生きていれば、必ず心に傷を受けたりまた人を傷つけてしまうものです。それを避けることはできません。生きるということには、光と闇、信頼と恐れ、愛と憎しみが入り混じっており、そのためにわたしたちは互いに傷つけ合ってしまうのです。しかし、心の傷は人生の一部でしかなく、生きていること自体が絶望的にダメということではありません。このことをよくわきまえておく必要があります。

心の傷は「回復」を叫んでいますが、それには時間と友人が必要です。先に見たように、深い心の傷を受けてしまうとどういう訳か悲しみの内に引きこもってしまい、自分を被害者とみなして、誰も自分を救ってくれることはできないと思い込みがちです。悲しみによるマヒ状態から解き離れるには、親しい誰かが必要です。人は不安や苦悩を信頼できる人に少しでも打ち明けるとき、闇からの解放への第一歩が始まります。打ち明けられた側は、ただ共に悲しみを受け入れることで十分です。

わたしたちはせっかちで、どんなことでもすぐに解決したり、結果を手に入れたがりますが、心の傷が癒されるには、時間がかかります。しかも癒されていく過程は、一人ひとり違うのです。でも、深い苦悩にとらわれている人が、信頼する人に自分の苦しみを言葉に出せるようになれば、それは治癒の始まりです。自分なりの仕方で「生きる意味」の問題に取り組むのはたしかに苦しいことですが、不思議なことに信頼する者に悩みを打ち明けることによって、「答え」が自分の奥底からやってくるのです。それをもって自分を取り戻し生きていく意味をゆっくりと見つけていくのです。

一方、こうした過程で聴く側に呼ばれた人は、苦しみを打ち明ける「その人」をあるがままに受け入れなければなりません。でも、ここで忘れてならない大事なことがあります。それは自分に向き合う「その人」が、温かい支えがあれば乗り越えられる悲しみや絶望感におちいっているだけなのか、あるいは、精神科医や心理療法士などの専門家の助けを必要とするほど内的な病いにかかっている（例えば重症のウツ）かを識別する必要があるということです。もし、治療が必要と分かったならば、ためらわず専門医に助けを依頼することを手伝いましょう。自分の限度を知るということは愛の無さなのではありません。

「心の闇」の奥に降りていくということを軽々しくとらえてなりません。本人さえも恐れている闇の世界に立ち入るということは、その心得のある人といっしょになされるべきことです。

8　十字架上のイエスの言葉

イエス・キリストに従うわたしたちが、苦しみや苦悩にも肯定的な意味を見出そうとするのは、根本的に「過ぎ越しの奥義」を信じるからです。『ルカ福音書』は十字架上で苦しむイエスが、「父よ、彼らをお赦しください。自分が何をしているのか知らないのです」（23・34）と、自分を苦しめる人々の赦しを願ったと記します。愛の極みとして心打つ「ゆるしの懇願」です。また、隣で同じ十字架刑を受けても仕方のない者が「イエスよ、あなたのみ国においでになるときには、わたしを思い出してください」（23・42）と息たえだえに願ったのを受けて「あなたは、今日わたしと一緒に楽園にいる」(23・43)と約束し慰めました。そして最後に大声で叫びながら「父よ、わたしの霊を御手に委ねます」(23・46)と言って、イエスは息を引き取ったのでした。

悪事のゆるしを代願するイエス。苦しみの彼方に永遠の安らぎを約束するイエス。先の見えない苦しみのどん底から、全てを父なる神に委ねる叫びをあげたイエス。闇から光へ、絶望から希望へ、行き詰まりから解放へという「過ぎ越しの奥義」は、「代受苦」を引き受けた十字架上のイエスの苦しみの姿においてあらわれたのでした。

十字架の苦しみの中にあって、全てを神に「委ねる」というイエスの極限の言葉と姿は、「これからのこと」を待つということの大切さを示しています。苦悩にある自分自身を見つめて、いくら苦しみの原因などを詮索しても混乱するばかりです。大切なのは自分自身とこの自分を支えてくれている人々を通してあらわされ、実現されるべきこれからのことに委ねることです。「耐えること、待つこと、急ぐな」とは、被災に遭ったあるベテラン農家の知恵に満ちた言葉です。

「過ぎ越しの奥義」を信じるということは、決して苦しみからの逃避なのではありません。神の子イエス・キリストと共に苦しみを受け入れ、この方によって自分が変えられていく道程に委ねることです。イエス・キリストの約束なさる「救いの恵み」は、このようなプロセスの中でこそ実っていくのです。まさに成長と実りのたとえをもって語られた「神の支配」の奥義です。

注

(1) **主の祈り**　「主の祈り」は、ルカも記しているが（11・2～4）、その結びは「わたしたちを誘惑に遭わせないでください」だけとなっている。

(2) **平常心**　「平常」とは変わらない常日頃の状態のことを指す。禅ではこの言葉を用いて「平常心」という生き方を強調する。悟りの心は日常生活の根本において働き、個々人を生き生きとさせる。これが平常心である。

(3) **負の現実**　こうした人間の拭いがたい負の現実をキリスト教では「原罪」の状態と呼んできた。その根本は創造主である神への「反抗」にあり、自分を一切の中心にしたがる人間の罪にあるとみなす。

第八留

イエス、エルサレムの婦人たちをお慰めになる

3　わたしの信仰を強めてください

1　『マルコ福音書』が記す一つの出来事（9・14～29）

『マルコ福音書』には、心打たれる一つの出来事が記されています。てんかん症と思われる子供を囲んで弟子と群衆と律法学者らが騒いでいるところに、イエスが来てその子を癒したという出来事です。成り行きの中でその子の父親がイエスに「おできになるなら、わたしどもを憐れんでお助けください」（9・22）と懇願します。彼は、イエスならわが子を助けることができるかもしれないと、わずかな望みをかけながら願うものの「おできになるなら」とためらいを隠せません。自分の息子の苦しみをわが身に負い「わたしどもを憐れんでお助けください」と願う父親は、疲れきっており、どうしていいのか分からない混乱と動揺を引きずっている様子が伝わってきます。

それに対しイエスは「『できれば』と言うか。信じる者には何でもできる」（9・23）と答え、父親の全幅の信頼をまず引き出そうとします。「その子の父親はすぐに叫んで言った。『信じます。信仰のないわたしをお助けください』」（9・24）イエスはこの心底からの叫びを受けてその子を癒したと、マルコは記します。

不幸や苦悩に遭うと、つい動揺してしまいこころを閉ざしてしまうわたしたちです。しかし、イエスはそうしたわたしたちを励まし「信仰」を引き出すのです。向こうから差し出されるありがたい救いの手にしっかりしがみ付かなければなりません。

2　私の不信仰を助けてください

右に引用した『マルコ福音書』の例では、父親は、息子の手の施しようのない病に心痛めて狼狽し、疲れはててしまい、いつの間にか神への信頼を忘れていたのでした。その彼がイエスの言葉に励まされ「信じます。信仰のないわたしをお助けください」と叫びます。ここで「信仰のないわたし」とは、原文では「わたしの不信仰／アスピティア（ギリシャ語）」で、それは「不忠実、不信」を意味します。父親として息子の悲惨さに対して自分がまったく無力である焦りと絶望感にかられてしまい、神への不信と疑いにすっかり埋没していたのでした。しかし、「わたしに『できれば』というのか」というイエスの叱責を受けて我に返り、「不信仰のわたしを助けてください」と叫んで懇願したのです。このやり取りは、まさにわたしたちの問題ではないでしょうか。

3　過去だけにとらわれず、足元を見つめる

苦しみもがく子どもを前に、イエスは「このようになったのは、いつごろからか」と尋ね、「幼い時からです」と父親は答えます。なぜこんなひどい状態になってしまったのか、イエスはこの子の苦しみに心打たれ、思わず聞き正したのでしょう。すでに触れたことですが、わたしたちは「不幸」にみまわれるとその原因をどうしても探りたがります。しかし、どんなに過去を探ってもきりが無く、因果関係をことごとく知り尽くすことはできません[1]。たとえそれがある程度可能になったとしても、原因究明は、当面の苦しみの一つの「説明」なのであって「解放」をもたらすことにはなりません。

一方イエスは、ただちに行動を起こして悪霊（闇の力）を追い出し、死んだようになったその子の「手を取って起こした」（マルコ9・27）のでした。子どもは「立ち上がり」、そして父親

は「不信仰」から解放されました。このエピソードはあることを考えさせてくれます。苦悩や悲嘆にくれる人に寄り添い、まずその人の言葉に耳を傾ける大切さです。口にされる言葉は混乱し舌たらずかも知れません。しかし、苦しむ人は自分のことを聞いてくれる相手に打ち明けるうちに、次第に自分自身を取り戻しあるがままの自分を受け入れていく――実に不思議なことです。聞く側は、あれこれ相手の苦悩の原因を説明する必要などありません。答えは本人が徐々につかんでいくのですから。

わたしたちの社会には苦悩の解決をたちどころに図るとして、不安をあおりながら、依頼者の苦悩の原因や救済の道を多額の金銭とひきかえに教示する人々（占い師や霊能者）がいます。誰でも深い悩みや悲しみを聞いて欲しいものです。しかし、それを逆手に取って、脅しをかけながら金銭的な利益をたくらむことなど決してあってはならないことです。キリストを信じるわたしたちは、こういう人々に近づいてはなりません。

4　新しいいのち

イエスはある晩、自分を尋ねてきたニコデモ[2]に「だれでも水と霊とによって生まれなければ、神の国に入ることはできない」（ヨハネ3・5）と言いました。「洗礼」についての言及です。「洗礼」とは、すでに学んだようにイエス・キリストの贖いのみわざ、すなわち、「過ぎ越しの奥義」に与らせていただくことです（『エッセンス』一八六〜一八八頁）。

洗礼はゴールではなく、永遠のいのちを生きる出発です（『エッセンス』二三四頁）。出発後の道のりは、失意から生きる勇気へ、疑いから信頼へ、憎しみから和解へ、絶望から希望へ、孤立から連帯へ、悲嘆から平常心へ、偏見から真実へ、分裂から一致へ、非情さから優しさへ、頑固さから寛容さへなど何とたくさんの「山や谷」を乗り越えていかなければならないことでしょう。洗礼をもってイエスの「過ぎ越しの奥義」に与るものとなったわたしたちは、こうした人生につきものの幾つもの「過ぎ越し／乗り越え」を、単なる処世術としてではなく「信仰と希望と愛」をもって行うのです。

パウロが「わたしたちは落胆しません。たとえわたしたちの『外なる人』は衰えていくとしても、わたしたちの『内なる人』は日々新たにされていきます」（二コリント4・16）と言うとき、きっとこうした人生の「過ぎ越し／乗り越え(3)」をキリストと共にしていく喜びの訴えであったにちがいありません。

5　キリストとともに現実を受け入れる強さとゆとりをいただく

過去の悲しい思いを言葉で言い表し、それを聞いてもらえるうちに、いろいろな不幸について、ある場合には自分にはそれほど責任がなかったと分かるようにさえなります。より客観的になってできごとやその状況を正しく見られるようになるからです。また、過去のつらい経験を現実的にとらえ直し、その正体を見つけることが出来るようになります。そのようにするうちに、いのちを圧迫し、罪責感を生じさせていた魔力が力を失い、わたしたちは徐々に解放されていくのです。まさに「幽霊の正体見たり枯尾花」というところでしょうか。

不思議なことに、隠れていた恐れは言葉にされるといつの間にか消えて行くものです。その結果、自分が自由になっていく（解放されていく）のを実感していきます。その「自由さ」とは、自分もまた完璧な人間ではないと分かりはじめるゆとりです。自分が傷つけられるだけでなく、自分もまた人を傷つけてしまうものであり、傷つけてしまった人々からゆるしを得たいと思うようになるこころのゆとりです。

互いに人を傷つけてしまうのが人間の限界です。そう気づいたら、自分をあまり責めずに、むしろ自分に欠けているもの、内側で壊れてしまったものを正直に認めるようにしましょう。そうしてこそ、謙虚なこころで他の人々と関わることができるようになるのです。

6　聖なる知恵と生きる意欲

イエス・キリストが啓示された「過ぎ越しの奥義」を静かに思い巡らすとき、わたしたちはこころの奥底で「かけがえのないあなた」と呼びかけてくるひそやかな声が聞こえてきます。あの「放蕩息子のたとえ話」の中でイエスは、どん底に落ちた弟が「我に返った」と語ります。聖書原文では「自分自身に帰った」と書かれていますが、それは息子が「初めから父との関係の中に置かれている自分の存在」の事実にはっきりと気づいたことを物語っているのです。「かけがえのないお前。わたしが造り、いのちを吹き込んだお前。さあ、帰っておいで」――こうした呼びかけが聞こえたのでした。生かされて生きているこの自分。これはわたしたち一人ひとりの根本的ないのちの在りようです。立ち上がることによって神との交わりにもっと強く呼ばれ、招かれていくのです。イエス・キリストの訴える「尊ぶ愛／ご大切」という土台が姿をあらわしてきます。そしてこの呼びかけは、さまざまな深い気づきをわたしたちに与えてくれるのです。

一つ目に、偽りや幻想の世界に浸っていたり、偏見にしがみついたり、人を羨んだり、自堕落な生活に身をもちくずしたり、他人を抑圧したり虐げたりするなら、幸せになることはないということです。他者を「人」として認めないということは、自分をも「人」として見ていないということです。他人のいのち（存在）を否定することは、自らのいのちと存在理由を否定することなのです。

二つ目に、たとえ傷つき、いびつになってしまったとしても、この「自分」はそのままで神に受け入れられ、赦されていくという気づきです。それがあって初めて、かけがえのない大切な存在として自分が神から愛されており、この自分にも他の人に何かしてあげられることがあると気づくのです。

三つ目に、父なる神が今の自分をあるがままに受け入れ、かけがえのない大切なものとして愛してくださる以上、そのみこころに沿って成長していくことが、自分の人生の根本的な課題だと気づくことです。「あるがままの自分でいい」ということは、「成長」の課題を放棄することなのではなく、常に洗礼の出発点に立つということです。

しかし、神がこんなにそば近くにいて寄り添ってくださるにもかかわらず、ときとして、とても遠くに離れていると感じるとはいったいどうしたことでしょうか。「信仰」という課題は、こうした現実を踏まえてのことです。

7　あなたの信仰があなたを救った

イエスはしばしば「あなたの信仰があなたを救った」（マルコ5・34）と言って、癒しの恵みを受けた人を祝福して帰しました（『エッセンス』六六～六七頁）。この言葉を受けた人は、苦しみや悲嘆を超えて新たにされたのです。初めは病気の治癒を願ってやって来た人が、イエスとの人格的な出会いを得て「神の支配／国」の現実を知ったのでした。生かされて生きている。愛されているゆえに自分も人を愛することができる。まさに福音の喜びです。

喜びは隠したり独り占めにすることはできません。ましてイエスと生き生きと出会い「あなたの信仰があなたを救った」という身に余る祝福を受けた人々は、その後、人目に付かなくとも、きっとどこにあっても誰に対しても、愛し愛される喜びの生き方を選び続けたはずです。

この連鎖は今日の教会にまで届いています。「あなたの信仰があなたを救った」。この言葉をかけられた以上、あなたもまた、こころを開き、愛を育み、祈り、とりわけ傷つき、希望を失っている孤独な人と共に人生を分かち合うことが求められているのです。こころを開いて愛のうちに成長し、他者と生きる実感を共にし合うこと。それがわたしたちキリストを信じる者の使命です。これに応えていくことが人間としていただいた人生を十全に生きることであり、一度の人生を意味づけていくことなのです。

8　信仰による成長

ここで「信仰による成長」ということについて少し考えてみましょう。イエスが「あなたの信仰があなたを救った」と言うとき、「あなたの信仰」とは何を指しているのでしょうか。ひとことで言うなら「そう信じて決断すること」です。それは何か思想的なことを承認するということではなく、イエス自身への全面的な信頼と委ねという人格的な賭けです。古い日本語の「たのむ／頼む」がそれをよくあらわしていることについては『エッセンス』（六七頁）で学びました。頼みきる、全面的な信頼を投入する、ことごとく当てにするということです。[4]

さらにイエスは「あなたを救った」と言います。ここでの「救い」は、人間存在のいのちの深みに関わることです。洋の東西を問わず「宗教」という現象が常に人類と共にあるのは、人間の本質をなす「救いの渇き」を打ち消すことができないからです。今、この「救い」を「解放」と「満たし」というポイントに絞ってみると、イエスが「あなたの信仰があなたを救った」と言うとき、「わたし（イエス自身）」を全面的に信頼することによって、あなた自身が解き放たれ、確かなもの変わらないもので満たされるようになった――このことを告げているのです。

しかし、このような「救い」は瞬時に全うされることではなく、ゆっくりと実っていくものであることを忘れてはなりません。キリスト教が「救い」を問題にするとき、常にそれが「この世で始まり、天において完成する」と教えたのは、まさにイエスが啓示した「神の国の到来の福音」に基づくからです。

ある人はこうした恵みにおける変貌・成長の具体的な体験を、次のような実践と結びつけて述べています。何だかイライラしてこころに落ち着きがなく、周囲にもその影響を与えていると気づいたとき、次のことを実行する。㈠愛する人たちと過ごす。㈡創造性を活かす時間を作る。㈢日常生活を離れて祈りと黙想の時間をもつ。この三点ですが、大いに参考になるのではないでしょうか(5)。

人間として「成長・成熟」し、そのことによって「自分」という存在が変えられ、実っていくこと、これはここで問題にしている「救い」とは切り離せません。なぜならイエス・キリストに生きる「意味」を見出し、それに応えていくとき、人はさまざまなとらわれやしがらみから解き放たれ、神の愛に満たされていくからです。この「変化」こそ「救い」の確かな中味であることを忘れてはなりません。そしてこの世において展開する変貌は、死を境に「いのちの与え主である神」に受け入れられ永遠化されるのです。キリスト教が「救い」を終末的（究極的）な様相を帯びた恵みと教えてきたのは、こうしたことなのです。

注

(1) **因果関係**　仏教の世界ではこの「因果関係」の分析に力を注ぎ、膨大な「因果応報思想」の体系を編み出した。全ての事象は、何らかの原因の結果であるとみなし、倫理的立場から人間のなす善悪の行為について、善い行為（善因）には善い結果としての報い（善果）が、悪い行為（悪因）には悪い結果としての報い（悪果）が、果の法則によって生じるというのが「因果応報」思想の根本である。

(2) **ニコデモ**　イエスの当時ファリサイ派に属していた最高法院（サンヘドリン）の議員の一人。イエスを「神から遣わされた教師」と信じ、人に見られることを避けて夜にイエスを訪問。イエスは彼に「新たに生まれなおすこと（新生）」を教えた（ヨハネ3・1〜15）。後に議員たちがイエスを非難した際、彼は議会がイエスを律法に則って正当に取り扱うべきことを主張した（ヨハネ7・50〜52）。また、イエスの死後、彼は当時の埋葬のしきたりにそってイエスを丁重に埋葬した（ヨハネ19・30）。

（3）**過ぎ越し**　『エッセンス』も含め本書でも「過ぎ越しの奥義」を重要なキーワードとしている。この場合の「過ぎ越し」という語はヘブライ語の「ペサハ」で、ギリシャ語化して「パスカ」となった。「ペサハ」という名詞は動詞の「パーサハ」に由来し、「よろめく、踊る」、比ゆ的に「飛び越える、過ぎ越す」などを意味する。そこから、「ペサハ／過ぎ越し」とは、エジプト人の家を打ちながら、イスラエル人の家を「通り越した」ヤーウェの「通過」という意味となった（出エジプト12・13、23、27）。この聖書本来の「過ぎ越し」を踏まえて、イエス・キリストの「過ぎ越しの奥義」が啓示されたのである。今日の日本語のニュアンスからみて「過ぎ越し」という表現よりも「乗り越え」の方がピンとくるかもしれない。先の「パーサハ」には「飛び越える」の意味合いがあり、しかもイエス・キリストの「十字架の死から復活」はよりダイナミックにあらわされるべき力強い神秘だからである。英語の「over come」のニュアンスはそれに近いと言えよう。

（4）**信仰**　「信じる」という言葉は、今日多くの場合「認める」「同意する」というように認識的な次元で捉えられており、聖書的な「信仰」の意味が希薄になっている。しかし、聖書における「信仰／ピスティス」は人格的な帰依を意味するテーマである。したがって、キリスト教信仰を布教（宣教）するとは、言葉にされた神と人間の本来の関係（＝真実／真理）を伝えることにとどまらず、「出会い」によって伝えられる「確信をもった生き方」の伝播でもある。すなわち、イエス・キリストとの生き生きとした人格的な出会いであることを忘れてはならない。

（5）**『聖なる道を歩く』**　ローレン・アートレス、（R・A・ガードナー、武田光世訳）、上智大学出版。一一八頁参照。

第三章

教会と共なる歩み

わたしたちにとって「教会」とは極めて馴染み深い現実です。それは一般の人々が「お寺」という場合とは違って、身近でありながら自分の人生と深く関わっている何かであると言えます。ところが、身近なだけに「教会」というものをよく理解していなかったり、疎遠になると面倒くさい存在になったり、受けとめ方はさまざまです。ここでは「教会と共なる歩み」というテーマで、自分もまた仲間たちと一緒に「教会」を形成し、共に歩んで行くという生きた現実を振り返ってみましょう。

第一節　教会という現実

1 教会あれこれ

1 「教会」という言葉

わたしたちは今、キリストを信じる者が、過ぎ越しの奥義を生きながら「自己の成長」をなしていくとは具体的にどういうことなのかを見ているところです。この第三章では、「教会と共に歩む」という視点から、このテーマをさらに深めて参りましょう。

日本では今日、「教会」というと普通「教会の建物」を指すようになりました。しかし、「教会」と訳された聖書のギリシャ語の「エクレーシア」は「呼び集める／エカロー」に由来し、（神によって）呼び集められたキリスト信者の集団を意味します。政治団体や多くの新しい宗教団体のように、人間がつくったものではなく、神がイエス・キリストを通して呼び集めた信仰に基づく集団、それがキリストの「教会」なのです。したがって、「教会に行く」というのは、当然のことながら礼拝[1]を捧げるためにキリスト信者の集団に自分も参加するということで、「今日はどこどこのお寺に行く」というように観光気分で宗教施設に足を運ぶということではありません。

2 「教会」に行くということ

「教会には長いことご無沙汰している」「教会に行くのがおっくうになった」などの声をよく耳にします。さまざまな理由で、洗礼の恵みを受けたキリスト信者が「礼拝の集い」から遠ざかってしまう現実が残念ながら見られます。ここでの「教会に行かない」が意味することは、カトリックにおいては、端的にイエス・キリストの贖いのみわざ（過ぎ越しの奥義）を記念し祝う「ミサ聖祭」に参加しないということです。自分が洗礼を受けてキリスト信者になったことと、「過ぎ越しの奥義」を祝う「ミサ聖祭」に与ること、そのために教会（信仰共同体）に所属するということのつながりが、ほとんど理解されていないか、あるいは、全く分からなくなってしまった――それが教会離れの根本にあるようです。

そこへもってきて、教会にも見られる人間関係のもつれが悪しき感情を起こし、時にはせっかくのキリストの救いの恵みが見えなくなってしまうことさえあります。でも、居心地良さだけを「教会」に求め、要求ばかりして自分は何の協力もしないとすれば、何かが欠けているのではないでしょうか。教会は互いに自己を磨く場、兄弟愛を実践する場、社会に向かって愛の実践を行う発進基地であることを忘れてはなりません。

日本の社会ではどういう訳か、キリスト信者に対してだけは「敬虔な」という形容詞をつけたがり、「敬虔なクリスチャン」[2]といえば何か独特の雰囲気を持つ言葉で、クリスチャンはそうではない人とは違う人であるかのように見なし、しかも何かご立派な人という誤解がつきまとっています。ですから、そういう人たちの集いである教会には近づきがたいというのが一般の印象です。しかし、キリストの教会は、敬虔な紳士淑女のたまり場などでは決してないことをよく肝に銘じておく必要があります。わたしたちは皆罪びとであり、たくさんの弱さや欠点をかかえ、自分で自分を救えないと自覚すればこそ、キリストを信じて生きているのであって、ご立派だから教会に来ているのではありません。世の中がつくり上げた教会やキリスト信者に対する奇妙なイメージに振り回わされぬように大いに気をつけたいものです。

3 キリストに結ばれた「わたしたち」という感覚

「教会」と訳された聖書本来の言葉は「エクレーシア」で、それは神によって「呼び集められた集団」であると、先に見ました。「ミサ聖祭」で「わたしたちは神の民、その牧場の群れ」と『詩編』の言葉を歌うことがありますが（典礼聖歌一七一〜）、まさに神に呼び集められ導かれている「わたしたち」という感覚がまず「教会」の土台にあるのです。

深い洞察による人間理解とそれに基づく心理学[3]は、個人の健全なこころの状態と「共同体感覚」は切り離せないと指摘します。「共同体感覚」とは、共同体への「所属感覚、共同体に対する信頼感、そして自分は共同体のために役立つことができているという貢献感」の三つの側面を身につけているということです。人に必要とされる喜び、人の役に立てる喜びほど、生きる意欲を湧き立たせることはないからです。自分を必要としている誰か（あるいは、集団）のために何かをすることによって「わたしはこの人（あるいは集団）に役立つ意味あることをしている」という充足感は、かけがえのないものです。それによって「生きている実感」を人はつかむのです。不登校の痛みを抱える子どもの多くが、自分は学校やクラスの中で「必要とされていない」存在だと感じていると指摘されています。人間の根本的な在りように関わる問題である以上、社会全体がもっと不登校問題に関心を払い行動を起こしていかなければなりません。

キリストの教会で自分が必要とされる喜び、そこで自分にも何かができることがある喜び――それがキリストに結ばれた「わたしたち」という感覚なのです。時々、教会のために小さな奉仕を願われて声を掛けられると迷惑がり、逃げてしまう人々がいますが、キリスト信者として喜びのうちに成長していくせっかくのチャンスをのがしてしまうことにもなりかねません。ミサだけに与ってすぐに帰ってしまったり、「一人一役に応えよう」とか「教会にお客さんはいない」などというスローガンが、なかなか伝わらないのは悲しいことです。

4　教会に来られなくなった

教会を離れてしまうということの他に、「教会に来られない」というもう一つの現実があります。

病気やけがで、高齢のために外出が思うようにいかなくなったため、あるいは、子育てに追われるため、老いた親の介護のため、また手が離せない仕事に従事することになったため、などなど。日曜日の「ミサ聖祭」に与れないさまざまな現実があるものです。現教皇フランシスコは「出向いていく教会」を強調していますが、特に病気や老齢の信者を考えてのことでありましょう。このような仲間たちを気遣い、キリストの恵みを運ぶ奉仕者が準備されています。信徒には秘跡に与る義務があるだけでなく、権利もありますので、遠慮なく主任司祭と相談してください。また、仕事の関係で日曜日（あるいは、土曜日の夕方）のミサに出られない場合、週日のどこかが定休であるなら、その日を自分にとっての「主日」としたらどうでしょうか。とにかく主イエス・キリストとの秘跡的な出会いを重ねながら、「過ぎ越しの奥義」に与らせていただき、救いの恵みに生きる工夫が大切です。

5　保護聖人ということ

洗礼を受けるとき、カトリック教会では「洗礼名／霊名」をつける伝統があります。信仰を証しした過去の聖人・聖女の中から一人（あるいは二人）を選んでその名前をつけるという慣習です。その意味は、時代や場所は異なってもそれぞれにキリストの「過ぎ越しの奥義」に与り、一度の人生においてその恵みを証しした「その人の信仰」にあやかることにあります。「聖人・聖女」とは、ある人々が誤解するように「偶像」でもなければ「ミニ神様」なのでもなく、キリスト教信仰の「証し人・証人」にすぎません。「すぎない」といっても、それぞれの人生において数々の困難を背負いながら（ときにはいのちをかけて）、誠実に信仰を生き抜いたとすれば、それだけで十分に尊敬に値するのではないでしょうか。自力によってではなく、神の愛と力添えによって信仰を全うした人々の中からある者を、教会は信仰を生きる「模範者」として、教会共通の宝にしてきました。これがいわゆる「聖人・聖女」です。そのため教会はミサの中で次のように父なる神に祈るのです。

・聖なる父、全能永遠の神、聖人を通して示されるあなたの栄光をたたえ、感謝の祈りをささげます。あなたは聖人たちの信仰のあかしによって、いつも教会に新しい力を注ぎ、限りない愛を示してくださいます。わたしたちもその模範に励まされ、取り次ぎの祈りに支えられて、信仰の歩みを続けます。（平日の聖人記念日ミサの叙唱より）
・聖なる父、全能永遠の神、主・キリストによっていつもあなたをたたえ、心から感謝をささげます。あなたは聖○○の信仰の模範によってわたしたちを励まし、その教えを通して導き、取り次ぎによって神の民を守られます。（同、聖人牧者の記念ミサの叙唱より）

ところで、洗礼を受ける人は、自分が選んだ「証し人」の生き方にあやかり、また彼、あるいは彼女を自分の保護者として信仰の道を歩み出します。そのため、洗礼名に選んだ「聖人／証し人」を良く知る必要があります。自分が選んだ聖人の記念日を祝って洗礼の恵みを感謝し、人生の節目で保護聖人の取次ぎを願うことを忘れてはなりません。こうして、信仰をもって地上を旅する自分と、天上に凱旋した保護聖人との絆を深めそれを励みとするのです。

このような絆は「信仰における家族」と言えますが、こうした家族意識は殉教者が続出した古代教会から始まりました。ローマ帝国時代、伝統的な家族意識は「血縁関係／親類関係」によって保たれていました。それをモデルにして、キリスト信者たちは信仰ゆえに殺害された仲間を「聖なる殉教者」として敬い、あたかも信仰によってむすばれた家族の一員であるかのように彼らを大事にしたのです。しばしばそれを「聖人崇拝(4)」と呼んで、あたかも殉教した彼らを偶像に祀り上げたという人がいますが、誤解でしかありません。そうではなく、深い尊敬と親しみを当時の教会は殉教者たちに感じ、亡くなった彼らを「教会家族」の一員とみなしたのです。

こうした強い連帯意識を、カトリック教会は「聖徒の交わり／コンムニオ・サンクトールム」と呼んできました（『エッセンス』二三七、二四三頁）。そのため「教会」とは、時間と空間の広がりにおいて、人と人との出会いと交流をともなった壮大な大河のようなもので、しかも時間を越えて永遠へとつながっていく生きた共同体なのです。イエス・キリストの「過ぎ越しの奥義」がこの壮大なうねりの原動力であることは、言うまでもありません。

6　パウロの教えに触発されて

コリントの教会に当てたパウロの手紙には「教会」について次のような教えがあります。「体は一つでも、多くの部分から成り、体のすべての部分の数は多くても、体は一つであるように、キリストの場合も同様である。つまり、一つの霊によって、わたしたちは、ユダヤ人であろうとギリシャ人であろうと、奴隷であろうと自由な身分の者であろうと、皆一つの体となるために洗礼を受け、皆一つの霊をのませてもらったのです。体は、一つの部分ではなく、多くの部分から成っています」（一コリント12・12〜13）

ここで強調されているのは、教会とは「キリストの体」のようなものだということです。各自は、さまざまな国籍や身分であろうと同じ洗礼を受けたことによって、「一つの教会」を形成しているということです。生まれも育ちもさまざまであれ、「一つの霊／神のいのち」に生かされている以上、互いに排斥し合ってはならず、むしろ力を合わせてキリストの教会（信仰共同体）を造り上げていこう。このようにパウロは当時のコリント教会を諭したのでした。

洗礼の恵みを受けた者にとって大切なことは、その人がキリストの体に属しているということと、その恵みに実際に応えていくということです。パウロは次のようにも教え諭しています。

「あなたがたは皆、信仰により、キリスト・イエスに結ばれて神の子なのです。洗礼を受けてキリストに結ばれたあなたがたは皆、キリストを着ているからです。そこではもはや、ユダヤ人もギリシャ人もなく、奴隷も自由な身分の者もなく、男も女もありません。あなたがたは皆、キリスト・イエスにおいて一つだからです」（ガラテヤ3・26〜28）

この「キリストにおける平等」の主張は、当時の社会の常識をこえる衝撃でした。この衝撃は今日も同じで、まさに教会はこの点において「世」に逆らうしるしであり続けるのです。したがって財産や社会的地位、学歴や家柄などの世の価値観を教会の中に持ち込むことなどあってはならないはずです。

一方、一人ひとりの個性や性格はさまざまで、育った環境や経験も、いただいた才能もいろいろで、それらは全て神からの賜物です。それでも「一人の主、一つの信仰、一つの洗礼」に結ばれてキリストの教会を形成していることを、常に念頭に置かなければなりません。それぞれが自分の良きものを出し合って積極的に「キリストの体である教会」を築いていくようにとパウロは励まします。

「わたしたちは皆、神の子に対する信仰と知識において一つのものとなり、成熟した人間になり、キリストの満ちあふれる豊かさになるまで成長するのです。（中略）（わたしたちは）愛に根ざして真理を語り、あらゆる面で、頭であるキリストに向かって成長していきます。キリストにより、体全体は、あらゆる節々が補い合うことによってしっかり組み合わされ、結び合わされて、おのおのの部分は分に応じて働いて体を成長させ、自ら愛によって造り上げられてゆくのです」（エフェソ4・13、15～16）

こうしたことを考えると、洗礼における「代父・代母」の役割と責任は極めて大きいと言わなければなりません。洗礼を受けてキリストの教会に新しく結ばれた人が、キリストにおいて「成長」していくことを見守り、支えていく役目を担うからです。ややもすると「代父・代母」がほとんど形式的になっているのは、嘆かわしいことです。そのために教会は「代父・代母」のためにもイエス・キリストに祈り続けます。「代父、代母となった人のために祈ります。新しく洗礼を受けた人とともに信仰の道を歩み、祈りと行いによって日々あなたと結ばれますように」（『教会の祈り』復活節土曜日、朝の祈りから）

7　キリスト信者には階級はない

「人は皆平等である」という理念は、各自は人間として同じ価値を持っているということの表明です。しかし、世の中には役割分担にともなうさまざまな階層や階級が見られます。問題はそうした人の世の「上下」と言う現実が、いつのまにか「平等」という人間の根本を切り崩してしまうという現実です。わたしたちの今日の社会を振り返ってみれば、人々は少しでも上に這いあがろうと努力し、自分の子どもたちにもそうさせます。学歴社会の波に乗るために、子どもが早いうちから塾通いを強いられ、少しでもいい学校と就職先を目指すことは、わたしたちの社会では当然のこととされています。しかし一方、現実社会の中で生き延びるためには、ある意味でやむを得ないことかもしれません。しかし一方、貧富の「格差」がますます大きく広がり、安定した仕事に就けず、生活するのが精いっぱいの人々が増え、結婚して家庭をつくることさえままならない若者がいるという現実は、日本社会も含め今日の先進国がかかえる大きな問題となっています。

しかし、教会には初めから世の中の「階級」というものがない以上、そうした階級意識を持ち込むことがないように互いに注意すべきです。社会的地位とか学歴や技能ゆえに、自分は「より優秀な信者」であるということがあるとすれば、教会はいったいどうなってしまうでしょうか。もちろん「現世的な力」そのものは決して悪いことではありませんし、それを得ようと努力することも評価できましょう。しかし、この世の価値観を絶対視することをくつがえし、それ以上の変わらない世界があることをイエス・キリストは一貫して訴え、行動で示されたことを、わたしたちキリスト信者は決して忘れてはなりません。

パウロは手紙の中で同じことを繰り返し強調します。

「あなたがたに幾らかでも、キリストによる励まし、愛の慰め、〝霊〟による交わり、それに慈しみや憐れみの心があるなら、同じ思いとなり、同じ愛を抱き、心を合わせ、思いを一つにして、わたしの喜びを満たしてください。何事も利己心や虚栄心からするのではなく、へりくだって、互いに相手を自分よりも優れた者と考え、めいめい自分のことだけでなく、他人のことにも注意を払いなさい。互いにこのことを心がけなさい。それはキリスト・イエスにもみられるものです」（フィリピ2・1～5）

このようにパウロはキリストを信じて生きる者の基本的な心構えを極めて具体的に諭し、それはイエス・キリストご自身に根拠があると言って、あの有名な「キリスト賛歌」を示したのでした（『エッセンス』一七五～一七七頁参照）。また、パウロは「忍耐と慰めの源である神が、あなたがたに、キリスト・イエスに倣って互いに同じ思いを抱かせ、心を合わせ声をそろえて、わたしたちの主イエス・キリストの神であり、父である方をたたえさせてくださいますように」（ローマ15・5～6）と教え諭しています。

8　教会の中で生じる特権意識

自分は教会内で特別な存在であると思いたがる理由は、世間的な理由からだけでなく「教会という世界」からも湧き出てくることがあります。自分はカトリックの有名校の卒業生である。自分は「○○修道会の第三会員[5]」である。自分はかつて迫害を受け信仰を守り通した人々の子孫である。自分は著名な○○神父様に指導を受け洗礼を授かった者である。自分は有名な○○シスターの薫陶を受けた。自分は当教会の創立当初からずっと関わってきた、などいくらでも自分を特別な信者と思い込む理由が挙げられます。キリストにおける善き出会いに感謝し、いただいた信仰を保ち深めていくために、こうした「理由」も確かにときには有益でありましょう。しかし、それに執着し「自分は他とは違う特別な存在」と思い上がる理由としてしまうなら、これらは教会の「負の側面」になりかねません。

　このことは「奉仕」についても言えます。確かに教会は互いに奉仕し合うことをもって維持されていますが、しかし、自分はこれだけの奉仕をしているから、他と比べて立派な信者であると考えるのは何か変ではないでしょうか。「奉仕」という名にかこつけて優越感を抱くなら、何のための「奉仕」なのでしょうか。パウロは「誇る者は主を誇れ」（一コリント1・31他）と繰り返し、しかもこの主は「十字架の主」であると断言します（ガラテヤ6・14）。そして主イエス御自身、「自分に命じられたことをみな果たしたら、『わたしどもは取るに足りない僕です。しなければならないことをしただけです』と言いなさい」（ルカ17・10）と、奉仕が自己顕示欲を満たすものであってはならないと教えておられるのです。

また、教会の中にセクトやカルト的なグループを作らぬよう十分注意する必要があります。「祈りの会」「聖書勉強会」など本来すばらしい活動であっても、自分たちだけの閉鎖的なグループにしてしまうならかえってキリストの教会の成長をさまたげてしまうからです。

9　教会の秩序への奉仕職

二人以上が集まるところにはルールや秩序が必要となります。約束ごとや規則を互いに尊重し合うことによって人の集団（家族、学校、職場など）がうまくいくというのは、誰もが体験しているところです。キリストの教会にも固有の「秩序」があります。それはひとえにイエス・キリストの「権能／権威」に由来するもので、世の中の現世的な力（富や名声や武力）に基づく「権力」とは全く別物です。

カトリック教会には「教会法」というものがあって、長い歴史によって育まれ磨かれてきました。全世界に広がるカトリック教会の目に見える形は、この「教会法」によって保たれていますが、法や制度は決してそれ自体が目的なのではなくあくまで手段でしかありません。

イエスは御父から受けた自分の権能をともなう使命を弟子たちに渡し、「あなたがたを受け入れる人は、わたしを受け入れ、わたしを受け入れる人は、わたしを遣わされた方を受け入れる」（マタイ10・40）と言われました。ご自分が説かれた「神の支配の到来」の福音を伝えに行く弟子たちを、全面的に支えるという約束とその意志がここにあります。そのため使徒継承の教会は、イエス・キリストの教えと救いのみわざを誤りなく忠実に守り、それを伝えようとするのです。「み言葉と秘跡」[6]という賜物に全存在（生涯）をかけて奉仕する役務に呼ばれた人々、これが「司祭召命」を生きる人々です。あの使徒たちのイエスから受けた権能への奉仕を連綿とつないできた人々で、教会の歴史の中で、司教・司祭・助祭という具体的な形をとるようになりました。これは「司祭的奉仕職」と言われ教会の根幹にかかわる恵みです。

注

(1) **礼拝**　礼拝行為は、個人としても集団としても「祈り」の形をもってなされるが、その本質は「感謝と賛美」である。教会の草創期において、いわゆる「ミサ」が「感謝の祭儀／エウカリスチア」と呼ばれ、信者の共同体は救いの恵みに対する感謝と賛美を三位一体の神に捧げていた。それは「礼拝」という人間の行為がどのようなことであるかをよくあらわしている。

(2) **敬虔なクリスチャン**　英語で a pious [devout] Christian と言われるが、「敬虔なクリスチャン」という日本語は、おそらく明治期からのプロテスタント教会の用語であろう。

(3) **人間理解**　この指摘は、オーストリアの精神病学者・心理学者であったA・アドラー（一八七〇～一九三七）心理学の特徴をなし、高く評価されている。

(4) **崇拝**　「崇拝」と「崇敬」の違いについては『エッセンス』二二〇頁参照。

(5) **第三会員**　修道会によって創立されたカトリック信者の会。男子の修道士から成る「第一会」、修道女から成る「第二会」に対して、世俗の生活をしながら自分たちが所属する修道会の霊性に従って生きる男女の信徒の会を「第三会」と言う。中世以来、托鉢修道会系に会員が多い。第三会の中には誓願を立てて修道院で共同生活をする「律修第三会」もある。

(6) **み言葉と秘跡**　「み言葉」とは聖書にしるされた神の言葉、すなわち、わたしたちを救いへと呼びかけ導く言葉を言う（『エッセンス』二〇四頁）。なお「秘跡」については後にあらためて扱う（『エッセンス』二〇八、二一一頁参照）。

2 司祭職を生きる人々

1 司祭とは（特に小教区主任司祭について）

司祭の身分とは、使徒の後継者である司教と結ばれてその権能を分与され、派遣された信仰共同体（小教区）や教会内の種々の職務において司祭的奉仕を生きることです。キリストの教会は「叙階の秘跡」によってこれをしるして消えることのない資格を与え、叙階を受けた者が全面的な奉仕を教会に捧げる者であることを公に認めます。司教からその権能を分与された司祭は「司祭団」を形成します。その務めの根本は、神のみ言葉を宣べ、秘跡を行使しながら信仰共同体を導くことにあります。すなわち、説教を行い、秘跡を授け、罪のゆるしを宣言し、信徒の救霊に奉仕し、委ねられた信仰共同体を聖化し導いていくということです（これを「司牧」と言う）。当然、この務めには、共同体の眼に見える物的な運営や管理も含まれています。

このようなことから、司祭職はこの世の職業の一つなのではなく、他の宗教や教団に見られるような（牧師や住職や神主などのような）職業化した宗教的職業ではありません。それは他とは比較することができない極めて特殊な身分で、名誉や地位などこの世の価値観とは全く次元の異なる「現実的な生き方」であると言えます。司祭という「人」にまつわるある種の捉えがたさは、このためでありましょう。

また、司祭は信徒と一つになってキリストの福音をこの世に告げます。「福音化」の務めは、ある意味で司祭召命を受けた者の究極の奉仕であると言わなければなりません。なぜならば、生涯を福音的価値観をもって生き抜いた上で、一粒の麦の種のように死ななければ新たな命の芽吹きは起こらないからです。このために一度の人生をキリストとその教会に独身制をもって全面的に捧げ、この世の「福音化」を目指しているのです。パウロは力強く励ましました。「み言葉を宣べ伝えなさい。折が良くても悪くても励みなさい。とがめ、戒め、励ましなさい。忍耐強く、十分に教えるのです」（二テモテ４・２）

司祭職を志願する者は、七年の歳月をかけ、神学校や教会の現場で祈りと養成と訓練を通して、司祭職に対する理解と覚悟を自分のものにしていきます。そして、関係者たちの識別を受けて「司祭叙階の秘跡」に臨みます。「司祭」という存在は、信仰共同体にとっては「恵み」であり、本人にとっては神からの特別な「召命」です。しかし、司祭もまた弱さや欠点を抱えた生身の人間であることを忘れてはなりません。まさに、周囲の支えと祈りが要求されるのです。一方、司祭の身分を利用して小教区（教会）を私物化したり、自己実現の場に利用するなどあってはならないことです。信仰共同体のリーダーでありながら、信徒と共に宣教と司牧だけに身を捧げる一生――これが「司祭の生き方」なのです。

理解を深めるために

小教区共同体ということ

小教区の主任司祭の基本的な務めについて右に述べたが、ここでは「信徒の養成」への奉仕という課題についても述べてみたい。それは何よりも次世代への信仰の伝播（信仰共同体の存続）と世の福音化を目指すことにある。

(1)小教区全体が「信仰共同体」として成長することを一貫して目指し、行動する。小教区は単なる町内会でも活動団体でもなければ、市民サークルでもない。それはイエス・キリストの贖いを記念し感謝する「ミサ聖祭」を中心とした信仰共同体である。み言葉と秘跡（とりわけ聖体の秘跡）に与かりながら、「イエス・キリストに結ばれているわれら」という実感と確信へと導くことが主任司祭の第一の任務である。信徒の「信仰共同体」への帰属意識と責任感は、生き生きとした「ミサ体験」から始まる（ミサ体験とは、イエス・キリストとの生き生きとした出会いと、イエス・キリストに結ばれた「われら」という喜びに満ちた実感である）。そのために司祭は、緊張感をもって信徒と共にこころに響く「ミサ聖祭」をつくりあげていく。惰性に流れ形式に堕した典礼は、共同体の霊的感性を高めることはない。なお、司祭不在の場合には、ミサが執り行われなくとも「集会祭儀」をもって「ミサ共同体（ミサによって発生する共同体）」を継続させていく。

(2) 「ミサ聖祭」に自覚的に参加するためには、各自が「信仰の恵み」の価値をしっかり認識し理解していなければならない。そのため、聖書、教会の教え、典礼など信仰の自覚を深める「学び」の機会をできるだけ多く提供する。「信仰の学び」は教会への愛と責任、信仰の光をもって自らしっかり考える分別の強化、信仰上の視野の拡大に寄与し、イエス・キリストとの主体的な出会いを深め、福音を伝えようとする意欲と自信につながるであろう。

(3) 「聖堂」は社交やイベントの会場なのではなく、何よりも祈りの場、神との出会いの聖なる場であることの自覚を促す。祈りの体験の中で、人は自分自身の限界や罪深さを自覚し、神の愛の中にある自分をつかんでいく。家族や仲間、出会う人々への信仰者としての振る舞いや言動は、まず神との生き生きとした個人的な関わりなしにはあり得ない。そのためには定期的な「祈りの会」や典礼暦に伴う種々の信心業、とりわけ年の「黙想会」を実施する。その時「ゆるしの秘跡／共同回心式」に参加する機会を与え、罪のゆるしの恵みの体験へと促す。

(4) 信徒と司祭が共に「小教区共同体」を造り上げていく責任と喜びを実感するため、多岐にわたる教会行事や通常の業務をこなし、小教区に属する多くの人々に参与してもらう。何よりも「喜び」の雰囲気を盛り上げるよう互いに知恵を出し合い協力する。なお、いかなる活動も「祈りで始まり、祈りで終わる」ことを習慣づける。

(5)明日の小教区を担う次世代を、慈しみをもって養い育てる。教会学校は一部の人々（シスターなど）だけに任せるのではなく、保護者全員が「子どもの信仰育成」に関わるよう促す。そのため、初聖体や堅信の準備にも保護者が関わるよう配慮する。さらに「結婚の準備」への奉仕はまさに信徒の分野であるため、特別な養成を手がけていく。

(6)小教区に所属する信徒が、自分の共同体から「天のふるさと」に帰っていける安心感を持つように努める。そのため、高齢者たちへの霊的配慮、病者訪問を定期的に行い、帰天に際しては典礼上の配慮をこころを込めて行う。また、小教区として「死者ミサ」と「墓参」を行い、先人たちに尊敬と感謝をあらわす。

(7)自分たちの小教区だけに閉じ込もるのではなく、近隣の教会や世界のカトリック教会とも連携していることを体験的に認識していく。そのために地区においては共同の宣教や司牧の活動へ参加し、神学生への関心と霊的物的援助を行う。また、世界や日本国内の不幸な出来事に関心を寄せ、寛大な援助活動に参加する。小教区においてすでに定着し実績ある活動（慈善、福祉）を支援する。また、今日のカトリック教会の世界的な運動であるエキュメニズムや諸宗教対話にも、小教区レベルで取り組んでいく。

(8)信徒と一体となって福音を告げ、求道者を探しこころよく迎え入れ、誠意を込めてイエス・キリストとの人格的な出会い、洗礼へと導く。そのために熟練した「カテキスタ」を一人でも多く養成する。

2 「キリスト信者」なのであって

教会の中にはいわゆる「神父信者」といわれる人々が少なからずいるものです。司祭として、宣教師として、修道者として、学者として、あるいは教育者、福祉家として立派な司祭（神父）[7]が数多くいることは否定できません。彼らの一貫した献身ぶり、私心を離れた謙虚な生き方、深い霊性や学識ときには世間では見られない豊かな才能やカリスマをそなえた司祭たちを、カトリック教会がそれぞれの時代に次々と生み出してきたこと自体、驚くべきことでありましょう。しかし、どんなに人々のこころを捉える素晴らしい司祭であっても、彼らは決して英雄でもなければ、スターでもありません。（ときには問題を起したりつまづきを与えてしまうケースさえあります。司祭だからといって完全な人間ではないのです）

ところが一部の信徒たちはこうした立派な司祭に心酔するあまり、いわゆる「神父信者」になってしまうこともあるのです。忘れてならないのは、わたしたちはあくまで「キリスト信者」だということで、どんなに素晴らしい司祭といえども「イエス・キリスト」を紹介するだけの存在なのであって、決して教祖的な存在になることはありません。ときとして「神父信者」が、後任の司祭を排斥したり、ヒーロー神父を慕う閉鎖的なグループを作ってしまうこともあります。一方、司祭の側からすると、こうした人々に担ぎ上げられて「教祖」気分に浸ったり、教会を私物化したり自己実現の場にしてしまうとすれば、これは大きな誘惑であると言わなければなりません。キリストを伝えていると言いながら、いつのまにか「自分」を伝えてしまうからです。

しかし、「教会」は常にイエス・キリストに帰依する集団であることを忘れてはなりません。もちろん、良き司祭との出会いに感謝し、信仰上の絆を恵みとして捉え、キリストにおいて互いに励まし合っていくことは、「教会」全体にとって当然、益あることです。

同じようなことは「シスター信者」という問題にも当てはまります。どんなに素晴らしいシスター（修道女）であっても、イエス・キリストを証しする一人のキリスト信者でしかないのです。また、「修道院信者」、「学校信者」という現象も時々見られます。キリストの教会を形成する基本の「小教区共同体」に帰属するよりも、自分にとって居心地のいい「修道院」に結ばれていればそれで十分だと思ったり、また、ミッションスクール時代に「洗礼」を受けたものの卒業と同時に信仰から離れてしまうなど。こうしたことは、信徒のみならず司祭、修道者、学校側にも何らかの責任があると言われます。

修道院であれ、カトリック学校や施設であれ、特定の小教区の区域の中にある以上、「小教区共同体」の一部なのであって、それぞれの固有の使命や働きをもって、共に「地域における信仰共同体」を築き上げていかなければならないのです。したがって、洗礼のきっかけが、修道院のシスターとの出会いであったり、カトリック学校であったとしても、自分の生涯をかけての信仰の歩みと成長は「小教区共同体」においてなされていくべきことであることを、しっかり認識していきたいと思います。

理解を深めるために

「小教区」ということ

「○○教区」という場合の「教区」はもともとラテン語の「ディオチェージス／diocesis」という社会的な行政区分を意味する語で、英語では「ダイアシス／diocese」といわれる。一方、日本語で「小教区」と訳された英語の「パリシュ／parish」は、その由来をみると興味深い。「パリシュ」はラテン語の「parochia／パロキア」に由来するが、さらにその前のギリシャ語（教会の草創期の言語）では「パロイコス」に行き当たる。パロイコス↓パロキア↓パリシュ↓小教区（という訳語）。

源泉の「パロイコス」は「寄留者」を指している語で、本来、制度とは何の関係もない。「パロイコス」とはすなわち、自分の国（故郷）ではない地に一時的に身を寄せて寄留している人、寄留中の旅人、市民権を持っていない他国人のことを意味する。パウロは言う。「わたしたちの本国は天にあります。そこから主イエス・キリストが救い主として来られるのをわたしたちは待っています」（フィリピ3・20）。また「あなたがたはもはや外国人でも寄留者でもなく、聖なる民に属する者、神の家族であり…」（エフェソ2・19）と言って信徒を励ました。『ヘブライ人の手紙』では自分たちの先祖アブラハムとその子孫の信仰をたたえて「この人たちは（中略）自分たちが地上ではよそ者であり、仮住まいの者であることを公に言い表したのです。（中略）彼らは更にまさった故郷、すなわち天の故郷を熱望していたのです」（11・13～16）と記されている。

このような感覚を根本に持ち、キリストを信じる自分たちは変わらない「真の救いを目指して地上を旅しているものである」というのが、初代のキリスト信者たちの確信だった。そして「キリストを信じる自分たちはパロイコスである」という自覚は、ほどなく自分たちの信仰共同体の名前（表札）となり、長い歴史を経ていわゆる「小教区」という言葉がもつ「制度上の単位」を意味するようになった。

今日、「小教区」の本来の姿を模索するうえで、この最初のキリスト信者たちの「パロイコス」という言葉に込めた自覚を大事にし、「小教区」という単位の中味をよく味わうべきであろう。「小教区」を町内会のように見なしたり、人間的な価値観で上下関係を築く場にしてしまったり、自分の欲求を満たす場にしてしまったりと、小教区を巡るトラブルは常にあるが、それだけに原点に帰って「教会／小教区」に秘められた本来の感性を取り戻す必要がある。

しかし、「パロイコス／一時的な寄留民」だからと言って、厭世的気分に浸ったり、現実社会を嫌悪したりこの世に無関心であってもいいというのではない。「地の塩、世の光であれ」（マタイ5・13）とキリストはおおせになり、隣人愛の実践を一貫して訴え、これなしに真の救いに達することはないと強調した。自分たちが「パロイコスである」と自覚するのは、神がお与えになる目標、信仰をもって目指す本当の目標を目指して歩み続けるからなのである。たとえそれが善きことであっても地上のことを絶対視したり、偶像視したりするのではなく、変わらないもの（神の愛）を見つめてブレずに生きること――これがパロイコスであるわたしたちの本分である。小教区（パロキア／パロイコス）が「ミサ共同体」とも言われるのは、み言葉と秘跡によってイエス・キリストに出会い、歩み続けていく勇気と希望を個人としても共同体としても必要としているからである。「これをわたしの記念として行いなさい」とキリストが命じられたのは、まさにそのためなのである。

3　大祭司、預言者、王であるキリストに結ばれる

復活徹夜祭でなされた「洗礼式」のことを思い起こしてください。洗礼が授けられた後、「聖香油の塗油」が次の言葉をもってなされました。「わたしたちの主イエス・キリストの父、全能の神は、あなたがたを罪から解放し、水と聖霊によって新しいいのちを与えてくださいました。神の民に加えられたあなたがたは、神ご自身から救いの香油を注がれて、大祭司、預言者、王であるキリストに結ばれ、その使命に生きるものとなります」こう言って司式者は一人ひと

りの頭に聖香油[8]を塗ります。

キリスト教信仰とは、ナザレのイエスを「油注がれた者」、すなわち「キリスト／メシア」と認め、その後に従って生きることであると、わたしたちは学びました（『エッセンス』二一頁〜、一七〇頁〜）。イエスを「キリスト／油注がれた者」と呼ぶのは、イエス自身が「贖い／解放」の使命を父なる神のみこころと自覚し、それをなし遂げたからに他なりません。洗礼とは、その恵みに与らせていただくことです（『エッセンス』一八二頁〜）。今、洗礼を受けたばかりの人が「聖香油」を受けるのは、「キリストに結ばれ、その使命に生きるものとなる」ためなのです。贖いの恵みを受けた自分もまた、イエス・キリストと共に「贖い／解放」の使命を引き受ける――「キリスト信者／クリスチャン」と呼ばれるのはそうした理由からなのです。

「大祭司、預言者、王である」とは、わたしたちにはなじみのない聖書的な表現ですが、それはイエス・キリストの特徴と使命を簡潔にあらわすキリスト教独自の用語として、大事にされてきました。これについて少し触れてみましょう。

一つ目に、「祭司」であるとは、「神と人とを仲介する役目、橋渡しする役目」を意味します。ですからキリスト信者になった者は、出会う人々にいろいろな方法で「人生の究極目的である神ご自身との出会い」があるように祈り、その恵みが実現するように努めなければなりません。代願と仲介を行うこと、それが「祭司」ということです。

二つ目に、「預言者[9]」であるとは、神の言葉を伝える役目を意味します。聖書のメッセージ、とりわけイエスが説かれた「福音」をさまざまな仕方で伝えていくのです。

三つ目に、「王である」とは、聖書の世界では権力を振りかざすことではなく、「慈しみと英知をもって民を治める」ことを意味します。洗礼を受けてキリスト信者となった者は、イエスの次の教えをしっかりこころにとめておかなければなりません。「あなたがたの中で偉くなりたい者は、皆に仕える者になり、いちばん上になりたい者は、すべての人の僕になりなさい」（マルコ10・43～44）。自己顕示欲とは真反対の謙虚な「奉仕」をもって人々のこころをかち取ること――これが「王である」イエス・キリストにあやかることなのです。

4　ゴールを見つめて

「教会と共なる歩み」についてこれまでさまざまな視点から見てきましたが、最後にキリストの教会が「終末的希望」を生きる信仰集団であることについて考えてみましょう。

「終末的」などというと何か厭世感をさそう印象とか、破滅や滅亡のイメージがつきまとうおどろおどろしいテーマのように捉えられがちです。確かに『新約聖書』の最後を飾る『ヨハネの黙示録[10]』を読むとそのような印象を拭えません。でもこの書が訴えていることは、たとえ今（一世紀末の時代）、われわれキリストを信じる民（教会）が厳しい弾圧に耐えなければならないとしても、いつか必ず迫害するこの世の権力は倒れ、キリストが「王の王」として勝利する時が来るという希望のメッセージなのです。

「終末[11]」という言葉の代わりに「究極の」とか「とどのつまり」「最終的には」と言い直してみてはどうでしょうか。実際、人間の世界も歴史も環境も全ては有為転変としており、常に「途上」にあってどこに向かっているのか不安に満ちています。しかし、この不安こそより大いなるもの、より全体的なものへとわたしたちの目を向けさせてくれるのです。キリスト教信仰は、不安をともなう「途上」や「成り行き」を慈しみ深い「神における完成」を目指していると捉えます。わたしたち各自も社会も歴史も「旅」のようなものです。目的地があってはじめて旅は成り立つのであり、当てのない放浪とは明らかに違います。途中にはいろいろな試練や苦しみがあるものの、最終的にはゴールに帰着する。そこに至るまでの過程においては、余分なものや非本質的なものがだんだんと取り除かれ、最後に本質的なものだけが残る――聖書がいう「終末論的希望」とはこのようなダイナミズムを言うのです。「神の国」の完成というテーマはこのようなことなのです。

『エッセンス』（一九四頁）では、教会は旅するもの、絶えず自己を刷新していくものであることを学びました。究極の目的を目指せばこそ、キリストの教会は希望をもって前進することができるのです。そうした教会の中でわたしたち一人ひとりもまた成長していきます。「わたしは今日も明日も、その次の日も自分の道を進まねばならない」（ルカ13・33）と断言したイエス・キリストは、世の終わりまで常にご自分の教会に寄り添って、歩みを共にすると約束してくださいました（マタイ28・20）。そうであればこそわたしたちは希望のうちに歩み続けることができるのです。「希望はわたしたちを欺くことはありません」（ローマ5・5）。

注

(7) **司祭と神父**　カトリック教会において「司祭」とは制度的な立場（役職）を指す用語で、その中身については本文で触れた。一方、「神父」という言葉は司祭職を担う者に対する呼称で役職名ではない。キリスト教圏では早くから「父親」を呼ぶ呼称「パーテル／pater」「パードレ／padre」「ファーザー／father」をもって司祭を呼んだ。どれも親しみを込めた呼び方である。日本語の「神父」の場合、ここで使われる「神」は「神さま」の意味ではなく、「精神」の「神」と同様「こころ、心のはたらき」を意味する。「こころに関わって寄り添う父」の意味合いが「神父」という呼称に込められている。「神父さん」「神父さま」は「お父さん」「お父さま」の場合と同じく親しみと敬意が入り混じった呼称である。なお、キリシタン時代には「バテレン」と言われていたが、それはポルトガル語の「父／パーテレ／padre」のことで、日本人の耳には「バテレン」と聞こえ、「伴天連」と当て字された。「伴天連追放令」が秀吉によって一五八七年に出されたのは、バテレンと呼ばれていた教会の司祭たちの国外撤去の命令である。なお、イギリス聖公会ではカトリックと同様「司祭」

という言葉が使われているが、他のプロテスタント諸教会では「牧師」が役職名として使われている。またこの任にある者は普通「先生」と呼ばれている。

(8) **聖香油**　オリーブ油を聖別し、これを「聖香油」とするのは司教の権限で、聖週間の聖木曜日の「聖香油のミサ」で行われる。聖霊の賜物のしるしとして、洗礼、堅信、叙階、献堂式などで用いられ、また病者の塗油でも用いられる。

(9) **「預言者」**「予言者」は違う（『エッセンス』三三頁）。

(10) **『ヨハネの黙示録』**　ユダヤ教の「黙示文学」を継承しながら、ローマ皇帝ドミティアヌス（在位八一～九六）の激しいキリスト教弾圧に対抗する信仰文書。自分たちを迫害する地上の勢力は必ず滅び、「王の王」であるキリストが最後には勝利するという希望を打ち出している。特に視覚的・聴覚的イメージがふんだんに使われ幻想的な雰囲気を強くかもしだす文学的手法が駆使されている。オウム真理教が「ハルマゲドン（＝メギドの丘）」における最終戦争（黙示録16・16）の記述を勝手に利用してサリン事件（一九九五年）を引き起こしたことは記憶に新しい。

(11) **終末**　終末というと、一般に「終末医療」とか「終末論」など、時間的な終わりと結びつけられて用いられるが、聖書の世界では「時代の終わり」「最後の時代」のようにして使われる（ヘブライ1・2、一ペトロ1・20など）。ギリシャ語では「エスカトス（最後の）」、「エスカトン（最後に）」と言われ、「エスカトロジア／エスカトロジー」は神学における「終末論」を意味する。しかし、何かが破局を迎えて終わるというよりも、変わらない神の次元が、流転するこの世に代わって現れるという希望を「エスカトン／最終的に（遂に）」はあらわしている。一方、イエスは「一番上になりたい者は、すべての人の僕になりなさい」（マルコ10・44）と言い、「後にいる者が先になり、先に入る者が後になる。」（マタイ20・16）と弟子たちに諭した。「最後の／最も低い」立場を「エスカトス」と言いあらわしながら「人の子は仕えられるためではなく仕えるために、また、多くの人の身代金として自分の命を献げるために来たのである」（マルコ10・45）と言ってご自分の使命を弟子たちに打ち明けた（『エッセンス』七七頁）。

第九留

イエス、三度（みたび）お倒れになる

第二節　典礼暦を生きる

1 過ぎ越しの奥義を「暦」にして生きる

1 「暦」と言う知恵

不思議なことにどの民族や文化にも必ず「暦」があります。日本語の「こよみ」は「カ・ヨミ（数える）」に由来する言葉です。「カ」とは「日」のことで現在でも「二日」「三日」のように日の数え方に残っています。このように人間は時代と地域を超えて「日」の巡りを数えながら、人間の力を超えた秩序に自分（たち）の生活を合わせ、今居る場所と歩む方向をつかもうとしてきました（人間にとって「時間」と「空間」は切り離せません）。宇宙開発が目覚ましく進展する現代にあっても人類は、相変わらず「時」を数え、時の流れに埋没してしまわないように知恵を尽くしています。一年のカレンダー、腕時計、金融や軍事に至るまでの共通の世界時間、スポーツ界での速さを競う際の非日常的な時間の数え方、そして誕生日や結婚記念日、命日など、時間と人間は一体です。さらに、人間の身体だけでなく、植物も動物もそれぞれのいのちが「時間」を感知しながら躍動しているのは、実に不思議なことだと言わなければなりません。

2 恵みと「時」

『旧約聖書』の『コヘレトの言葉』では、人間は「時」の中に生きている以上、全てを「始めから終わりまで」見極めることができず、「時宜にかなう」ことを計らうのは神のみであると告白されています（3・1～11参照）。そしてついに、約束された神の子イエスが時間の中に人となって登場します。この方は「時は満ち、神の国は近づいた。悔い改めて福音を信じなさい」（マルコ1・15）と声を張り上げて宣教を開始されたのでした。「時は満ちた」の「時」はこの場合、カレンダーや時計で計られる客観的な時間の刻み（クロノス）ではなく、聖書の言葉では「好機」をあらわす「カイロス」が使われています。それは「時の勢いが極まる機運」「時運、チャンス」など、向こうからやって来る思いがけない「恵みの時」を意味します。先に触れた『コヘレトの言葉』で言う「時宜にかなった」神の想いの溢れの時と言うことができましょう。

この意味で「カイロス」としての時は、「時」の形をとった「秘跡」と言えます。後にあらためて触れる「秘跡」とは、目に見えない神の救いの恵み（働き）が目に見えるものを通してしるされることを言いますが、まさに「カイロス」もまた「秘跡的な性格」を帯びていると言うことができます。

わたしたちはそれぞれ自分のこれまでの歩みを振り返ると、まさにこうした「カイロス」を自分のこととして幾つか確認することができるはずです。自分に大きな影響を与えた「出会い」は、人であれ出来事であれ場所であれ、あるいは、覚醒の体験であれ、思いもよらなかった「よき時／カイロス」であったはずです。その「時」や「時期」を境に自分が変えられたからです。そうした意味で「よき時」はまさに秘跡的なのです。

3　時間の中で展開する「過ぎ越しの奥義」

イエスの十字架の死から復活のいのちへの「神的な移行」は、過ぎ越しの奥義と呼ばれ、キリスト教信仰の根源をなすことについては『エッセンス』（一七〇、二五〇頁）で学んだ通りです。わたしたちの救いを引き起こす「過ぎ越しの奥義」は、「過ぎ越し(1)」と言いあらわされ、まさに時間的な様相を帯びています。

　神の救いのみわざはイエスの「贖いのわざ」としてまさに時間の中で展開したのでした。そして、注目すべきは、信仰をもってこの「過ぎ越しの奥義」に与る者は、「洗礼／バプテスマ」を通して「よき時／カイロス」を体験し始めるのです。時の勢いとしてイエス・キリストにおいて実現した「過ぎ越しの奥義」は、洗礼を受けた者のいのちの中で「カイロス」として展開していきます。パウロはこれを「『内なる人』は日々新たにされていく」（二コリント4・16）と表現しています。

4　典礼暦ということ

「典礼暦」とはキリスト教独自の暦で、今日の市民社会で用いられている暦とは違う、信仰上の周期を指し示しています。もちろんわたしたちは一般の暦に従って生活をしていますから教会独自の暦（教会暦）は、一年を周期とする一般の暦に組み込まれた形となっています。

　典礼暦（教会暦）は、ひとことでいうなら一年という時間をかけてイエス・キリストの生涯をたどる歩みと言えます。すなわち、救い主イエスの誕生から始まって受難・十字架の死去、復活、昇天、聖霊降臨という展開をたどりながら、わたしたちの日々の生活をそこに重ね、救いの恵みを味わって行く歩みです。こうして「過ぎ越しの奥義」を頂点とする救いのみわざに、自覚を深め応えていく者とされていくのです。それはより新しくされていくこと、恵みによる変容の道、信仰の深まりを意味し、「過ぎ越しの奥義」を体現していく歩みなのです。まさに「信仰の神秘」の体験です。

注

(1) **過ぎ越し**　英語で「過ぎ越し」は、パス　オーバー／pass over、オーバー　カム／over come　と言われるが、躍動感をよくあらわしている。

2 典礼暦(2)のしくみ

1　二つの頂き

典礼暦には二つの頂きがあります。一つは「主の降誕（クリスマス）」で、もう一つは「主の復活の主日」です。日本では「クリスマス」は年末を飾る賑やかなお祭りとしてすっかり定着してしまいましたが、本来は典礼暦の大事な節目の一つなのです。二つの頂きと言いましたが、キリスト教にとって、「主の復活」を祝う方が頂きとしてもっと高いことについては、すでに『エッセンス』（一四三頁参照）で述べたとおりです。実際、イエスの復活がなかったならキリスト教はなく、「教会」も生まれなかったからです。しかし、「過ぎ越しの奥義」を達成してくださった救い主イエス・キリストの誕生なしには、「過ぎ越しの奥義」を祝うこともありません。その意味で、イエスの復活を盛大に祝い始めたキリスト信者たち（教会）が、四世紀になるとイエス・キリストの誕生（受肉の奥義）を祝い始めたのは当然の成り行きでした。こうして「受肉の奥義」を祝う「主の降誕」と「過ぎ越しの奥義」を祝う「復活の主日」は、典礼暦の二つの頂きとなり、典礼暦を支える二本の大きな柱とも言えるのです。

「頂き」と言う言葉を使いましたが、山の頂上を極めるには長い山道を歩まねばならず、頂上に立った後はまた、日常生活に戻らなければなりません。そのように典礼上の二つの頂きに至るためには一定期間の準備があり、そして頂きに立った後、喜びを噛みしめながら日々の生活に戻るのです。しかし、登山と同様、頂きを後にして山路を下る自分は以前とはもはや同じ自分ではありません。このような上り下りの期間を典礼暦では「節」と言い、「待降節・降誕節」、「四旬節・復活節」と呼びます。これらについて以下見て参りましょう。

2 待降節(3)

待降節のテーマは「待つ」ということです。ところで、この「待つ」には二つの面があります。一つは「救い主を待つ」すなわち、十字架と復活を通して「天に帰って行かれた」救い主が、再びやって来ることを待つということ（＝終末待望）です。もう一つは、時満ちて神の御子が「人となられる」こと、すなわち、救い主の誕生（受肉の奥義）を初心に帰って待つということです。「主の受肉と栄光のうちの再臨」という二重の到来(4)が「待降節」の基本テーマなのです。

普通、クリスマス・シーズンと言えば救い主の到来のみを連想してしまいますが、教会は約四週間にわたる待降節の前半（第一主日から一二月一六日まで）では、主が再びやって来ること（再臨）を待望し、後半（一二月一七日から二四日まで）では、主の誕生を待望するのです。「これからのこと（未来の再臨）」を思い浮かべながら、「すでに起こった主の誕生」を待つという発想は、面白いことだと言わなければなりません。でもよく考えてみると、わたしたちは絶えず「まだ来ていない」何かに目を注ぎ、それを希望しながら生きています。しかし同時に、わたしたちは「すでにあったこと」に制約され、それに支えられながら現在を生きています。「〈すでに〉と〈まだ〉」、「過去と未来」にはさまれて、わたしたちは「今」を生きているのです。こうした「あいだ」を生きる緊張こそが「成長」を促す原動力なのです。目を未来に向けながら「顔と顔を合わせる」救い主との決定的な出会いを心待ちにします。そして、その待望のこころをもって、すでに過去のこととなった「救い主の到来（誕生）」を初心に戻って待つのです。このような二重の待望は、現実の生きる困難さに打ちひしがれがちな自分が、何に渇き、何を目指して生きるべきかを教えてくれる大きな助けとなるのではないでしょうか。ちなみに待降節の典礼色は「紫《むらさき》」です。「待ち望む」といういくらかの不安をともなった期待のこころを暗示するものとして「紫」が使われるのでしょう。

3　降誕節とその後

イエス・キリストの誕生を祝う降誕祭は、「受肉の奥義」に触れる「カイロス／恵みの時」です。救い主の誕生によって、人類に真の希望の道がひらかれた――その喜びを噛みしめるときで、典礼色はこれまでの紫から「白」に変わります。

わたしたちの社会では一二月二五日のクリスマスが終わると、あわただしく次の「大晦日と正月の行事」にとりかかり、クリスマスの喜びなどもう見向きもされません。しかし、教会は「降誕節（約二週間ほど）」をもって、神の救いの計らいがイエス・キリストにおいて具体化し、時空を超えて動き始めたことを再確認するのです。降誕節中の「主の公現／エピファニア」[5]の祝祭はそれを象徴するもので、異国の賢者たちが救い主イエス・キリストを礼拝するために、星の導きをたよりに遠路はるばるやって来た伝承（マタイ2・1〜12）に基づく祝祭です。言語や文化の違いを超えて、イエス・キリストの福音は普遍であることをこの伝承は物語っています。この祝祭は、キリスト信者として救い主の誕生を祝うわたしたちにも強いメッセージを放っていると言わなければなりません。そして、この降誕節は「主の洗礼」の祝日をもってしめくくられます（イエスの洗礼については『エッセンス』四六頁参照）。

このように、救い主の誕生は「過ぎ越しの奥義」の始まりを意味し、降誕節はこれに気づきながら喜びと感謝を味わう時期であることが分かります。「神が人となり、それによって人間は神の子とされる」。御子の誕生によって引き起こされた神と人間との相互の交流を「聖なる交換[6]」と呼んだほど、教会は救い主の誕生を神の愛が輝き出た「カイロス」であると賛美したのです。まさに「神は、その独り子をお与えになったほどに、世を愛された。独り子を信じる者が一人も滅びないで、永遠の命を得るためである」（ヨハネ3・16）との聖書の証言通りです。

さて、「主の洗礼」を境に、典礼暦は通常の歩みに入ります。年間第○○の主日と数えられる歩みで、「灰の水曜日」までの五～九週間にわたる期間です。通常の典礼色は希望をあらわす「緑」です。

4　灰の水曜日から始まる「四旬節[7]」

先に典礼暦には二つの頂きがあると言いました。「主の降誕（クリスマス）」という頂きの他にもう一つの頂き、すなわち、「主の復活の主日」があるからです。「降誕祭」の準備期間として「待降節」があったように、「主の復活の主日／復活祭」にもその準備として「四旬節」という四〇日間の長い準備期間があります。イエス・キリストの死と復活（＝過ぎ越しの奥義）というもっとも大切な出来事を記念するための準備の日々です。四旬節の典礼色は「紫《むらさき》」で、それは苦しみや回心を象徴する色です。

四旬節は「灰の水曜日」をもって始まります。ユダヤ教の伝統を引き継ぎ、回心のしるしとして灰[8]を額や頭に受けて、福音に従う生活に立ち返るこころを新たにする、おごそかな出発です。四旬節は回心、すなわち、神に立ち返る「とき／期間」ですが、それは「祈り、断食、施し」という信仰実践によって具体化されるのです。「祈り」は神との関わりを取り戻し、それを深めようとする決意。「断食」はさまざまな我欲によって振り回されバラバラになった自分を節制をもって取り戻すこと。「施し」は弱い立場にある人々への思いやりを隣人愛の実践によって取り戻すこと。これらは「祈り、断食、施し」というスローガンにまとめられます。四〇日の長い日々、キリスト信者はこのスローガンのもと、もう一度信仰実践の基本に励み、信仰に生きる恵みをつかみなおすのです。そのため教会は父なる神に「四旬節にあたり、罪深いわたしたちは節制によって思いあがりを正し、あなたの慈しみにこたえて貧しい人を助け、悔い改めのわざを通して感謝をささげるよう招かれています」（四旬節のミサの叙唱より）と呼びかけ、自覚を深める力を願うのです。

5　四旬節と洗礼志願者

教会の歴史を振り返ると、復活祭に至る準備期間に関しては、時代や地域によってさまざまな慣習の違いがありましたが、結局、今日の形に統一されました。四旬節には大きく二つの意味があります。

一つは、四旬節が「復活祭を準備するための期間」だということです。六週間という四旬節の長さは、復活祭が長い準備をかけて迎えるべき大事な祝祭であることを物語っています。この間にどのように準備に励むべきかについては、先に述べた通りです。

二つ目は、この四旬節が、洗礼志願者にとって特別な期間だということです。長い準備をしてきた洗礼志願者は、復活徹夜祭（聖土曜日の晩）の洗礼式に向かって最後の仕上げに入ります。すなわち、自分が所属することになる信仰共同体に紹介され、特別に祈ってもらうのです。また、早く信仰共同体に慣れるために兄弟・姉妹たちと親しくなり、一緒に「ミサ聖祭」に参加するようにします。

このような二つの目的を目指して四旬節は、聖週間(9)を迎えいよいよその頂点に向かうのです。

6　聖週間と「聖なる三日間」

なぜ「聖週間」と呼ぶのでしょうか。それは人となられた神の子イエス・キリストが、地上で過ごされた最後の一週間だからであり、しかもその間にイエスが自分の使命と自覚していた「贖い」の出来事が起こったからです。聖週間の中でも特に木曜日、金曜日、土曜日を教会は、「過ぎ越しの聖なる三日間」と呼んで非常に大事にします。この日々こそが一年の典礼暦のクライマックスです。「三日間」の典礼は、一つの流れとして展開されます。それは時間の経緯の中で「過ぎ越しの奥義」があらわれ、輝き出たことを追体験するためなのです。以下、三日間の典礼を区切って述べてみましょう。

(1)聖木曜日

「聖なる三日間」の典礼は、まず木曜日の晩の「主の晩餐の夕べのミサ」で始まります。典礼色は喜びをあらわす「白」です。最後の晩餐については、『エッセンス』（一一九頁〜）ですでに学びましたのでここでは省略しますが、この「夕べのミサ」では、イエスが弟子たちの足を洗ったことが儀礼的に再現され、その間に「愛あるところ神あり」の聖歌が歌われます。聖木曜日のこのミサには、へりくだりの手本とご自分を聖体の秘跡として残されたイエス・キリストの愛が彷彿《ほうふつ》としています。ミサが終わると、明日の典礼のために聖別された聖体が小聖堂の聖櫃に移され、人々は聖体におられるイエス・キリストと対面し静かに祈ります。同時に、祭壇を覆う布もろうそくも全て片づけられ、十字架像などは紫の布で覆われてしまいます。こうして通常とはちがう緊張に満ちた節目に教会は向かっていくのです。

(2)聖金曜日[10]

「聖金曜日」と呼ばれるこの日には、一年で唯一「ミサ聖祭」が行われません。典礼色はイエス・キリストの受難と深い愛を象徴する「赤」です。この日の典礼は「ことばの典礼」、「十字架の礼拝」、「交わりの儀」の三つの部分から成っています。教会はこの典礼をもって、救いの歴史におけるキリストの受難と死の意義を想起し、復活の希望のうちに十字架の勝利をたたえるのです。

沈黙の中を入堂した司式司祭は、祭壇の前でひれ伏し、会衆もしばし深い沈黙の時を過ごします。受難と十字架の死に向かうイエス・キリストを偲ぶのです。二つの聖書朗読に続いて『フィリピの信徒への手紙』（2・7～9）に記されたあの「キリスト賛歌」が歌われ、そして、『ヨハネ福音書』によるイエス・キリストの受難記事（最後の晩餐後から埋葬まで）が朗読されます。イエスを含め登場人物がそれぞれ割り当てられて朗読されるのは、長い教会の伝統であり、それによってイエス・キリストの受難をこころにしっかり思い巡らそうとするのです（バッハの有名な『ヨハネ受難曲』はこれを踏襲したものです）。これが終わると一〇を数える「盛式共同祈願」がなされますが、これは普段のミサにおける共同祈願の原点です。これらは全教会ならびに人類という視点からの荘厳な祈りで、イエス・キリストの贖いの普遍性を信じて祈るキリスト信者の叫びがそこにあります。

その後、司式司祭は十字架像を高くかかげ「見よ、キリストの十字架、世の救い」と高らかに歌い、「共にあがめ、讃えよう」と会衆が唱和し「十字架礼拝」がなされます。その間、「十字架賛歌」と「とがめの交唱」が繰り返し歌い続けられイエス・キリストのこころを偲びます。

最後に「交わりの儀」に入ります。「ミサ聖祭」がなされない代わりに、昨日の聖木曜日のミサで聖別された聖体を共に拝領して、聖金曜日の典礼が終了します。神の子イエスの受難と十字架の死の重さを厳粛に感じさせる味わい深い聖金曜日の典礼です。

(3)復活徹夜祭[11]（聖土曜日）と復活の主日

この日の典礼の大きな特徴は「洗礼式」が行われることです。「復活徹夜祭」と呼ばれてきたのは、古代教会において、イエス・キリストが「朝ごく早く、日が出る頃に復活された」（マルコ16・2〜参照）ことにちなんで夜を徹して復活祭が祝われたからです。また、それに合わせて「洗礼式」が「鶏が鳴く頃」、すなわち太陽が昇る頃になされたのでした。それによって洗礼を受ける本人が、新たに出発することを深く実感したのです。現在は、徹夜で典礼がなされることはありませんが、「復活徹夜祭」という名称は大事にされたままです。この典礼の色は勝利と喜びを象徴する「白」です。復活徹夜祭の典礼は四つの部分から成っています。「光の祭儀」、「ことばの典礼」、「洗礼式」、「感謝の祭儀」の四つです。

さて、灯りを全て消した中で、まず「光の祭儀」が始まります。「復活ろうそく」と呼ばれる大きなろうそくに灯がともされ、次の祈りが司祭によって厳かに唱えられます。

「キリストは、きのうと今日。始めと終わり。アルファとオメガ。時間も永遠も彼のもの。栄光と支配は彼に、世々とこしえに。アーメン」、「その聖なる傷によって、わたしたちを支え、守ってくださる主・キリスト。アーメン」

光がともされ、その年の年号が刻み込まれた復活ろうそくは、光としてわたしたちに寄り添いともに歩んでくださるキリストのシンボルとして、静かに会衆の中を運ばれていきます。その間に復活ろうそくから取られた灯が、侍者によって会衆の一人ひとりが手にする小ろうそくにともされ、光の渦が次第に広がっていきます。司祭が「キリストの光」と声を上げると、会衆は「神に感謝」と応えて「世の光」（ヨハネ8・12、12・46）として来られたキリストを荘厳に賛美します。

「復活賛歌」が荘厳に歌われた後、「ことばの典礼」に入り、救いの歴史を振り返るため旧約聖書の幾つかの箇所が読み上げられます。そして、ついに福音書に記されたイエス・キリストの復活の記事が読み上げられるのです。

さらに典礼は「洗礼の儀」へと移り、まず、洗礼志願者が紹介されます。諸聖人の取次ぎを願う「連願」、「水の祝福」、「悪霊の拒否」、「信仰宣言」と続き、そしてついに代父、代母の立ち会いのもとで「洗礼」がとり行われます。この時のために長い準備をしてきた本人のみならず、それを見守る会衆にとっても深い感動に包まれるときです。「聖香油」、「白衣」、「ろうそく」、「洗礼名の授与」に続いて、すでに洗礼を受けて「復活徹夜祭」に参集する会衆は「洗礼の約束の更新」をして、「洗礼の儀」が終了します。

そして復活徹夜祭は荘厳な「感謝の典礼／ミサ聖祭」に移っていきます。このときのミサこそが、通常の主日毎の「ミサ聖祭」の原点であることを、参列者はあらためて実感します。なぜならば、「ミサ聖祭」とは主の過ぎ越しの奥義を記念し感謝することであり、まさに主日ごとのミサ聖祭は復活徹夜祭で祝うことの延長なのですから。

翌朝のミサは「復活の主日」と言われますが、徹夜祭が終わったために「早朝のミサ」あるいは、「日中のミサ」とも呼ばれます。

クリスマス（降誕祭）と同様、復活祭（イースター）も喜びの日ですからさまざまな形のお祝いが人々の間でなされてきました。中でもゆで卵に絵柄をほどこした「イースター・エッグ」は、卵が孵化してヒヨコという新しいいのちの姿が現れる不思議さを暗示しています。昔の人々が「復活」の恵みと喜びをあらわした名残りです。

7　復活節と聖霊降臨の主日

復活の主日後から五〇日間にわたる「復活節」が始まります。主の「過ぎ越しの奥義」をしみじみ味わい、自分の人生は約束された永遠のいのち（復活のいのち）を目指す歩みであることを自覚し、生きる力や希望を強めていく時期です。この間に洗礼を受けたばかりの新しいキリスト信者のために、祈りが捧げられ、洗礼後のケア（育成）がなされます。この期間の典礼色は「白」です。

そして、五〇日目に「聖霊降臨の主日」[12]が盛大に祝われます。ギリシャ語で「ペンテコステ（五〇日目）」と呼ばれる聖霊降臨の日は教会誕生の時とされ、キリストの教会と信仰の喜びが民族や言語などの違いを超えて広がっていく始まりと理解されてきました。この日には「赤」が典礼色として用いられますが、それは炎のような形で聖霊が弟子たちの上に降ったことにちなみます（使徒言行録2・3）。

この「聖霊降臨の主日」をもって「復活節」が終了します。振り返ってみれば「灰の水曜日」から数えて「聖霊降臨の主日」までは約九〇日間の日々で、一年の四分の一に当たります。教会にとって「過ぎ越しの奥義」がいかに大事なことであるか、準備も含め典礼上の期間の長さはそれを示唆しています。

8　「年間の主日」ということ

「聖霊降臨」の祝祭が終わると、典礼暦は再び通常の歩みに戻り、約二五～二八週間の長い期間が始まります。先に指摘したようにこの期間の典礼色は希望をあらわす「緑」が使われます。

この間に一一月一日には「諸聖人」の祝日があり、同じ信仰を生き抜いた先人たちを寿ぐ日とします。そして、翌二日は「死者の日」と呼ばれ、この日に墓参をして先だった人々の浄めを祈ります。このようにして現世に生きているわたしたちも、すでに他界した人々も神の愛の内に連帯していることを教会は表明し、それを「聖徒の交わり」と呼んで大事にしてきました（『エッセンス』二三七、二四三頁）。

さて、長かった年間主日の歩みの最後は、「王であるキリスト」と呼ばれる主日でしめくくられます。「王」と言うのは政治的な用語ですが、しかし、キリスト教はあえてこの「王」という語を信仰をあらわすためにイエス・キリストに使ってきました。すなわち、復活の後天に上げられたキリスト（マルコ16・19）は、あらゆる破戒的な力、罪がもたらす滅びと闇の力に勝る主権者であると理解され、「王」と呼ばれてきました。教会はこうして救い主イエス・キリストを「王である」と告白して、長い典礼暦の一年の歩みを結ぶのです。

そして、典礼暦は再び振り出しに戻り、教会は初心に立ち返って「待降節」を始めていきます。

9　典礼暦を生きるとは「聖化」されていくこと

「聖化」とは、聖書に基づくキリスト教信仰において極めて大切なテーマです。それは『エッセンス』（一九六頁）でも述べたように、「神のものとされる」ことを意味しています。「道・真理・いのち」（ヨハネ14・6）であるイエス・キリストの福音に従って歩み、彼に「倣って生きる」とき、人は神とのいのちの交わりを生き、変えられ、神のものとされていくのです。洗礼の恵みを受けてキリスト信者となった人は、そのスタートをもって「聖化」の道を歩むのです。

今、「典礼暦によって教会と共に生きる」というテーマを閉じるにあたって、あらためて人間が「暦」のサイクルをたどりながら生きる不思議さに気づかされます。時間に節目をつけて歩みながら人は自分のいのちを確かなものにしていきますが、さらに教会の典礼暦をもって歩むとき、ただ同じことを繰り返すのではなく、神に向かって上昇していくのです。なぜならば、典礼暦はキリストによって開示された「過ぎ越しの奥義」を「暦」をもって実際にたどる知恵なのであり、信仰者は毎年それを教会とともにたどりながら、「過ぎ越しの奥義」そのものに分け入っていくからです。それは、言うなれば永遠のいのち（＝救い）に向かう上昇のラセン状の道と言えましょう。繰り返し、繰り返し「過ぎ越しの奥義」の節目、節目を辿りつつ、わたしたちはゆっくりと変えられ「聖化」されていきます。人間は成長していく「ペルソナ存在」であることについて、本書の第一部ですでに見たわたしたちですが、まさにそれが典礼暦を生きることによっても確認されていくのです。

『ヨハネ福音書』では「ことば（ロゴス）の内に命があった」（1・4）と言われ、さらにこの「ことば（ロゴス）は肉となって、わたしたちの間に宿られた」（1・14）と証言されています。「受肉の奥義」です。一方、わたしたち人間の方からこの「過ぎ越しの奥義」にこたえていくとき、「肉」[13]であるわたしたちは、「ロゴスの受肉」とは逆方向をたどることになるのです。すなわち、「神の子」とされる、「聖化される」ということです。「教会と共に生きる」とは、典礼暦をラセン的にたどることによって「聖化」の道を歩んでいくことに他なりません。

注

（2）**典礼暦**　この項は『キリストの神秘を祝う―典礼暦年の霊性と信心―』（日本カトリック典礼委員会・編、カトリック中央協議会）を主に参照した。

（3）**待降節**　プロテスタント教会では一般に「待降節」を「アドベント／advent（英語）」と呼ぶが、それはラテン語の adventus に由来し、「到来」を意味する。キリストの再臨は「第二の到来／Second Advent、

Second Coming」と言われる。

（4）**二重の到来**　アドベントは「到来」を意味する。古代のキリスト信者たちはこの「到来」に二重の意味を込めていた。一つは、イエスが約束なさった「再臨」の意味で、とくにパウロも含めて教会の初期においてはこれが強く待望されていた。もう一つは救いの歴史において聖書の民が待ち続けた真の「救い主の到来」という意味である。教会はこの二つの到来を「アドベント」の語に託し、典礼暦の「待降節」という「とき」を過ごすことによって、自分たちが神の大いなる計らいの中に置かれていることを実感しようとした。

（5）**主の公現／エピファニア**　聖書の言葉の「エピファニア」は神の顕現をいうときに使われる。今や、人となられた神の子・イエスは東方からやって来た賢者たちにも「救い主」としてあらわれたというのが「主の公現祭」のメッセージである。ちなみに、東方の賢者（占星術の学者）たちは「三人の博士たち」と言われるが、聖書には「三人」とは書かれておらず、それは民間伝承によるものである。やがて三人の名前は「カスパル、メルキオール、バルタザール」であったとされ、ゲルマンの世界では家の戸口にこの三人の名前を記して「公現祭」に家を祝福する習慣が生じた。

（6）**「聖なる交換」**　ラテン語で「サクロサンクタ　コンメルチア／sacrosancta commercia」と表現され、それは極めて神聖な交流（交換）を意味する。すなわち、神のイニシアチブによる人間との名状しがたい交流、交渉を言わんとする。

（7）**四旬節**　「受難節」とも呼ばれる。

（8）**灰**　この灰は、前年の「受難の主日」に祝福された枝を燃やしてできたものである。司祭はこの灰を一人ひとりの信徒の額や頭に授けながら「回心して福音を信じなさい」、あるいは、「あなたは塵から造られ塵に帰るのです」という言葉をかける。

（9）**聖週間**　四旬節の最後を飾る一週間で、イエス・キリストのエルサレム入城を記念する「受難の主日（枝の主日）」からの一週間を指す。文字通り、イエスにとって地上での最後の日々で、この間に彼の最大の使命である「贖い」のみわざがなされた。

（10）**聖金曜日**　『聖週間の典礼』（オリエンス宗教研究所）を参照。

（11）**復活徹夜祭**　『聖週間の典礼』（オリエンス宗教研究所）を参照。

（12）**聖霊降臨**　『エッセンス』一九〇頁～参照。

（13）**肉**　聖書で「肉」というとき、主に、滅びゆく罪深い人間存在を意味している。特にパウロはこの言葉を頻繁に用いて、神に救われるべき人間とその状態を指すことを好んだ（『エッセンス』二四三頁参照）。

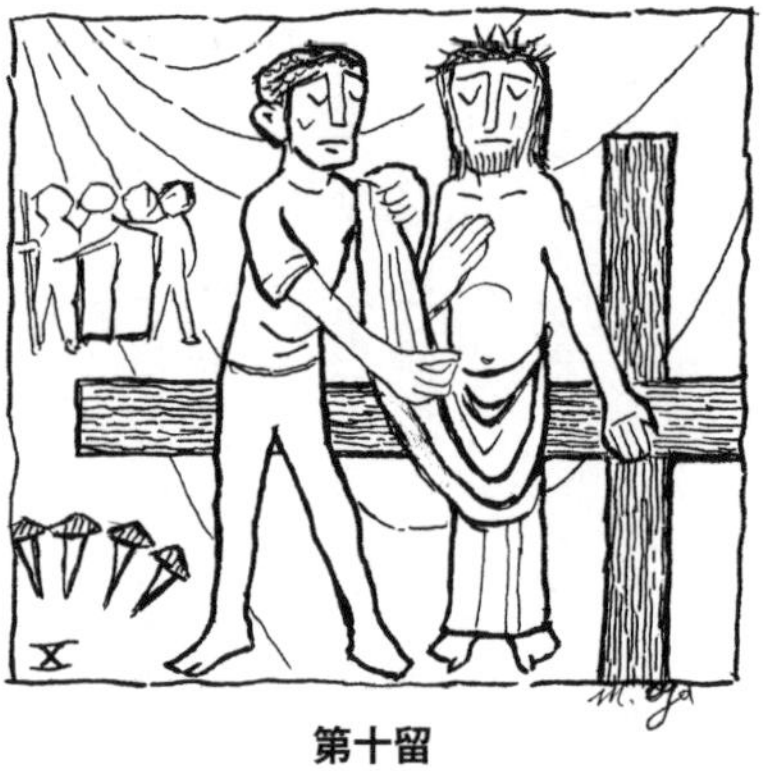

第十留
イエス、衣をはぎ取られる

第四章

み言葉と秘跡

「み言葉」と「秘跡」。この二つのテーマをよく理解しておくことによって、わたしたちは「過ぎ越しの奥義」にいっそう生き生きと参与していくことになるでありましょう。

そもそもキリスト信者はなぜ「聖書」をこれほどまでに大切に尊ぶのでしょうか。「ミサ聖祭」で聖書を朗読した後、「神に感謝」と会衆は応唱しますが、なぜなのでしょうか。また「聖書を読む」という言い方をよく耳にしますが、それはどういうことなのでしょうか。

また、カトリック教会（東方教会も含め）は、聖書とならんで「秘跡」を極めて重んじます。洗礼は言うに及ばず、主日ごとの「ミサ聖祭」は教会そのものを支える大事な秘跡（＝聖体の秘跡）として大切にされてきました。とするなら、「秘跡」とはそもそも何なのでしょうか。

「み言葉」と「秘跡」――「信仰の神秘」を生きるために、この二つのことをよく理解しておく必要があります。知的な理解を踏まえて体験的な理解を深めていくこと。これが「信仰」を生きる力の源泉となるのですから。

第一節　み言葉に生きる

1　聖書を読むとは

1　仏典や祝詞の扱い

わたしたちの周囲のほとんどの人は「あなたの宗教は何ですか」と聞かれれば「仏教です」という答をしますが、この人々は「仏典を読む」ということはまずありません。それでも「仏典」を尊いものとみなしているようです。普通人々は「仏典を読む」とは言わずに「読経《どきょう》」と言います。すなわち、生活の場で「お経」に書かれていることを自主的に読んで、そこに書かれたことを自分の問題として理解しようとするよりも、漢訳された経典を僧侶がそのまま独特の調子で読み上げることを指しています（時には、個人や家族で読経して「お勤め」を果たすこともありますが）。とにかく読み上げられている内容が分からなくとも「あり難いこと」として黙って拝聴するという一種のセレモニーです。

また、神社で「お祭りや神事」の際に神主が読み上げる「祝詞《のりと》」についても同じようなことが言えます。こちらは古い和語で荘厳に読み上げられる祈りですが、それを生活の場で人々が一緒に唱えたり、信仰実践のためにそこに書かれていることを学ぶということは、普通ありません。

こうした日本の宗教的環境からすれば、わたしたちキリスト信者の「聖書」の扱いは、独特だと言えましょう。

2　「聖書を読む」とは

「わたしも聖書を読んだことがある」という人が世の中には少なくありません。多くの場合、本屋の店先で聖書をパラパラと立ち読みするとか、気の向くままに飛ばし読みするとか、気に入った個所をみつけたということのようです。また、聖書研究会に出席して聖書のある部分の講釈を学んだり、書籍やインターネットを介して聖書に関する知識を増やすことが一般的に「聖書を読む」ことだとされています。

一般的に「聖書の世界」は日本人の生活とはかけ離れた世界であるだけに、ある人にとっては興味の尽きない世界です。今日の情報伝達の目覚ましい進歩は、聖書にまつわる広範な情報や知識を容易に手に入れる可能性を広げてくれました。考古学的資料や聖書にまつわる地図がコンピュータ・グラフィックを駆使して詳細に示されたり、検索システムを使って聖書の語彙が瞬時に閲覧できたりなど、一昔前には考えられなかったほど便利になりました。しかし「聖書の世界」を理解するということは容易なことではなく、あいかわらず「聖書はよく分からない」というのが人々の正直な感想のようです。こうした状況の中にあって、「聖書を読む」とは、いったいどういうことなのでしょうか。このことを考えてみましょう。

3　聖書は即効的な処方箋なのではない

聖書は他の古典と同様、読む者に何らかの素晴らしいインスピレーションや気づきを与えることは否定できません。しかし、ある人々は「聖書」というとそこに書かれている文言や文章の一つひとつの言葉（単語）そのものが「聖」なるもので、何か神秘な霊力がそこに潜んでいるかのように考えています。「神の言葉」などと言われれば、ますますその印象を強くしてしまうのでしょう。例えば、「疲れたときのみ言葉」「慰めが欲しいときのみ言葉」「元気をもらいたいときのみ言葉」「奇跡が欲しいときのみ言葉」など、何か即効薬の処方箋かのように聖書が扱われることがあります。しかし、聖書とはそれ自体にパワーがある呪術的な書物なのではありません。また、キリスト信者が口にする「み言葉」という言葉づかいにも注意が必要です。日本では普通「お（御）言葉」と言っても「み言葉」とは言いません。キリスト信者が「み言葉」と言う場合、そこに信仰が込められてのことです。すなわち、「聖書」と名指される書物とは「信仰の書」なのであり、そこに語られ記されたことに救いの確かなメッセージがあると悟り、信じたればこそ「み言葉」と敬意を込めて呼ぶのです。求めて止まない「救いの渇き」がこの「書」に記された文言によって満たされ、おびただしい人々に読み継がれてきた信仰証言集。それが「聖書」と呼ばれ、信じるに値することとして「み言葉」と言われてきたのです。そして大事なことは、キリスト信者にとって「み言葉」であるという確信の根本はイエス・キリストという存在にあります。そのため、いわゆる民族宗教であるユダヤ教の正典のおびただしい信仰証言（＝『旧約聖書』）とイエス・キリストの言葉と行動、さらにイエス・キリストを巡る最初の信仰告白（＝『新約聖書』）とは同列なのではありません。アブラハムとその子孫たち（ユダヤ人）の歩みはイエス・キリストを目指していたからです。そのため、「聖書」は『旧約聖書』（＝ユダヤ教の聖典）と『新約聖書』（＝キリスト信者の信仰）の二つの部分から成り立っています。もちろんわたしたちキリスト信者にとって『旧約聖書』は『新約聖書』の大いなる下準備でありながら、両者は深くつながっていると見なしています。大きく言うならば「ユダヤ教」という民族宗教という豊かな土壌に「キリスト教」という世界宗教（普遍宗教）が開花したのです。キリスト信者が「聖書」を「み言葉」というのは、そこに記されたメッセージに文化や人種の壁を超えて人類の真の救いの在りかが示されているからです。

4　聖書を「理解」するとは

「聖書」を知的に（学問的に）扱えばきっと豊かな情報や知識を得、聖書をより深く「理解する」ことに役立つことでしょう。しかし、聖書の知識をどんなに積んだとしても、それだけでは「聖書を読んだ」ことにはなりません。「聖書」を読む目的はそこに書かれているメッセージを自分（たち）のこととして受け止めていくことにあるからです。このことを今『新約聖書』に的をしぼって考えてみましょう。

「聖書」とは、根本的に「信仰の書」で、文学作品でもなく歴史書でもありません。「わたしたちはこのような確かな希望をつかんだ」「わたしたちはこのようなことを信じるようになった」「こうしてつかんだ信仰を分かち合い、共に喜びたい」――こうした呼びかけを文字で書き記したもの、それが「聖書」という書物です。『ヨハネの第一の手紙』にこうあります。

「初めからあったもの、わたしたちが聞いたもの、目で見たもの、よく見て、手で触れたものを伝えます。すなわち、命の言について。――この命は現れました。御父と共にあったが、わたしたちに現れたこの永遠の命を、わたしたちは見て、あなたがたに証しし、伝えるのです。（中略）わたしたちがこれらのことを書くのは、わたしたちの喜びが満ちあふれるようになるためです」（1・1〜2、4）

ここでは知識や教養としての「聖書」の扱いとは無縁の世界があります。「信仰告白」の中味へと人々を招き入れ喜びのうちに理解を共にすることが「聖書」を記したことのねらいだというのです。しかもこの「理解」は、「人格的な理解」「体験的な理解」を目指します。まさにヨハネが言う「聞いた、目で見た、手で触れた」体験の連鎖への招きです。

5　『新約聖書』に向き合う

『新約聖書』は、大小二七の信仰文書から成りたっています。イエスの言動を記した四つの「福音書」、最初のキリスト教徒の共同体の誕生と成長を記した『使徒言行録』、パウロをはじめ使徒たちのさまざまな書簡、そして迫害下で書かれた希望を喚起する『ヨハネの黙示録』から成っています。これらはそれぞれ文体や形態が違いますが、ただ一つのことだけを訴えています。それは「ナザレのイエスこそ真の救い主・キリストである」という信仰です。この訴えをいかに理解するか、すなわち、自分自身への呼びかけとして受けとめ、どう応えていくか――これが「聖書を理解する」ということであり、まさに「聖書を読む」ことの本来の姿なのです。

また「聖書を読む」とき、ただ文字づらと格闘するだけでは足りません。外側からあれこれと理解しようと努めるのではなく、聖書を生み出した人々、すなわち、聖書を自分たちの信仰告白の書として生み出した人々の中に身を置いて初めて、何かが見えてくる（分かる）のです。信仰告白の連鎖、すなわち、人から人へと受け継がれてきた「信仰の共同体（＝教会）」の目線に近づくことによって、「聖書」に記されたメッセージが何であるかを理解することになるのです。

このため、「キリストの信仰共同体／教会」と、その共同体が生み出した「聖書（信仰証言集）」とは切り離すことができません。「聖書」は根本的に「キリストを信じた人々（キリスト者）」のものなのであり、かつてオウム真理教がやったように、聖書の一部の文言を切り取って自分たちの都合のいいようにつなぎ合わせて使えるようなものではあり得ません。

6 信仰は生き方の問題

信仰告白は「情報」なのではなく、生き方の問題です。イエスとの人格的な出会いを得た人々は「イエスはキリスト（真の救い主）である」という信仰体験を持ち、それは大いなる発見と生き方の変化をもたらしたのでした。それは「愛とゆるし」という体験であり、そこにイエスと出会った人々は「救い」を見出したのです。これまではどのような自分であったとしても、イエス・キリストにおいて「愛とゆるし」を示した神の前に本当の自分を見出し、自分もまた「愛とゆるし」へ向かって解き放たれ、勇気をもって新たに生き直すことができるようになった。イエスとの出会いによってこのような生き方をつかんだ自分たちの喜びを、どうにか伝え広げたい――これが「イエスをキリストと信じる」信仰であり、それをさまざまのスタイルで文書化したものが「聖書」なのです。

このように見てくると、「聖書を読む」ということは、イエスを「キリスト」と告白する招きにこころを開き、自分が変えられることを目指すことだと言えます。まさに生き方の変化によって、「自力」の生き方から大いなる御者（イエスが「父」と呼ばせた神）の力添えという「他力」に身を委ねて生きるということです。「聖書を読む」とは、こんなにまで奥の深いことなのです。

2 聖書体験

1 「聖書」は「読む」よりもまず「聴く」もの

ところで、これまでずっと「聖書を読む」と言ってきましたが、「聖書」を生み出したキリストの共同体（＝教会）から見れば、これはあまり正確な表現とは言えません。なぜなら「読む」

というより「聴く」というのが「聖書」に対する本来の姿勢なのですから。それはどういうことなのでしょうか。

初期・古代の教会では、主日ごとに行われた「感謝の祭儀（＝ミサ聖祭）」において、読み上げられる信仰告白書（聖書）にひたすら耳を傾け、イエスが語った言葉だけでなく、弟子たちやイエスに出会った人々の信仰告白に触れようとしたのでした。各自が書かれたものを目で読んで情報を得るというのは、一五世紀中頃にグーテンベルクの印刷機が登場し、その結果、識字率が徐々に上がる近世以後のことです。それまでは「語り部《かたべ》」に耳を傾けることによって、人々は語られたことを共有していたのであり、日本でも歴史をさかのぼればまさにそうでした。成文化される前には確かに「語られていた」のです。イエスについて全身全霊で語った弟子たちに人々は耳を傾けていたのでした。語られたことが成文化され、今度はそれが読み上げられ、そして聞く――こうした成り行きを見ると「聖書を読む」「読んで学習する」という営みはずっと後のことだと言わなければなりません。

このようなわけで、聖書の朗読に耳を傾けること――これが、カトリック教会の典礼で引き継がれてきた「聖書を聴く」という伝統なのです。そのため「聖書朗読」という奉仕は、極めて重大な任務でした。読み上げられるイエス・キリストご自身の言葉やイエスを信じた人々の信仰証言に共に耳を傾け、自分（たち）が受けた信仰を確認し、あるいは軌道修正しながら、イエス・キリストとの出会いをさらに深めること。これが、「聖書」を生み出した教会の「聖書」に対する根本姿勢なのです。

したがって、「聖書」は元来「個」よりも、「交わり／連帯」という性格を強く帯びている書と言えます。「聖書」に記された信仰告白、信仰証言は、常に「わたしたち」が前提とされ、その中でこの「自分」が育まれ護られ成長していくのです。そう考えると、ミサ聖祭での「聖書朗読」の間、当日の聖書配分が記されたパンフレットの文字を一生懸命目で追うという奇妙な慣習は、残念な現象と言わなければなりません。本来、「聖書は語られることにじっと耳を傾けて聴くべきもの」なのに、聖書の箇所を目で追うのは、日本の仏教儀礼において「読経」がなされる間、せめて漢訳されたものを目で追っていくという（一部の人々の）慣習のためなのでしょうか。

理解を深めるために

「聖書を読む」という発想について

(1)キリスト教の長い歴史を振り返ると常に「言語の問題」がつきまとう。すなわち、普遍的な福音の教えをどのようにさまざまな言語をもって広めていくかという問題である。教会の草創期から四世紀頃までの間、当時の地中海世界はヘレニズム（ギリシャ）文化圏のもとにあり、そのため『新約聖書』はギリシャ語で書かれ編纂された。また、教会の祈りも典礼も神学的探求も社会の公用語であったギリシャ語でなされたのである。三一三年のコンスタンティヌス大帝によって「ミラノ勅令」が発布されたのを契機に、キリスト教はローマ帝国の国教化の道を歩みだす。それにともない四世紀から西方でもキリスト教化が急速に広まった。西方のキリスト教世界ではラテン語が公用語となるにつれ教会でもそれが基本となり、中世末期までこの状態が続いた。しかし、八〇〇年にゲルマン社会の王カール大帝（七四七～八一四）が神聖ローマ皇帝になるとこれまでのギリシャ語、ラテン語に加えゲルマン系の言語も教会内で力を持つようになり、いわゆるロマンス語（ラテン語系の言語）とならんでヨーロッパ世界における有力な言語となった。

(2)教会は信仰の一致を保つためにラテン語を教会の公用語としたものの、時代が進むにつれ人々はもはやラテン語を解することができなくなり、ラテン語の聖書やミサなどの典礼は日常から遊離していった。しかもどの言語であれ当時の人々の識字率は極めて低かったことを忘れてはならない。こうした現状を踏まえ、聖書の教えは「宗教画」として聖堂の壁を豊かに飾った。ミサではラテン語の聖書朗読の後に司祭が民衆言語（日常の言葉）で説教し、「宗教画」の絵解きに励んだ。一方、「ゆるしの秘跡」は民衆言語でなされたため、主体的な信仰が育っていったことも見逃せない。権力者たちはラテン語をもって外交をなし、法律を定め、商人たちはラテン語で商業取引を行った。また、各地の大学はラテン語を共通語として用いていたため、神学・哲学、法学、医学や天文学などの全ての分野にわたって学問的交流が活発に展開した。文学の世界でもラテン語が主流であった。

(3)中世半ば頃からヨーロッパ各地で（特にゲルマン語圏、スラブ語圏で）、自分たちの民族言語による聖書が翻訳されたが、教会の中枢部（教皇庁）は、教会の一致を崩すものとしてこれを警戒した。マルチン・ルター（一四八三～一五四六）によって口火を切ったいわゆる宗教改革運動は、それまで一五〇〇年にわたって築かれてきた教会組織や信仰上の伝統を否定し、キリスト教の信仰上の権威は「聖書のみ」にあると主張した。改革者たちは「聖書」に書かれた文言をじかに自分で読んで解釈することによって救いが得られる以上、「秘跡」には価値がないと教えた。そのため、誰もが「聖書」を読むことができるよう、ラテン語からそれぞれの国民言語に翻訳され、プロテスタント圏では識字率の向上に力が注がれた。グーテンベルクの印刷術はこの流れに拍車をかけることになったのである。

(4)「聖書を読む」という言い方には、こうした歴史的背景があることを見逃すことができない。主体的に聖書に接したいという要求は大いに評価すべきことであるが、一方、「自分（だけ）で聖書を読む」ということにはある種の危うさがつきまとった。すなわち、主観的な解釈（ときには自分に都合のいい理解）へと走ってしまい、それをよしとするなら使徒からの教会が保持してきた共同の信仰を揺るがしかねず、その結果「教会」そのものの存在意義が見えなくなってしまうからである。プロテスタント運動が結果的におびただしい教派を生み出してしまった背景にはこうした事情がある。さらにそこからおよそキリスト教信仰とは全く相容れない宗教的運動（エホバの証人、キリスト教統一協会など）さえ現れてしまった。こうしたことは、「聖書を読む」ということが、いかに「聖書」そのものを生み出した「信仰共同体＝キリスト教の教会」の信仰伝承においてなされなければならないかという基本の基本を考えさせる。教会の聖典とされる「聖書」の解釈という作業は、字面《じづら》をもてあそぶことでも、自分の思いを満たすためでもない。それは、長い歴史において積み重ねられてきた祈りや霊性、生きた証し、信仰に基づいた思索などの霊的な伝統を踏まえた上で、新たな課題への適用のために埋もれた宝を掘り出す共同作業である。それは言わば「救いの恵み」に向かう教会あげての生命活動であり、そこに「真理の霊」（ヨハネ16・13）が働くのである。

2　イエスは何も書き残さなかった

言行一致という言葉があります。言葉と行動が一致しているところに「まこと」があるとわたしたちは認め、それを「誠」という文字でもあらわします。まさに口にされた「ことば（言）」

が成就していることです。先に見た『ヨハネ福音書』において証言された「イエスこそ真理をあかしする方」という信仰告白は、こうした人間の「言行一致／誠／まこと」を求める根本的な傾きに基づいています。「神の言葉（ロゴス）が人となった」という証言は、まさにイエス・キリストに「まこと／アレテイア[1]」を見出したという喜びの表明でもあるのです。

しかし、イエスは自分の教えを書き残しませんでした。すなわち、自ら「権威ある文書」を残さなかったということです。ユダヤ教社会の中で生まれ活動したイエスが、当時の律法主義と激しく闘ったことについては『エッセンス』（六五頁）で学びました。律法主義の立場から言えば、ユダヤ教の聖書に書き記された「律法」は絶対的で一字一句も変更してはならない「神の言葉」でした。なぜならば、唯一絶対の存在である神が語った言葉には究極の権威あり、「律法」においてそれがあらわれている。そのため神を信じるユダヤ教徒たる者は、例外なく律法に従って生きなければならない。このように考えていたのです。しかし、こうした律法主義がどのような弊害と悲劇を人々の間に起こしていたのかは、すでに学んだ通りです（『エッセンス』三八、七二頁）。イエスがこのような律法主義と真正面から闘ったのは、「律法」が神との本来の生き生きとした関係を閉ざしてしまっていたからでした。神を「父／アッバ」と親しく呼びなさいとイエスが呼びかけたのは、こうした背景があったからです。

イエスが「権威ある文書」を残さなかった理由を、このような文脈でとらえる必要があります。イエスは自分の教えを書き残すことによって、あの権威ある書き物としての「律法」と同じ轍を踏むことを避けたかったのでありましょう。律法主義における「硬直した神の言葉」の捉え方をイエスは退けたのでした。パウロは後に「文字は殺しますが、霊は生かします」（二コリント3・6）と述べました。

3　なぜ「新約聖書」が神の言葉なのか

イエスは何も書き残さなかったのですが、キリストに従う者たちはいわゆる『新約聖書』[2]を編み出し、教会（＝キリスト信者の信仰共同体）はそれを「神の言葉」として大切にしてきました。しかし、それは律法主義のように書かれた文言を絶対視し偶像化するためではありませんでした。そうではなくイエス・キリストの言動によって、父なる神との生き生きとした関わりを生き、互いに愛し合う生き方を「神の啓示」として受けとめたからなのです。わたしたちの究極の救いと解放をもたらす、愛に満ちた神の想い。これこそが力ある言葉（＝神の言葉）として「聖書」に記されたということです。イエス・キリストは「権威ある文書」を残しませんでしたが、神の愛の限りない力を示したイエス・キリストなしに「（新約）聖書」はありません。

当然のことながら、「聖書」がまずあって、それを踏まえてキリスト教信仰が起こったのではなく、まして、イエスや弟子たちは『新約聖書』を手にしながら宣教活動をしていたのでありません。今日わたしたちが手にしている『新約聖書』は、イエスから始まった信仰運動（＝教会）が長い時間をかけて生み出したものなのです。（→コラム）

コラム6　「聖書」の成り立ち

わたしたちが普段「聖書」と呼んでいる信仰の書物は、大きく『旧約聖書』と『新約聖書』から成り立っている。なぜ「旧約」「新約」と呼ぶかについては『エッセンス』（二二、二二七、二三〇頁参照）を参考にしてほしい。ここでは『旧約聖書』と『新約聖書』の成り立ちについての概略を紹介したい。

(1)イスラエル民族の民族宗教である「ユダヤ教」の聖書は、三九の信仰文書群から成る。BC

五~四世紀頃に、いわゆる「モーセ五書」（創世記、出エジプト記、レビ記、民数記、申命記）と呼ばれる中心部分が成立しヘブライ語で書かれた。その後、他の文書が加えられ次第に大きな文書群になっていった。しかし、BC四世紀の後半にアレキサンダー大王の征服運動によって、ギリシャ文化が強くなると、BC二世紀頃にユダヤ教の聖書は、ヘブライ語からギリシャ語に翻訳され、『七十人訳』と呼ばれた。それは原典のヘブライ語聖書と並んで権威あるものとしてギリシャ語圏に広まったと同時に、ギリシャ語で書かれたユダヤ教の信仰文書もまた多く現れた。その結果、AD一世紀末のヤムニア会議で「ユダヤ教の聖書（正典）」は三九の文書群として確定され、今日に至っている。この会議がなされた時代は、ユダヤ教を母胎とした「キリスト教」が独立していった時代であった。ちなみに、後のプロテスタント教会は、このヤムニア会議の決定を踏襲してユダヤ教の正典を『旧約聖書』としているが、カトリック教会はヤムニア会議以前のユダヤ教の信仰文書をも『旧約聖書』とみなし、ヘブライ語聖典に加えて計一〇の旧約外典文書を「第二聖典」とした（一五四六年のトレント公会議）。

(2)ナザレのイエスを「キリスト／救い主」と認める「キリスト教」は、独自の信仰文書群を生み出していったが、最終的に二七の信仰文書を正典とした。同時に、ギリシャ語の『七十人訳』の「ユダヤ教の聖書」を『旧約聖書』と呼んで、イエス・キリストに至る「救いの歴史」を記したものとして尊んだ。現在は、ヘブライ語のユダヤ教聖書も『旧約聖書』と見なしている。

(3)時間的順序から言えば、最初にキリスト教信仰が文書化されたものはパウロの書簡群である。そのためか、ある人々はパウロがキリスト教を創作したとみなすが明らかに誤解である。なぜならば、パウロ自身「最も大切なこととしてわたしがあなたがたに伝えたのは、わたしも受けたものです」（一コリント15・3）と、はっきり言明しているからである。続いてイエスを物語る一連の「福音書」、すなわち、AD六〇年代に最初に書かれた『マルコによる福音書』、八〇年代に書かれた『マタイによる福音書』『ルカによる福音書』があらわれた。九〇年代には『使徒言行録』が、九五～九六年のローマ皇帝ドミティアヌスのキリスト教迫害を受けて『ヨハネの黙示録』が次々と書かれていった。ヨハネ文書と呼ばれる『ヨハネによる福音書』ならびに手紙は、九〇年代末に書かれた。

ところが、二世紀半ばマルキオン（一世紀末～二世紀半ば）という人物が、『旧約聖書』を排斥して、『ルカによる福音書』とパウロの書簡のみを正典とする「マルキオン聖書」を作り、独自のキリスト教教会を作ろうとしたため、正統派教会も自らの正典を決定せざるを得なかった。その結果が今日の二七の文書による『新約聖書』である。これが正式に認証されたのは三九七年のカルタゴ公会議においてであった。

4　「神の言葉」における連帯

力ある（権威ある）イエスの言葉とそれに信仰をもって応えた最初の弟子たちの信仰証言集――それが『新約聖書』です。それに加え、神への深い信仰とイエス・キリストへの長い道程を記した『旧約聖書』をもキリストの教会は、早いうちから「キリスト教」の聖典と見なしました。真の救い主イエス・キリストの到来を準備したアブラハムの子孫（＝ユダヤ民族）の苦難に満ちた信仰の歴史を敬い、彼らの豊かな信仰告白を高く評価したからです。そのため『旧約聖書』をも神の言葉（救いへの呼びかけ・メッセージ）と認め、典礼の中に取り入れました。このように教会は「神の言葉／聖書」を読みつなぎながら、自分たちが何者であり、どこへ向かって歩み続ける民なのかを確認したのです。特に聖書の頂点とも言える「福音書」の朗読において、そこで物語られるイエスの言動に耳を傾け、キリスト信者は個人としても集団としてもイエス・キリストとの出会いを新たにしてきたのです。

こうした人格的な出会いは、最後の晩餐で「わたしの記念としてこれを行いなさい」（ルカ22・19）と命じたイエスの願いに共に応えるとき、もっとも生き生きと実現されます。イエスは「言葉」としてあらわされる神の想い（こころ）を形がい化した「律法」ではなく、「福音」として示されました。すなわち、生き生きとした神との関係への招きと、その体験です。それが今、「これを行いなさい」という願いにおいて頂点に達します。「わたしの記念」とは、イエスの自覚と使命の頂点となった「十字架の贖い」のことです。イエスは最後の晩餐でそれを先取りしながら、パンとぶどう酒をもってそれをしるして「わたしの記念」と呼び、今、自分が儀礼化していることを「行いなさい」と弟子たちに命じたのでした。

今日、わたしたちが主日ごとに典礼祭儀をもって行う「ミサ聖祭」とは、まさにこのことなのです。ここにはイエスの強い思いがみなぎっています。イエスはパンとぶどう酒に自分の全存在を託して差し出し、それを「食べなさい、飲みなさい」と言います。そうすることによって自分が勝ち取る贖いの恵み、罪からの解放の恵み、真の救いに与る恵みの生きたしるしを残してくださったのです。イエスとの出会いとは、このように「いのち」の次元における交流、まさに神との生きた関係の実現です。

このようにイエス・キリストの言葉は、「信仰」を引き起こすだけでなく、記念される「過ぎ越しの奥義」のしるし（＝ミサ聖祭）によって、人々に神との「連帯／絆」を引き起こすのです。それだけではなくキリスト信者同士の信仰における連帯をも引き起こします。キリスト信者が「聖書」全体を救い主キリストを軸にした「救いと希望を約束する神の言葉」とみなすのはそのためです。イエス・キリストにおける救いの体験が「聖書」を力ある「神の言葉」とさせるからです。

したがって、わたしたちカトリックである信者が、「聖書を読む／聖書に関わる」とは、そこに書かれていることを学ぶというよりも、「聖書の中味（＝信仰内容）」を日々の歩みの糧として生きていくこと、「聖書」を生み出したキリスト信者たち（教会）の生き方に加わっていくということなのです。もちろん、「聖書」を学ぶことは大いに結構なことです。しかし、イエス・キリストとの生きた人格的な出会い、しかも個人だけでなく聖書を生み出した「キリストの民／教会」と共にキリストと出会うことなしに、本当に「聖書」に関わることにはなりません。「聖書」が「神のみ言葉」であるとは、このようなことを意味しているのです。

5　「聖書」を味わうということ

「聖書」は、元来、ミサ聖祭において読み上げられたことを共に「聞く」ものでした。しかし一方、個人として「聖書」に関わる（＝聖書を読む）という伝統が、早いうちから教会で大切にされてきたことも事実です。それは、「黙想」という方法でなされてきました。今日、「レクチオ・ディヴィナ／lectio divina（神聖な読書）」と呼ばれる「信仰の行《ぎょう》」は、修道者たち（その多くは字が読めた）の間で受け継がれてきた大事な「聖書読み」の伝統です。一般にそれは、「聖書」の数節を読みながら、それをこころの中でゆっくりと思い巡らし、反すうし、味わいながらキリストの現存に触れることを目的としていました。一見、簡単なように見えても「心を尽くし、精神を尽くして」（マルコ12・30）「聖書」の文言に粘り強く取り組むのは容易なことではありません。なぜならば、何よりもそれは「自分」と向き合うこと、自分自身との格闘なのですから。気づき、目覚め、抵抗、反発、まとまりなど、まさに「神のみ言葉」に揺さぶられながら自分自身を見つめ変えられていく作業は、実は救いの恵みを得ていく道のりでもあるのです。『ヘブライ人への手紙』は「神の言葉は生きており、力を発揮し、どんな両刃の剣よりも鋭く、精神と霊、関節と骨髄とを切り離すほどに刺し通して、心の思いや考えを見分けることができる」（4・12）と記しています。

このような一連の「聖書」との関わりは「聖霊」の働きであると、教会は確信してきました。『ヨハネ福音書』は「神がお遣わしになった方は、神の言葉を話される。神が〝霊〟を限りなくお与えになるからである」（3・34）と教えます。「聖書」を読み、「神の言葉」に向き合うということは、実は受肉された神のロゴス（言葉）であるイエス・キリストとの人格的な対面なのです。ここで記された「霊」とは、創造を引き起こす神の力強い「息吹き／ルアッハー」であり、人間の思惑を超えて「思いのままに吹く」（ヨハネ3・8）力、人間を新たに生まれさせる力です。したがって、「神の言葉」を聴くということは、神の「霊」によって変えられていく（成長）ことなのです。先に見た「気づき、目覚め、抵抗、反発、まとまり」など、こころの底に湧き起るさまざまな反応は、単なる心理学的な説明では片づけられません。なぜなら、それは「聖書」が証しするように「霊から生まれた者」（ヨハネ3・6）とさせられていく過程だからです。わたしたちキリスト信者が「聖書」を大事にするのは、このような「救いの恵み」をそこに体験していく理由のためであることをもう一度確認しましょう。

注

（1）**アレテイア**　『ヨハネ福音書』において「真理」と訳されたギリシャ語は「アレテイア／avlh,qeia」で、それは「これまで覆われていてはっきりしなかったことが、覆いが払われて本当のことがあらわれる」を意味する。イエスが「わたしは真理」（14・6）というとき、「このわたしをして神たる御者の真相、人間の真相、神と人間の関係の真相がはっきりとあらわれた」と告げているのである。「恵みと真理（アレテイア）はイエス・キリストを通して現れた」（1・17）とヨハネが告げるのはこのことを訴えているのであって「形而上学的な真理」を問題にしているのではない。

（2）

『新約聖書』　イエスは「聖書を宣教しなさい」ではなく「（ご自分が説いた）福音を宣教しなさい」と弟子たちに命じた（マルコ16・15）。また、最後の晩餐の席ではパンとぶどう酒をとって祝福し「これをわたしの記念としてこれを行いなさい」（ルカ22・19）と命じて、自ら引き受けた十字架の贖いのできごとの「しるし」を残した。イエスという「記念／アナムネーシス」は、福音を語り継ぎパンとぶどう酒のしるしを行うことによって、またイエスの生きざまをつなぐことによって人から人へと継承されていった。そこに「キリストを信じる人々の集団（教会）」が生まれたのである。ヨハネが手紙に記す喜びに満ちた「聞いた、見た、触れた」（一ヨハネ1・1参照）というイエスとの生き生きとした出会いが「キリストの教会」の根本にある。「語り継がれ、聞き継がれたこと」がその後成文化され、いわゆる『新約聖書』となったのである。

第十一留

イエス、十字架に釘づけにされる

第二節　秘跡に生きる

1 秘跡とは

伝統的にカトリック教会においてキリスト信者の生活は、「秘跡的生活」と言われてきました。実際、「洗礼」から始まって、「聖体の秘跡」、「堅信の秘跡」、「ゆるしの秘跡」、「病者の塗油の秘跡」は、キリスト信者の一生に関わる教会の生命活動とみなされています。さらに、「叙階の秘跡」「婚姻の秘跡」は、それぞれキリスト信者が選んだ生き方に深く関わるものです。このように永遠の救いを目指して地上を歩むキリスト信者は、「秘跡的生活」、すなわち、諸秘跡によって支えられる生活によって信仰の恵みを実らせて行くのです。

ところで、「秘跡」とはいったいどういうことなのでしょうか。カトリック教会では伝統的に「秘跡」を「神の隠れた働きを示す感覚的しるし」と理解し、その「しるし」は言葉をともなった行為として儀礼的（典礼的）に執行される、と理解されてきました。秘跡は決して魔術やおまじないなのではありません。それは人間としてのいのちの在りように深く関わる神的な営みです。以下、これらのことについて学んで参りましょう。

コラム7　「秘跡」という呼び名について

教会の草創期の頃、今日「秘跡」とわたしたちが日本語で言いあらわす言葉は、「ミステーリオン」と言われていた。「秘義、奥義」を意味する語で「過ぎ越しの奥義」「信仰の神秘」

という場合でも使われる同じ言葉である（傍線の語）。人間の合理的な考えやそれに基づく人間の作為をはるかに超える神の捉えがたい働きを、当時の人々は「ミステーリオン」と呼んでいたのである。ラテン語の時代になるとこの語は「サクラメントゥム」と言われるようになり、英語の「サクラメント／sacrament」の語源となった（『エッセンス』二一九頁以下参照）。

ラテン語の「サクラメントゥム／sacramentum」は、「（神に捧げるために他のものから）切り離す／sacro」という動詞に由来する。このことはわたしたちの文化圏で「聖」という言葉が示そうとしていることと重なるのは興味深い。日本語では「聖地」「聖人」「聖域」「聖火」と言えば、普段とは違う何か特別な、日常を超えたことがらをあらわしている。日常と全く同じなら「聖」とは言われない。実際、わたしたちは日常生活を「俗」とか「褻《ケ》」と呼んでいるが、それだけが全てでないことをどこかで感知している。日常を超えた聖なる世界、神的な世界（＝ハレの世界）があり、それが時間の節目、節目にあらわれてくると気づいているのである。時代や文化、民族の違いを超えて、人間がどこでも「祭り」を行うのは、普段の生活（ケ）を一時的に止めてこの「ハレ」の世界に触れるためなのである。「祭り」の時には、「ハレ着／晴れ着」を着、神（神々）を迎えて「祀《まつ》り」、それを共に喜び祝い、苦労の多い日常生活をかげで支えている聖なるものとの交流を持つ。こうして人間は究極の方向（超越）に目をむけ、自分（たち）がどこにいるかを確認して活力を取り戻し、再び普段の生活に戻るのである。「祭り」の深い意味はここにある。

ところで先に触れたラテン語の「サクロ／sacro」は、このような「ハレとケ」「聖と俗」を区別することを原義とする。さらに「サクラ／sacra」は神聖なものや場所を指し、そしてその派生語である「サクラメントゥム」は、ある事物や人を「俗」から切り離して神聖な領域に入れること（＝聖別）を意味する。キリシタン時代、この「サクラメントゥム」は日本語に訳すのが難しかったためか、「さからめんと」とそのまま言われキリシタン用語とされた。今日、ギリシャ正教では「機密」、聖公会では「聖奠《せいてん》」、プロテスタント教会では「聖礼典」と言われるが、カトリック教会では「秘跡／秘蹟」と呼んでいる。

2 秘跡と教会

1 カトリック教会が保持してきた「秘跡」体験

カトリック教会では伝統的に「秘跡」を「隠れた神秘を示す感覚的しるし」と理解し、さらにその「しるし」は言葉をともなった行為として儀礼的（典礼的）に執行される「恵みをもたらす出来事」と理解されてきました。このことについて述べてみたいと思います。

今「恵みをもたらす出来事」と言いましたが、それはイエス・キリストとの人格的な出会いによって自分が救いの希望を確かにいただいたという体験、「生かされて生きている」という体験のことです。聖書に物語られる数々のイエスとの出会いのエピソードは、まさにこのような救いと喜びの体験で、それは人々の驚嘆を呼び起こす「不思議な出来事」として印象深く描かれています。『マルコ福音書』はイエスが行う奇跡を目撃した「人々は皆驚き、『このようなことは、今まで見たことがない』と言って、神を賛美した」（2・12）と記しています。

「洗礼の秘跡」、繰り返される「聖体の秘跡」や「ゆるしの秘跡」は、全てこうした救い主イエス・キリストとの人格的出会いと、そこで引き起こされた救いの喜びの延長線上にある「他力的な出来事」なのです。

2　秘跡の源はイエス・キリスト

カトリック教会が信仰のうちに行う「秘跡」行為の原点は、人となられた神のみ言葉（ロゴス）の「受肉の奥義」にあります。『ヨハネ福音書』は繰り返し、イエスとイエスを遣わした父なる神は一体であり、イエスの言葉も行為も全て、人間のまことの救いを実現する父なる神の想いのあらわれであると強調し、それをイエス自身に語らせます。今、『ヨハネ福音書』からいくつかを拾ってみましょう。

「子は、父のなさることを見なければ、自分からは何事もできない。父がなさることはなんでも、子もそのとおりにする」（5・19）

「父がわたしに成し遂げるようにお与えになった業、つまり、わたしが行っている業そのものが、父がわたしをお遣わしになったことを証ししている」（5・36）

「わたしが天から降って来たのは、自分の意志を行うためではなく、わたしをお遣わしになった方の御心を行うためである」（5・38）

「わたしと父とは一つである」（10・30）

「わたしの父は今もなお働いておられる。だから、わたしも働くのだ」（5・17）

ヨハネ福音記者がはっきりと見据えたように、救い主イエスは「父なる神が愛し、その手にすべてを委ねた方」（3・35）です。したがって、同時代の人々にとって、イエスとの出会いは神との出会いと一致をもたらす恵みの「出来事」でした。事実、他の福音書（共観福音書）も、イエスと出会った多くの人々がその言葉（＝神の国の到来の福音）と行動によって、見えざる神の愛に触れて神に立ち返り、「信仰」の恵みを得たと記しています。当時の文化環境の中で、イエスは大声で悪霊を叱って追い出したり、手を触れて病いを癒したり、吐息をついて「開け」と命じたり、泥をこねて患部に塗ったりなどして、まさに五感に訴える「しるし」を仕草と言葉をもって「神の支配／解放の力」を実感させたのでした。まさにイエスの存在そのものが「神の支配／解放のわざ」の生きたしるし、言うなれば「秘跡」そのものだったと言えます。イエスのこうした秘跡的な行動に人々が驚き怪しんだと福音書は率直に記しています（マルコ1・27、5・42などや、右に挙げた『ヨハネ福音書』の引用は、こうした行動を展開するイエスの本質を簡潔に述べたものです）。

3　キリストの教会もまた「秘跡」である

『マルコ福音書』によると、イエスは「一二人を任命し、自分のそばに置き、自分のように福音を宣べさせ、悪霊を追い出す権能を授けた」（3・14～15）のでした。この彼らがイエスの復活と昇天の後、「キリストの教会／信仰共同体」の土台となり、イエス・キリストから授かった「救いの権能」を行使していきました。すなわち、イエスの名によって福音を告げ、洗礼を授け、罪を赦し、主の晩餐の記念を執り行ったのです。

この意味で、使徒たちによっておこされた教会そのものもまた「秘跡」であると言えます。事実イエスは昇天の前に弟子たちを派遣して次のように命じ、かつ約束します。

「わたしは天と地の一切の権能を授かっている。だから、あなたがたは行って、すべての民をわたしの弟子にしなさい。彼らに父と子と聖霊の名によって洗礼を授け、あなたがたに命じておいたことをすべて守るように教えなさい。わたしは世の終わりまで、いつもあなたがたと共にいる」（マタイ28・18～20）

救いの力そのものであるキリストが現存する教会をパウロは「キリストを頭とするからだ」と表現しました（コロサイ1・18参照）。この教会が「神の国の到来の福音」を世に向かって告げ、イエス・キリストの「救いのみわざ」を「秘跡」をもって行使するのです。その意味で、洗礼と聖体の秘跡を基軸とする「七つの秘跡」はみな、「秘跡」そのものである教会の生命活動を具体化したものと言うことができます。

4 秘跡と人間

カトリック教会（東方教会を含む）は、「秘跡」を目に見えない神の恵みを感覚的しるしと言葉をもって示す行為であると見なしてきました。しかし、こうした秘跡は魔術的なもの(1)ではなく、それを受ける者と神との人格的な出会いを引き起こす生きた「しるし」なのです。魔術(2)への憧れは人類社会に広く見られ、それは「宗教」の源泉であるという主張も見られます。しかし、魔術への憧れは人間が神（広く言うなら超自然的世界）を支配できるという考えのあらわれですが、「聖書」の世界は一貫してこれを否定します。人間が神を支配するのではなく、万物の創造主である「神」が人間を支配するという確信が根本にあるからです。したがって、「秘跡」と魔術を混同してはなりません。

当時の人間的・社会的な文脈の中で展開した、人々とイエスとの具体的な出会いを経験することは、今日を生きるわたしたちにはもはや不可能なことです。しかし、復活したイエスは信じる者たち（＝教会）の間に生きておられるというのは、キリスト教信仰の根本です。こうしたイエス・キリストの現存を教会は、日常の控えめな「モノ」、すなわち、少々のパンとぶどう酒、油、水、按手（頭上にかざす手）などを用いて「しるす」のです。こうした行為は、先に見たようなイエス自身の「救いの恵みをしるす行い」をまねることであり、また、イエスはその継続を命じたのです。

第一部で、わたしたち人間が「ペルソナ存在」として、「出会い」によって互いに成長し自分自身になっていくということについて触れました。自分の世界に閉じ込もるのではなく不思議な「内的な開き」に身を委ねるとき、人間は神との出会いにまで到達することができるのです。秘跡はこの「出会い」の深みに関わる教会の行為で、「キリストの教会」という人間と神との出会いの場で「秘跡」がなされるのです。

さらに、先に触れたように「秘跡」が人間の宗教性（超越への開き）と深く関係していることを思い起こしましょう。教会が行う「秘跡」は、人間存在の根本に根ざしています。自然の広がりや森羅万物とそこで息づくいのちは、本来的に人間に向けられた神の呼びかけです。人間はそれに触れながら、自分がどこから来てどこへ向かう存在であるかに気づき、自分のいのちの完全な充足の在りかを求めるのです。したがって、「秘跡」はあたかも閉じられた教会の中で機械的になされる魔術的な儀式なのではありません。それは秘跡的なしくみに置かれている人間と人間を取り囲む全存在と切り離すことのできない営みで、教会は救い主イエス・キリストに結ばれてこれを行うのです。

目に見えない神の恵みを感覚的しるしと言葉をもって示す行為。神と人との生き生きとした出会いという恵みがしるされ、秘跡を受ける当人がさらに成長していく契機。人となられた御子イエス・キリストの救いのわざがしるされ、生きる希望と意欲が注がれる「とき／カイロス」。そして聖体の秘跡が典型的に示すように、個人的な主観や心情を超えた「神との出会いの目に見えるしるし」――カトリック教会の「秘跡」理解は、人間と人間を取り囲む全存在の不思議さと結びついているのです。

コラム8　キリシタン潜伏時代における秘跡への渇き

最後の司祭・マンショ小西神父が殉教した一六四四年から、一八六五年プチジャン神父の信徒発見までの二二〇年間は、「潜伏キリシタン時代」と呼ばれている。その間カトリック教会の正統信仰を信徒たちだけで守り抜いたということは奇跡的なことだと言われている。しかし、どのようにして七代にわたってそれが可能だったのか。さまざまな理由と要因が議論されているが、ここでは「秘跡」の力に注目してみたい。

七つの秘跡の中心をなす「洗礼」「聖体／エウカリスチア」「ゆるしの秘跡」の中で、「洗礼」は信徒にも授けることができたが、「聖体」と「ゆるしの秘跡」は司祭のみの権限である。人々は主日には隠れて祈りの集会を持ち、聖体を賛美する祈りをもって「ミサ」の代わりとしていた。しかし、問題は「ゆるしの秘跡」をどうするかであった。罪のゆるしは、キリシタンにとっても切実な問題である。特に「踏絵」をもって宗門改めが始まると、生き延びるためには踏絵を踏まざるを得なかったが、しかし、完全な痛悔のこころで「こんちりさん」[3]のオラショ」を唱え、聖画や十字架を踏んだ足袋《たび》を洗った汚水を飲み、神の限りない憐れみとゆるしを信じて、希望のうちにキリシタンは毎回立ち上がったと言われている。これもまた「秘跡」の力を信じたことのあらわれであろう。

ちなみに「オラショ」と言えば、ラテン語混じりの祈祷であるため、キリシタンが唱える祈りは摩訶不思議な呪文のように捉えられている。しかし、それはカトリック教会の種々の「祈り」を意味する言葉で、ラテン語の「オラチオ／oratio」のポルトガルなまりが、当時の日本人の耳には「オラショ」と聞こえ、それがキリシタン用語となって定着し、人々には呪文のように聞こえたのであろう。

注

（1）**秘跡の効力**　秘跡には魔力があるという極めて不適切な誤解があるが、それは「秘跡には事効的効力がある／ex opera operato」という、古来からの教えをトレント公会議（一五四五〜一五六三）が宣言したことに対する誤解である。しかし、「秘跡」を述べる公会議の本来の意味は、礼拝の神秘と恵みの授与との間には、必然的な結びがあるということであって、「人格的な出会い（結びつき、交流）」を前提としてのことである。

（2）**魔術**　呪文や呪術によって望む通りの結果を得ようとする人間の行為である。聖書で「魔術」が禁止されているのは、神は絶対に自由で万物の主権者であるという確信（信仰）にもとるからである。しかし、ユダヤ人たちの信仰の歴史は魔術への誘惑との闘いでもあった。彼らをとりまく環境は濃厚な「魔術」の世界であったからだ。各時代に登場する預言者たちの絶えまない警告と叱咤激励によって、彼らは「唯一の神」への信仰へと徐々に導かれていったのである。

（3）**こんちりさん**　「こんちりさん」とはポルトガル語の「Contrição」で、後悔、痛悔の意。ラテン語では「コントウリチオ／contritio」。

第五章

カトリック信者のライフスタイル

「わたしに向かって、『主よ、主よ』と言う者が皆、天の国に入るわけではない。わたしの天の父の御心を行う者だけが入るのである」（マタイ7・21）とイエス・キリストは警告なさいます。また、ご自分が教えた「主の祈り」の中では父なる神に「みこころが天に行われる通り、地にも行われますように」とわたしたちに祈らせます。

では「天の父のみこころを行う」とはどのようなことなのでしょうか。このことをフランクルの考察を参考にしながら、まず振り返ってみたいと思います。フランクルによれば、わたしたち人間は「自分は意味ある人生を送っている、なすべきことを行っている」という確信を求めてやまない存在だということです。『エッセンス』でも「救いの渇き」という人間誰もが持つ傾きに注目し、キリスト教信仰は根本的にこれに応える道であると述べました。これまでしばしば登場してきたフランクルの指摘は、まさにこの「救いの渇き」を問題にしています。さらに彼は、こうした「意味」とか「なすべきこと」は決して主観的な心理状態のことではなく、「自分」を超えた「向こう」から、「この意味を実現すべきだ」「これをなすべきだ」と呼びかけてくるものだと指摘します。このようなフランクルの洞察から、「救い」とは単なる「自己実現」ではないことが分かります。自己実現は自分の内なる可能性の達成でしかないのですから。

「天の父のみこころを行う」ことこそが「天の国（真の救い）に入る」道だというイエスの訴えは、フランクルが指摘した人間の「意味に渇く」という人間の現実と一致しており、自分を超えた「向こう」からの呼びかけに応えていく努力[1]への促しなのです。

これを受けて使徒たちは「信仰は実践していく課題であること」を強調し、仲間たちを励ましたのでした。「わたしの兄弟たち、自分は信仰を持っていると言う者がいても、行いが伴わなければ、何の役に立つでしょうか。そのような信仰が、彼を救うことができるでしょうか」

（ヤコブ2・14）。「子たちよ、言葉や口先だけではなく、行いをもって誠実に愛し合おう」（一ヨハネ3・18）。

この第五章では、洗礼をもって「過ぎ越しの奥義」に与るわたしたちが、どのように主への信仰を実践していったらいいのか、基本的なことを学んでいきたいと思います。

注

（1）**努力**　キリスト教の中には、パウロの「義認／義化（人間を救おうとする神の無償の働きかけ）」の教えを重視するあまり、信仰の世界においてはいかなる人間の努力も認められないと主張する立場がある。しかし、「狭い戸口から入るように努めなさい」（ルカ13・24）というイエス自身の言葉や、パウロの「主の業に常に励みなさい」（一コリント15・58）という勧告にあるように、明らかに、信仰の恵みに応えようとする人間の努力は常に求められているのである。信仰上の本来の「義認論」は、神のイニシアチブという根源的な事実の強調なのであって、人格存在として造られた人間の信仰実践を否定していることではない。

第一節　罪とのたたかい

1　罪とは

1　ミサ聖祭での祈り

教会がミサ聖祭で次のように祈ることに注目してみましょう。「すべてを照らしてくださる神よ、（中略）洗礼を受けたすべての人が、信仰に反することを退け、キリストに従って生きることができますように」（年間週日ミサ八・集会祈願）。「神よ、このささげものを受け入れ、わたしたちの罪をゆるしてください。み旨にかなうものとなり、主の死と復活の記念を行うことができますように」（四旬節第二主日・奉納祈願）。

教会がこのように祈るのは、洗礼を受け神の子とされたキリスト信者といえども「信仰に反すること」すなわち、「罪」に陥ってしまう現実があるからです。イエス・キリストは「主の祈り」の中で「父なる神のみこころ（み旨）が成就すること」をわたしたちに祈らせるのですが、それでもしばしばわたしたちは自分の欲望やわがままを優先させ、「み旨」を無視してしまうことがあります。こうした現実を教会は「弱さ」とみなし、「全能永遠の神よ、わたしたちの弱さを顧み、あなたの力強い右の手を伸ばしてわたしたちをお守りください」（灰の水曜日後の土曜日・集会祈願）と祈るのです。

わたしたちは、これから「罪とのたたかい」というテーマを扱いますが、それは洗礼の恵みを受けて「神の子」としての新たな出発を始めたキリスト信者であっても「罪とその傾き」の現実に目を閉じるのではなく、どう対処したらいいのかを考えたいからです。「新たにされた」

と言っても、黒がいっぺんに白になったということではありません。洗礼はゴールではなくまさにスタートなのです。確かな力と光に導かれながら神への旅が教会と共に始まっていくということです。み言葉と秘跡によって救いの完成に向かっていくこの信仰の旅は、わたしたちのいのちに染みついている「罪とその傾き」とのたたかいの道のり、浄化の道でもあるのです。しかし、このような歩みは自力によるものではなく、まさに神の恵みによってなされることを忘れてはなりません。

パウロは次のように教え諭しています。「わたしたちは皆、神の子に対する信仰と知識において一つのものとなり、成熟した人間になり、キリストの満ちあふれる豊かさになるまで成長するのです。（中略）だから、以前のような生き方をして情欲に迷わされ、滅びに向かっている古い人を脱ぎ捨て、心の底から新たにされて、神にかたどって造られた新しい人を身に着け、真理に基づいた正しく清い生活を送るようにしなければなりません」（エフェソ4・13、22～24）。

2　ミサ聖祭の始まり

「皆さん、わたしたちの罪を思い、感謝の祭儀を祝う前に心を改めましょう」。ミサ聖祭の開祭の挨拶の後、司祭はこの招きの言葉をもって、これからミサを司式する自分もミサに参列する会衆も共に、罪を認めてこころを改めるよう促します。短い沈黙の後、次の言葉を全員で口にします。

「全能の神と兄弟の皆さんに告白します。わたしは、思い、ことば、行い、怠りによってたびたび罪を犯しました。聖母マリア、すべての天使と聖人、そして兄弟の皆さん、罪深いわたしのために神に祈ってください」。続いて司祭は罪のゆるしを慈しみ深い神に願います。「全能の神がわたしたちをあわれみ、罪をゆるし、永遠のいのちに導いてくださいますように」。会衆「アーメン」

このように各自は自分の罪を自覚し、神のゆるしを乞いながらミサ聖祭が開始されるのですが、ここでまず「罪」と自ら認めることが「思い、ことば、行い、怠り」に及ぶことについて考えてみましょう。

3 「思い、言葉、行い、怠りによって」

仏教では人間存在を「身《しん》・口《く》・意《い》」という三つの側面から捉え、それぞれが「業／カルマ(1)」があらわれる場であると教えます。この三つの側面は順序が逆であっても、カトリック教会の人間理解と共通していることは興味深いことです。「身」とは「行い」、「口」とは「ことば」、そして「意」とは「思い」に当たります。

わたしたちは「神のみこころ」にあらがうことを「罪」と呼び、「信仰に反する」こととみなすのですが、それが「身・口・意」、すなわち、「思い、ことば、行い」において具体化するだけでなく、「怠り」においてもまたあらわれると、カトリック教会は教えます。

第一に、罪は「思い」にあらわれます。『マルコ福音書』は、イエス・キリストは何が「汚れ」なのか、何が人を汚すかについて、ファリサイ派の人々や律法学者たちと議論を交わしたことを記しています。その中で、イエスは単なる人間の衛生上の慣習と「こころを清く保つ」ことを混同してはならないと教え、「外から人の体に入るもので人を汚すことができるものは何もなく、人の中から出て来るものが、人を汚すのである。（中略）人から出て来るものこそ、人を汚す。中から、つまり人間の心から、悪い思いが出て来るからである。みだらな行い、盗み、殺意、姦淫、貪欲、悪意、詐欺、好色、ねたみ、悪口、傲慢、無分別など、これらの悪はみな中から出て来て、人を汚すのである」（7・15、20〜23）と言われました。ここでの「汚れ」とは、神によって造られた本来の価値や美しさや神性さが損なわれたり、失われてしまった状態を言います。わたしたちが今問題にしている「罪」を、まず、このように捉えたら良いと思います。罪とは、普通考えられているような「極悪非道」ということよりも、イエス・キリストがはっきり指摘する「人間のこころから出てくる悪い思い」から始まり、それは何よりも造り主である神に対しての「傲慢／高ぶり／反抗」であるというのが根本です。

第二に、罪は「言葉」にあらわれます。「善い人は良いものを入れた心の倉から良いものを出し、悪い人は悪いものを入れた倉から悪いものを出す。人の口は、心からあふれ出ることを語るのである」（ルカ6・45）。イエス・キリストはこのように教え、さらに厳しく警告します。「言っておくが、人は自分の話したつまらない言葉についてもすべて、裁きの日には責任を問われる。あなたは、自分の言葉によって義とされ、また、自分の言葉によって罪ある者とされる」（マタイ12・36〜37）。「つまらない」と訳され言葉は、聖書の原文では「アルゴス」で「無益な、無価値な」を意味しますが、それにしてもわたしたちは、良き実りをもたらすことのないムダな言葉を朝から晩までどれほど口にしていることでしょうか。

ソーシャル・メディアが非常に発達している今日、言葉の持つ威力がどれほどのものであるかを実感させられます。ネット上に流される良き言葉やそれに託された思いは、具体的な善を実現する勇気や希望を多くの人々に呼び起こします。今日の人類社会における「平和」への叫び、圧制や暴力への抵抗、地球環境や飢餓の大問題に対する運動、差別を乗り越えようとする運動など、かつて考えられなかったスケールで多くの人々を連帯させます。

しかし他方、およそ「隣人愛」とは全く相いれない「悪口」や「うわさ」を並べ立てて、「その人」を傷つけおとしめることを喜ぶ、おそるべき闇の現実がわたしたちの内にあることも事実です。口から放たれた言葉はあたかも不気味なアメーバのように自己増殖して独り歩きし、人々の間を這いずり回り、害毒をまき散らして行きます。「悪口や誹謗」、根も葉もない「悪しきうわさ」は、こころを深く傷つけるだけでなく時には人を「殺す」ことさえあるのです。ネット上で「自分こそ正しい」と正義を振り回す人々が、顔を知られないことをいいことに言葉の威力（＝ネット操作の力）をもって全能感に酔うことがどれほど卑劣なことか、これは今日の人類社会が抱える大きな問題です。風評被害などは典型的な反社会的な動きでなくて何でしょう。

「裁きの日には口にしたことの責任を問われる」（マタイ12・36〜37参照）というイエス・キリストの警告は、今日を生きるキリスト信者にとっても聞き逃すことのできない差し迫った警告です。便利な時代だけに、キリスト信者として「言葉」に関わる罪は、兄弟愛に反する重大な責任をともなうことをいっそう自覚したいものです。

第三に、罪は「行い」にあらわれます。「すべて良い木は良い実を結び、悪い木は悪い実を結ぶ。良い木が悪い実を結ぶことはなく、また、悪い木が良い実を結ぶこともできない」（マタイ7・17〜18）。イエス・キリストの素朴で力強いこの言葉がわたしたちのこころに響きます。「心の悪しき思い」が「言葉」だけでなく「行動」にもなって具体的な形をとり、「悪口」と同様、害悪を次々と広げてしまう現実を、わたしたちも身の周りでイヤと言うほど経験しているからです。「もし片方の手があなたをつまずかせるなら[2]、切り捨ててしまいなさい。両手がそろったまま地獄の消えない火の中に落ちるよりは、片手になっても命にあずかる方がよい。もし片方の足があなたをつまずかせるなら、切り捨ててしまいなさい。両足がそろったままで地獄に投げ込まれるよりは、片足になっても命にあずかる方がよい」（マルコ9・43、45）。過激としか言いようのないこうした言葉をキリストが吐くのも、行いによる罪がどれだけ人々の間に混乱と破壊と悲しみをもたらすものであるかをはっきりと見据えていたからでありましょう。

「行いの罪」は生活態度としてもあらわれます。「肉の欲、目の欲、生活のおごり」は、所詮、過ぎ去っていく現世に関わるものである以上（一ヨハネ2・16〜17参照）、それに振り回されて自分を見失ってしまうことほど愚かなことはない――これはキリスト教のみならず深い伝統をもつさまざまな宗教にも共通している教えです。キリスト教はこうした知恵を踏まえ、さらにそれが「永遠のいのち」への道を見失うこと、すなわち、決定的な滅びにつながりかねないと警告するのです。そのために「主よ、わたしたちを目の欲、肉の欲、生活のおごりから守り、あなたの霊に従って生きる恵みをお与えください」（『教会の祈り』復活節木曜日の朝の祈り）と教会は祈ります。

そして最後に、罪は「怠り」によってもあらわれると教会は確信してきました。これまで見てきたように、わたしたちは普通「悪を避けること」に注意を払い、具体的な言動をもって「罪を犯さない」ように注意を払いますが、しかし、それだけでは不十分です。むしろキリストに従うわたしたちは、もっと前向きに愛を実践していくことにこころを注がなければなりません。ただ悪いことをしないということではなく、無関心を乗り越えて積極的に隣人愛を生きようとする前向きの姿勢が求められているのです。「怠りの罪」とはこのことと関係しています。

実際、今日の大規模な交通網や切実な地球環境の破壊の現状を前に、「注意義務」が大きな問題となっています。鉄道事故や飛行機事故、原発事故、セキュリティー事故がもたらす大規模な悲劇は、まさに「怠りの罪」のあらわれと言えます。さらに、自動車運転にまつわる大きな事故、社会悪への無関心、「長いものには巻かれろ」という姿勢、仕事上の馴れ合いや責任回避の姿勢などは全て「隠れた自己愛」のあらわれでなくて何でありましょう。『エッセンス』（八五頁〜）で学んだあの金持ちの青年とイエスの彼に向けた挑戦のことを思い起こしてください。「怠りの罪とひそやかな自己愛」がつながっていることを、あのエピソードは強く物語っているのではないでしょうか。

4　罪とのたたかい

わたしたちの罪が「思い、ことば、行い、怠り」において具体化することを見てきました。しかし、こうした罪とのたたかいは一生のことです。ミサ聖祭では先の**2**で見た「回心の儀」に続いて「あわれみの賛歌」が、毎回歌われる（唱えられる）のはそのためです。

「主よ、あわれみたまえ。／キリエ　エレイソン（ギリシャ語）
キリスト、あわれみたまえ。／クリステ　エレイソン（ギリシャ語）」

宣教生活の間、イエスに向かって「わたし（わたしたち）を憐れんでください」という悲痛な叫びが群衆のあちこちから湧き起こったと福音書は記しています（マタイ9・27、15・22など）。自分の力ではどうすることもできないさまざまの障害や病いの治癒を求めての叫びでした。「あわれみの賛歌」は、これを踏襲するものです。求めてやまない救いとその限界を認めればこそわたしたちは主に呼びかけるのです。

一方、福音書は、弱り果てた人々に対するイエスの「深く憐れむこころ」をも記しています（『エッセンス』七二頁）。しかし、神の子イエス・キリストから憐みをかけられるならばどうでしょうか。普段、わたしたちは人さまから「憐れまれる」ことをイヤに思うものです。しかし、神の子イエス・キリストから憐みをかけられるならばどうでしょうか。聖書における「憐み」は、上から見下して同情してあげるということよりも、「共に苦しむ、寄り添いながら共に耐える」ということです。人となられた神の子イエスは、まさにそれを示してくださいました。

罪とのたたかいは一生のことですが、自分の力だけでたたかうのではありません。まさに「主よ、あわれみたまえ。キリスト、あわれみたまえ」とイエス・キリストに懇願します。たたかいの苦しみを救い主が共にしてくださることを決して忘れてはなりません。『ヘブライ人への手紙』は、次のようにわたしたちを励まします。

「キリストは、肉において生きておられたとき、激しい叫び声をあげ、涙を流しながら、御自分を死から救う力のある方に、祈りと願いとをささげ、その畏れ敬う態度のゆえに聞き入れられました。キリストは御子であるにもかかわらず、多くの苦しみによって従順を学ばれました」（5・7〜8）。「だから、憐れみを受け、恵みにあずかって、時宜にかなった助けをいただくために、大胆に恵みの座に近づこうではありませんか」（4・16）

5　キリスト教における「罪」理解の大切さ

『エッセンス』で学んだように、「罪」の問題はキリスト教信仰の根本的な要素をなしています。その理由は、「罪」はイエス・キリストの「贖いの恵み」と切り離せないわたしたちの問題だからです。罪の現実からいかに解放されていくのか。そのためにはイエスを「キリスト／救い主」と信じてその教えに応えていくこと――それがキリスト教という信仰運動に他なりません。

しかし、「罪」と呼ばれる現実はあまりにも身近で、わたしたちのいのち（存在）に深く染みついているだけに、かえって分かりにくい問題でもあります。そのため「罪」と言えば「犯罪」や極悪非道と見なしてしまったり、「罪と罰」というふうにセットにしてしまい、罰を避けるための知恵の方に関心をはらったりしてしまいます。しかし、キリスト教は神の「啓示」に照らされてはじめて「罪」の問題の真相が見えてくると理解し、「罪の自覚」の深まりと「信仰の深まり」は一体をなしていると確信するのです。そこで、あらためてキリスト教信仰における「罪理解」を深めてみましょう。

日本語では普通「罪を犯す」と言われますが、この場合、まず何らかの客観的な規定や掟というものがあって、それを敢えて「犯す／破る」ことを「罪」とします。一般に人々が罪と言えば「犯罪」と考えてしまうのは、こうした「罪」理解があるからで、法律に抵触していないから自分には罪などないとみなすのです（『エッセンス』九六頁〜）。ですから、「わたしは思い、言葉、行い、怠りによってたびたび罪を犯しました」と言えば、何か奇異なことと感じてしまったり、自分には関係ないことと見なしてしまうのです。しかし、このレベルにとどまる限り、イエス・キリストの「贖い」の恵みを理解することはできません。それほど、キリスト教信仰における「罪」理解には深いものがあるのです。

6　聖書では「罪」をどのように表現しているのか

聖書における「罪」理解を深めるために、まず『旧約聖書』の世界では「罪」をどう捉え、どのような言葉（ヘブライ語）でそれを言いあらわしていたかを見なければなりません。罪の現実をあらわす多くの用語の中で、次の三つは代表的なものです。

(1)ハーター（原義は「的をはずす、道をはずす」→中心から逸脱する体験）
(2)アーオーン（原義は「曲げる」→道徳的に違反する体験）
(3)ペシャ（原義は「背き」→反逆する体験）

注目すべきは、聖書がこのような「歪んだ対人関係の体験」をあらわす言葉をもって、神との負の関係を言いあらわそうとしていることです（『エッセンス』九八〜九九頁）。単なる罪悪感にとどまらず、これらの言葉があらわす「罪」の体験が、どれほどの邪悪な力をもって人間存在をむしばんでしまうのか。自分たちの歴史は「救いの歴史」であると自覚した旧約の民は、この重いテーマに向き合ったのでした。「救いの歴史」とは、創造主なる神が、さまざまな試練を通して人間を「罪」から引き離そうと人間と共に歩むことである。こうした理解を深めていったのです。そしてこの「救いの歴史」の頂点にイエス・キリストが現れたのです。

コラム9　「罪」をあらわすギリシャ語の言葉

旧約の「罪」理解の基本は、ギリシャ語で書かれた『新約聖書』においても踏襲された。ここでは代表的な「罪」をあらわす用語をあげてみる。

(1)「ハマルティア」（動詞ハマルタノーの名詞形）は「的をはずす、迷う、誤る」を意味し、ヘブライ語の「ハーター」に置き換えられた。聖書特有の「罪」をあらわす代表的な用語として使われる。

(2)「パラプトーマ」は「踏み外して落ちること」を意味するが、道徳的意味合いを含んだ「過ち／罪過」や過失をあらわす。

(3)「アセベイア」（動詞アセボーの名詞形）は、ヘブライ語の「ペシャ」の訳語として使われ、「神への畏敬を欠くこと、不敬虔」の罪を意味する。

(4)「パラバシス」は、「踏み越えること、違反、背反」を意味する。

7　『新約聖書』が示す「罪の本質」とその姿

(1)まず注目したいのは、新約信仰では罪を問題にする場合、内的な思いや動機が強調されているということです。旧約において「罪」が多くの場合、神が要求していることに外的に一致しているか否かが重視されたのとは対照的です。新約信仰では神のみ心に一致しない悪しき行いや思いだけでなく、目に見えないこころに巣食う生来の罪深さまでもが「罪」の問題としてとらえられます。

(2)罪とは神への反抗・反逆である。

旧約の「ハーター」、新約の「ハマルティア」は共に「的をはずす」、「中心から外れる」ということでした。ここに「罪」の本質があると聖書は訴えます。あの素朴に語られる「人祖アダムとエヴァの罪の物語」の中心的メッセージはここにあります。（創世記2・16～17、3・1～24参照）。神は楽園にあるどの木の実も食べて良いが、善悪の知識の木の実だけは食べてならぬと命じます。すなわち、何が善であり何が悪であるかの最終的な裁量は人間にではなく神にのみあり、神のこの大権を侵してはならないということです。ところが、まさに人祖は「それを食べれば神のようになれる、とそそのかされて」、善悪の知識の木の実を食べてしまったのでした。まさに根本的な逸脱です。

神への不従順と反抗は、聖書では「ペシャ（ヘブライ語）」とか「アセベイア（ギリシャ語）」の語をもってあらわされますが、わざわざ「中心から外れ」て生きようとするこの反抗的な姿勢こそ、人間を不幸にする元凶であり「罪」の本質であると聖書信仰は強調するのです。

(3)罪とは自己本位にしがみつくことである。

神への不従順・反抗をもって全ての「中心」であり「存在の根拠」である神から遠ざかる人間のありさま、「愛と正しさそのものである神を退けて、自己を中心に置いてしまうこと」です。しかし、神の排斥と人間の自己本位（個人であれ集団であれ）が、あらゆる混乱と悲惨さや破壊をもたらすことは、歴史を振り返れば一目瞭然です。また、わたしたちが生きている今日の社会と身の周りを見るとき、あるいは自分自身をみつめるとき、「自己本位／自己中心」の姿勢がいかに苦しみや悲しみをもたらしているか、否定することはできません。後に見る「神の十戒」の第一は「わたしはあなたの主なる神である。わたしの他に神があってはならない」です。それはイメージ化された具体的な「像」を拝んではならないというよりも、もっと根深い人間の「自己本位」への戒めであることを忘れてはなりません。人間の欲望を形にした「偶像」を崇拝することの禁止、それは何よりも自己を絶対視し全てを支配しようとする人間の「罪の現実」を踏まえてのことです。イエス・キリストは「神の支配／統治」の到来を福音として告げ、「心を尽くし、知恵を尽くし、力を尽くして神を愛し、隣人を自分のように愛しなさい」と命じました。また、自ら教えた祈りで、天におられる父なる神に向かって「み名が聖とされますように」と祈らせました。それはまさに「自己本位」にしがみつく罪からの解放のためだったのです。

(4)罪は「罪深さ」という人間の拭いがたい傾きとしてあらわれる。

旧約において「悔い改め」は、神への立ち返りの励ましとして繰り返し表明される信仰上のテーマで、『詩編』などで明確に開花しています。また、イエスは宣教活動の第一声で「時は満ち、神の国は近づいた。悔い改めて福音を信じなさい」（マルコ1・15）と声を張り上げて訴えました。

「悔い改め」のテーマや呼びかけは、人間の罪深さを前提としてのことです。あれこれの具体的な罪の行いもさることながら、そのもととなっているわたしたち人間の根深い負の現実、すなわち、これまで見てきた「神への反抗」、「自己本位の頑固さ」、「神の排斥」など罪の本質が、いつのまにか習性となり、拭いがたい歪みとなっていのちに染みついているという現実です。「罪深さ」(3)とはこのようなことで、まさに人間の手ではどうにもならない闇の力となって、人間を苦しめているのです。

パウロはこの「罪深い現実」を直視し、そこからの解放はただイエス・キリストによってのみ可能だと告白します。「わたしは自分の望む善は行わず、望まない悪を行っている。（中略）

わたしはなんと惨めな人間なのでしょう。死に定められたこの体から、だれがわたしを救ってくれるでしょうか。わたしたちの主イエス・キリストを通して神に感謝いたします」（ローマ7・19、24、25a）。パウロのこの葛藤の吐露は、罪深さの現実を見事に言い当てています。「悔い改めて福音を信じなさい」という呼びかけをもって始められたイエスの公生活は、こうした人間の「罪深さ」との対決であり、そこから解放させる日々であったと言えます。教えと行動をもって人々に「信仰」を呼び覚ましたのも、「あなたの罪は赦された」と宣言したのも、「あなたの信仰があなたを救った」と祝福したのも、そして当時の「律法主義」と凄まじく闘ったのも全て、人間の力ではいかんともし難い「罪深さ」からの解放のためであったと言えます。

理解を深めるために

仏教信仰における「罪」

「罪」の問題を扱ったついでに、仏教における罪理解について述べてみたい。『エッセンス』（九九頁）で触れたように、キリスト教の罪理解の根本には、旧約信仰における「神の天地創造」の考えがある。すなわち、一切万物は唯一の神によって良きものとして存在せしめられ、人間もまた神によって生かされているという確信である。しかもイエスはこの究極の根拠である神を「父」と呼ばせ、生き生きとした人格的関係をもつように招いたのである。したがって、あの「放蕩息子のたとえ」にあるように、「父なる神に対して罪を犯した」というのがキリスト教的な罪理解の中心にある。

しかし、仏教では「人間存在」に強い関心を寄せるものの、キリスト教（聖書）が示すような「神（唯一の絶対的存在）」の存在を立てることはない。全ては「縁起という原理／定め」

によって成り立ち生成していると考え、「固定」とか「実体視」を注意深く退ける。したがって、キリスト教的な「神に土台を置く罪理解」は見られない。

出家主義（現世を徹底的に否定する考えと行動）で始まった初期の仏教は、現世のわずらいから自由になる「ブッダの道」を追求するため、厳格かつ膨大な戒律を次々に定めた。この戒律を破ること（破戒）は「罪」とされ、それは「罪悪／罪業《ざいごう》」とみなされた。さらに「破戒」を引き起こす原因は「煩悩」である以上、「煩悩」もまた「罪」と見なされようになったのである。

後に、紀元前後に発生した「大乗仏教」は、在家信者に支えられた新しい仏教運動で、これまでの出家主義と一体の戒律を重んじなくなる。そのため自ら犯した「罪」については、超越的な存在である仏に向き合って、自覚的に懺悔告白すべきものと考えられるようになった。この傾向は中国・日本では「末法思想」という時代認識とともに強められ、罪悪は自己に内在する究極の絶望的な悪（地獄の尽きることのない悲惨さに落とされる悪）とみなされようになる。日本では一〇五二年（永承七年）から「末法の時代」に入ったと考えられ、災害や戦乱などが続発する社会不安を背景に末法意識が強まった。こうした絶望的な末法の世を救うのは「阿弥陀如来の本願力による救済」だけであると信じられるようになり、一二〜一三世紀に「他力本願」の教えが社会のすみずみに急速に広まった。この考え方（救済観）は、キリスト教、とくにパウロの救済観に通じるものがあると指摘されている。

ちなみに神道における「罪」の考えはどうであろうか。神道にはまとまった教義がないが、一般に「罪」は穢《けが》れと見なされ、いのち本来の「清さ」をおおってしまう悪しきものと考えられている。したがって、それは「禊《みそぎ》」をもって洗い流され、「祓《はら》い」をもって消されるとされている。神社で「お祓いを受ける」というしきたりは、神主が振りかざす「幣束《へいそく》」をもって身についた穢れを払ってもらうことである。それによって清めてもらい本来の活力を取り戻す宗教儀礼である。

8　改めて「過ぎ越しの奥義」の意義を問う

『エッセンス』では、一貫してなぜ「イエスはキリスト」なのかを問い続けました。そしてイエスを「キリスト／救い主」と告白するキリスト教信仰の根本は、イエスの使命であった贖いの出来事、すなわち、「過ぎ越しの奥義」にあるとつかみました。

この「過ぎ越しの奥義」に一人ひとりが与らせていただくこと、それが「洗礼」の本質であり、まさに「恵み」なのです。「恵み」であるのは、これまでみてきた「罪」の現実を自分もまた抱えているからで、自力ではそこから抜け出せないからなのです。神の御子イエス・キリストが全てをかけてし遂げた贖いのみわざ、すなわち、神の愛による「罪からの解放」にこの自分も与らせていただくのです。パウロはこのあたりをていねいに教え諭しています。

「あなたがたは知らないのですか。キリスト・イエスに結ばれるために洗礼を受けたわたしたちが皆、またその死にあずかるために洗礼を受けたことを。わたしたちは洗礼によってキリストと共に葬られ、その死にあずかるものとなりました。それは、キリストが御父の栄光によって死者の中から復活させられたように、わたしたちも新しい命に生きるためなのです。もし、わたしたちがキリストと一体になってその死の姿にあやかるならば、その復活の姿にもあやかれるでしょう。わたしたちの古い自分がキリストと共に十字架につけられたのは、罪に支配された体が滅ぼされ、もはや罪の奴隷にならないためであると知っています。（中略）わたし

たちは、キリストと共に死んだのなら、キリストと共に生きることにもなると信じます」(ローマ6・3〜6、8)

先の**5**で『罪の自覚』の深まりと『信仰の深まり』は一体をなしている」と述べましたが、ここに至ってその理由がよく理解できるようになったと思います。

注

(1) **「業/カルマ」**　カルマとはサンスクリット語(インドの古語)で、本来は作用や行為を意味する。しかし、輪廻思想と深く結びついて「転生」を引き起こす潜在的な「行為の余力」を意味するようになった。日本では、親鸞に代表されるように宿命論的に理解され、「業/カルマ」の思想は日本人の宗教観に大きな影響を与えている。

(2) **つまずかせる**　聖書の言葉(ギリシャ語)では、「スカンダリゾー」(動詞)で「罠/スカンダロン」に由来する。「スカンダリゾー」の原意は、罠をしかける、罠にかける、障害物を置いてつまずかせることで、そこから比ゆ的に「つまずく原因を作る、信仰の挫折を起こさせる、罪に落とす」という意味で使われる。英語のスキャンダル(scandal)はこれに由来し、不祥事、醜聞の意味で使われる。

(3) **罪深さ**　人間を悩まし苦しめる「罪深さ」の現実は、仏教においては「煩悩/クレーシャ(サンスクリット語)」と呼ばれ、なじみ深い日本語となった。それは仏教の根本的な教えの一つで、人間の心身を乱して悩ませ、悟りに至る道を妨げるこころの働きを意味する。煩悩は人間の苦しみを生み出す原因とされ、三つが挙げられる。すなわち、(1)満足を知らない強欲(貪欲)、(2)自分勝手な怒り(瞋恚《しんに》)、(3)無知な状態(愚痴)でこれらは「三毒《さんどく》」と呼ばれる。この三毒からさまざまな苦しみが生まれるのである。おごり高ぶる心、他人を疑う心、執着する心、自暴自棄などの苦しみがそれである。しかし、欲望に振り回されて苦を増やしている愚かさに気づき、正しい智慧(四諦《したい》)を学び、正しい修行(八正道)を行えば、人は煩悩から解放され真の平安(涅槃《ねはん》)に達することができる。仏教とはこのような道を歩み「ブッダ/覚者」になることを目指す宗教である。なお、日本では大晦日の夜に一〇八の除夜の鐘をついて、一〇八あるとされる煩悩を一つひとつ消すことができると考えられ、大晦日の風物詩となっている。

2 ゆるしの秘跡

1 「ゆるしの秘跡」という恵み

「罪のゆるし」はイエス・キリストがもたらして下さった最大の恵みです（『エッセンス』六四頁他）。イエス・キリストは「わたしが来たのは、正しい人を招くためではなく、罪人を招くためである」（マルコ2・17）と言ってご自分の使命を明言なさいました。当時の律法学者たち（ユダヤ教指導層）は、罪のゆるしを宣言するイエスを見て「この人は、なぜこういうことを口にするのか。神を冒瀆している。神おひとりのほかに、いったいだれが、罪を赦すことができるだろうか」（マルコ2・7）といぶかります。しかし、イエスは病いの癒しをもってご自分の最大の使命をしるし、それを貫き通したのでした。こうした「罪のゆるしの宣言」が、人々に大きな喜びと慰めをもたらしたことは言うまでもありません。マルコは「人々は皆驚き、『このようなことは、今まで見たことがない』と言って、神を賛美した」（2・7）と記しています。イエスの「罪のゆるし」の使命は「十字架の死／贖いの死」において頂点に達しました（『エッセンス』一六一頁）。「過ぎ越しの奥義」と呼ばれる真の解放の出来事は、「神の愛の介入による罪のゆるし」をその中味としているのです。

さらに、イエスはご自分の「罪を赦す権能」を弟子たちに授けたのでした。

「はっきり言っておく。あなたがたが地上でつなぐことは、天上でもつながれ、あなたがたが地上で解くことは、天上でも解かれる」（マタイ18・18）

「だれの罪でも、あなたがたが赦せば、その罪は赦される。だれの罪でも、あなたがたが赦さなければ、赦されないまま残る」（ヨハネ20・23）

教会の存在理由の一つがここにあります。すなわち、イエスの「罪のゆるし」の恵みを伝え、その権能を継承するということです。教会が行う「ゆるしの秘跡」はこのことを意味するのです（教会と秘跡の関係については後述）。それゆえカトリック信者は、使徒継承の信仰宣言をもって「罪のゆるしをもたらす唯一の洗礼を認め」（ニケア・コンスタンチノープル信条）、「聖霊を信じ、聖なる普遍の教会、聖徒の交わり、罪のゆるしを信じます」（使徒信条）と告白するのです。「ゆるしの秘跡」は洗礼の恵みを受けたにもかかわらず、弱さゆえに罪に陥ってしまう人間の現実を踏まえています。神の愛への立ち返りの恵みをもたらす秘跡です。

2　ゆるしの秘跡がもたらす霊性――信仰感覚の深まり

仏教において「懺悔《ざんげ》」とは、過去の罪科を悔い改めて戒を受けた出家者に告白し、「忍んで許してくれること」を乞うことです。一方、カトリック教会の「ゆるしの秘跡」は、懺悔のように自分の過ちを悔い改め、司祭にそれを打ち明けながら神にゆるしを乞うのです。自分の罪を赦すのは神ご自身であるからです。それでも、誰であれ自分の罪を口に出して言うことには抵抗を覚えるものですが、ちょうどこのところで信仰がためされると言えます。すなわち、心理的に抵抗を覚えてもそれ以上に神の限りない愛への信頼が「自分自身の問題」として立ちあらわれてくるからです。まさに先に見た「罪の自覚の深まりと信仰の深まりは一体」という体験です。誠実な良心の糾明。信仰をもってなされる罪の告白とゆるしの願い。そして司祭を介して与えられる罪のゆるしの宣言。母なる教会のふところでなされるこうした一連のプロセスは、まさにイエス・キリストとの生き生きとした人格的な出会いであると言えます。

ここでは「ゆるしの秘跡」がもたらす霊性（信仰感覚の深まり）[4]について、ヒントとなることを指摘してみましょう。「ゆるしの秘跡」は、イエスが語った「二人の息子のたとえ話」（ルカ

15・11〜32）の放蕩息子の帰還の物語に対応します。自分のわがままさにすっかり翻弄されて自分を見失った下の息子が、我に返っておのれの非を認め、ゆるしを乞うて父親のもとに帰り、全面的に赦され、それを父親が「死んでいたのに生き返った。いなくなっていたのに見つかった。祝宴を開いて楽しみ喜ぶのは当たり前だ」（ルカ15・32）と手放しで喜ぶという物語です。それはまさに「ゆるしの秘跡」がもたらす救いのプロセスを示しています。

(1)息子はどん底で「真実」(5)に目覚めます。すなわち、自分の犯した罪の現実だけでなく、それ以上に自分と父親の絆とそのありがたさという真実です。自分のありのまま（現実）から目をそむけるのではなく、正直に受け入れるとき、自分の過ちや責任に気づきます。「ゆるしの秘跡」を受ける前に時間をかけて「良心の糾明／自分自身の振り返り」を行うのはそのためです。それは自分を責めたり自己嫌悪に陥るためではなく、あるがままを冷静につかむためです。その際に聖霊の照らしを願います。自分で「自分を洞察する」ことは簡単なことではないからです。

(2)自分を振り返るときに大事なことは「神の愛」という視点です。自己嫌悪とか羞恥心、罰を受ける恐怖からではなく、創造主である神と自分との関係の根源的な真実、すなわち、「限りない愛を受けて生かされているという」否定することのできない究極の真実から「自分」を見つめなければなりません。「恩」を受けているという根本的な事実に戻ることです。

(3)「神の愛という真実」に自分を開くほどに、幻想に身を委ねてしまった自分の軽率さ、不誠実さや恩知らず、身勝手さ、いのちの尊厳や隣人の尊厳を踏みにじるおのれの傲慢さに気づかされます。それと同時に、自分の奥深くに隠されている神秘を見出すことになります。神の似姿として造られている自分と他者の尊厳ということです。「自分の罪深さ」を実感するのは、この神秘から目をそむけてきたからに他なりません。しかし今、この神秘と神の限りない愛から逃げることはできないと気づかされるのです。

(4)「神の限りない愛」に目覚めるとき、わたしたちは本当の自由をつかみたい、「罪」というとらわれと混乱から解放されて自由になりたいと願うようになります。さらに、幻想や神ならざるもののとらわれからの解放は、自分を惜しみなく与えたいという意欲をわき立たせます。「神と隣人を愛しなさい」というイエス・キリストの訴えが、人間として本当に歩んでいく道であることをいっそう納得していくのです。明日に向かって歩む勇気が湧いてきます。

(5)「父のもとに帰ろう」とこころに決めたあの放蕩息子のように、「ゆるしの秘跡」は自分がいるべき場所を見つけさせます。自分が心底から求めているのは、我欲を満たすことでもモノや名声をむさぼることでもなく、愛やこころを分かち合うことであることに気づくのです。そして、自分の内に慈しむ神がおられることに気づくのです。「帰るべき場所」があるということは何と心強いことでしょうか。

(6)罪のゆるしの恵みを受けても、傷跡はある程度残るものです。しかしそれはもはや犯した罪や過ち、悪事に対する罰ではありません。こころの傷は、神を愛し他者と一致して生きるための呼びかけとなるのです。傷を通して神は語りかけ、キリストを信じるわたしたちは、さらに謙虚に、もっと神の「真実」の中に生きていくようになるのです。この意味で「ゆるしの秘跡」は、わたしたちの信仰をさらに深める恵みであると言えます。

一つ付け加えておくことがあります。それは、「ゆるしの秘跡」を罪の告白依存症にしてはならないということです。こころを常にサッパリしておきたいからとか、あるいは、ちょっとしたことでも針小棒大に捉えるこころのクセにとらわれるあまり、頻繁に「ゆるしの秘跡」を求めるという小心な状態です。「ゆるしの秘跡」は心理的な安定剤なのではなく、人格的な信仰実践であることをわきまえなければなりません。キリストの愛の実践にしっかり応えていくために自分が変えられていく恵みをいただく「カイロス／恵みのとき」なのであって、心理的な自己満足を感じることを目的とするものなのではありません。

3　霊的指導

「ゆるしの秘跡」は、いわゆる人生相談の場でもありません。カトリックの伝統では、それは「霊的指導」と呼ばれてきました。数々の困った問題を抱えて自分の立ち位置が分からなくなったり、進む方向が見えなくなったりすることは人間の常です。特に信仰の面において特に円熟した司祭に相談することはいつでもできます。霊的指導を受けた結びとして、望むならば「ゆるしの秘跡」を受けることもまた可能です。

4　共同回心式

今日、教会（＝信仰共同体）全体がいっそう「キリストの教会」に成長していく実践として「共同回心式」が行われるようになりました。「恵みにおける連帯」と「罪や不信仰における連帯」はコインの裏表の関係にあります。そのため教会は古来、「浄めにおける連帯」を強く意識してきました。確かに罪のゆるしは個々人の問題ですが、同時に信仰共同体もそこに関わっていることを忘れてはなりません。年の黙想会（通常、四旬節と待降節になされる）と連動して「共同回心式」が行われるのはそのためです。一緒に良心の糾明を行った後、個別赦免を受けるという形で共に「ゆるしの秘跡」に参加するというのは、イエス・キリストが教会に与えてくださった「罪のゆるし」という大きな恵みを体験するすばらしい機会です。共に「キリストの教会」

を造り上げていくという責任はこうしたことをも通して体験されていくのです。

注

(4) **信仰感覚の深まり**　ジャン・ヴァニエ『うつを越えて』(全掲書)を参照。

(5) **真実**　「真実」は『ヨハネ福音書』のキーワードである「アレテイア」を指している。なおヨハネ的な意味については、本書二三三～二三九頁参照のこと。

第十二留

イエス、十字架上で息を引き取られる

第二節　修徳の努力―イエスに倣う

1 「修徳」というカトリック教会の伝統

1 「修徳」ということ

今日のカトリック教会においては「修徳」という言葉があまり聞かれなくなってしまいましたが、これは長い伝統をもつカトリック用語の一つです。「徳を修める」という場合の「徳」とは、周囲に良い影響を及ぼす力、人々を静かに魅了し感化する精神的な力（輝き）と言えましょう。それは生来の賜物というより、自ら意識して勝ち得ていくものであり、そのため「徳を磨く」と言われてきました。カトリック教会の伝統において、「修徳」は「アスケーシス[1]（ギリシャ語）」と呼ばれますが、それは元来「訓練／トレーニング」を意味します。信仰の実践にはたゆまない「トレーニング」がともなうという理解が背景にあります。

事実、イエスは「神の支配の到来」の福音を地の果てまで伝えていく力量をしっかり身につけるようにと、弟子たちをさまざまな側面から粘り強く養成したのでした。近くの村に弟子たちを送り、宣教だけに専念するように事細かな指示さえ与えています（マルコ6・7～13参照）。また「弟子は師にまさるものではない。しかし、だれでも、十分に修行を積めば、その師のようになれる」（ルカ6・40）、「あなたがたの天の父が完全であられるように、あなたがたも完全な者となりなさい」（マタイ5・48）と言って彼らを励ましたのでした。

イエス・キリストの福音全体を見るとき、わたしたちは「修めるべき徳／身につける力」の中心が「神と隣人を愛する力量」であることがわかります。「立派」とか称賛の的となる「輝かしさ」ではなく、「へりくだり」、「思いやるこころ」、「自分中心でない姿勢」こそが、目指すべきキリスト信者の「徳」なのです。それはちょうど先に見た「思い、ことば、行い、怠り」においてあらわれる「罪」とは、正反対のいのちの在りようです。

ところが、古代キリスト教において、「修徳／アスケーシス」という課題は、人間の自然的な欲求（食欲や愛情など）を悪視して、それを厳格に排除することと考えられ、一部の信者たちが厳格な「禁欲主義」(2)に走ったことは否めません。それはブッダの厳しい「出家主義」と似たところがあります。でも、イエス・キリストが救いの道としたことは「禁欲主義」なのではなく、「愛」の実践なのです。「わたしがあなたがたを愛したように、互いに愛し合いなさい。これがわたしの掟である」（ヨハネ15・12）とイエスは明確に断言なさいました。これを忘れてはなりません。

2 「いい子ぶる」ということ

しばしば教会の外から「教会には変わった人が多い」と言われることがあります。それが何を指しているかはさまざまで、なにも教会だけでなく人の集まる所には「変わった人」は常にいるものです。しかし、「あの人は変人だ」などと決めつけることは控えなければならないでありましょう。

このことを踏まえた上で「なぜ変わった人が多いのか」という問いに正直に向き合うとき、ある大事なことが見えてきます。それは「キリスト信者であること＝ご立派な人」という勘違いが教会の内外に広く見られるということです。すなわち、教会の外の人々が多くの場合「洗礼を受けてキリスト信者になった人は自分（自分たち）とは違う存在で、敬虔で立派な人だ」と誤解しており、そのため「クリスチャンのくせに」という皮肉っぽい非難となってあらわれます。一方、教会の中では「洗礼によって新しくされた、神のいのちに生きる者とされた、キリストのからだ（教会）に組み入れられた」などの根本的な教えがすっかり忘れられ、いつの間にか人間的な力関係や悪しき感情が渦巻く閉じた集団に堕してしまっている現実が少なからず見られます。誹謗中傷や陰口が平然となされたり、党派がつくられたり、顔色をうかがって行動することが当たり前になっていたり、世間的な優劣の価値観が持ち込まれたりと、およそイエス・キリストの福音とは正反対の「悪しき力」が教会固有の「変わった人」を生み出してしまうのでしょう。実際に福音の精神から外れているのに「いい子ぶる」――これが教会内での「変わった人」の正体でありましょう。

実はパウロの時代の教会も同じでした。例えば『コリントの信徒への手紙』を読めば、パウロがどれほどキリストの教会を造り上げていくのに苦労し、キリスト信者たちを叱咤激励したかが手に取るように伝わってきます。「そこでわたしはあなたがたに最高の道を教えます」（一コリント12・31）で始まるあの有名な「愛の賛歌」と呼ばれている箇所も実はこうした当時の教会の現実を踏まえてのことなのです。

「たとえ、人々の異言、天使たちの異言を語ろうとも、愛がなければ、わたしは騒がしいどら、やかましいシンバル。（中略）愛は忍耐強い。愛は情け深い。ねたまない。愛は自慢せず、高ぶらない。礼を失せず、自分の利益を求めず、いらだたず、恨みを抱かない。不義を喜ばず、真実を喜ぶ。すべてを忍び、すべてを信じ、すべてを望み、すべてに耐える。愛は決して滅びない」（一コリント13・1、4〜8）

パウロは愛を巡る美しい言葉を述べたのではなく、苦労にみちた教会造りの現実において信者が実践すべき課題を具体的に示していることを忘れてはなりません。まさにキリスト教信仰は「自己変化／変革」の道で、これと教会形成は切り離せないのです。信仰は実践をともないます。「子たちよ、言葉や口先だけではなく、行いをもって誠実に愛し合おう」（一ヨハネ3・18）とヨハネは諭しました。

3　イエス・キリストに倣う

カトリック教会が大事にしてきた「修徳」の根本は禁欲ではなく、愛の実践力を目指していることとです。とするなら、その根本はどこにあるのでしょうか。まず、イエス・キリストの言葉を聞きましょう。

「疲れた者、重荷を負う者は、だれでもわたしのもとに来なさい。休ませてあげよう。わたしは柔和で謙遜な者だから、わたしの軛を負い、わたしに学びなさい。そうすれば、あなたがたは安らぎを得られる。わたしの軛は負いやすく、わたしの荷は軽いからである」（マタイ11・28～30）

このイエスの発言は、当時の律法主義[3]に疲弊していた人々に向けられたものです。ここで注目したいのは、律法に代わって「わたしの軛を負い、わたしに学びなさい」と招いていることです。そして学ぶべき自分の姿とは「柔和と謙遜」であると言うのです。「学ぶ」を聖書の原文では「マンサーノー」と言い、「～から生き方を学んで習得する」ことを意味しています。実際わたしたちは皆、親兄弟、友人や出会う人々から「生き方」を学んで今に至っています。まさに「生かされて生きている」のです。

そうすると、イエスがここで「学べ」と訴える「柔和と謙遜」とはどのようなことなのでしょうか。これこそ「修徳」の本来の目的であるはずです。

4　イエスが言う「柔和と謙遜」

山上の垂訓でイエスは「柔和な人々は、幸いである、／その人たちは地を受け継ぐ」（マタイ

5・5）と訴えました。「柔和」[4]と訳された聖書の言葉「プラユス」は、なかなか味わい深い言葉です。もともと「おだやか、やさしい」を意味するこのギリシャ語の言葉は、「平静と落ち着き」の秘密であるとされました。「柔和」というと、ともすると「芯の無いおとなしさ」とか「弱々しい優しさ」などと誤解されることがありますが、しかし、聖書においてはむしろ「神の助けによる自己抑制」を意味します。「抑制／コントロール」である以上、みなぎる生命力、意欲や意志が前提とされます。ところが、誰も自力で自分を完全に抑制することなどできません。そのため聖書の世界において「柔和」というテーマは常に「へりくだり」と一体のこととして捉えられるのです。

「へりくだり／謙遜」は、尊大さや高ぶり、見栄とは正反対の世界で、聖書では「貧しさ、みすぼらしさ、無力さ」を前提とします。神のみ前でこのような「へりくだり」を自覚し、人間としての「分」をわきまえるがゆえに、他人に対して柔和であり続けることができる――こうした徳を自分のいのちの特徴とするためには、まさに神の助けを必要とするのです。

そしてこのような柔和な人こそが「地を受け継ぐ」、すなわち、人々のこころを捉えていくのだとイエスは言い、それは実に「幸せなことだ」と励まします。「わたしは柔和で謙遜な者だから、わたしの軛を負い、わたしに学びなさい」と招きながら、イエス・キリストは自分が伝える「神の支配／神の国」の幸せに、わたしたちを与らせ、それを人々の中で証しさせようとするのです。

5　「へりくだり」の根拠

わたしたちが「へりくだり／謙遜」[5]を大事にするのは、処世訓としての慇懃《いんぎん》を身につけるためでもなく、反対に、卑屈さに陥らせるためでもありません。わたしたちにとって「へりくだり」を身につける動機は、イエス・キリスト自身の生き方にこそあります。パウロは『フィリピの信徒への手紙』の中で「キリスト賛歌」と呼ばれる当時の信仰告白を引用していますが、それについては『エッセンス』（二六六頁参照）ですでに学びました。

イエスは生前、弟子たちに「あなたたちはわたしを何者だと言うのか」（マタイ16・15）と問うたことがありましたが、その答えがこの賛歌にはっきりとあらわれています。わたしたちの真の救いのために人となり、贖いの死を全うされた神の子イエス・キリスト――この方こそ「神の愛」をあらわした（一ヨハネ4・9〜11参照）。キリストを信じる者にとって修徳すべき「へりくだり／謙遜」は、この「神の愛」に応えることであり、「隣人を愛する」ことをもってそれを実践するのです。

6　パウロが強調するキリスト信者の「徳」

パウロは混乱していた当時のコリント教会にあてた手紙の中で「わたしがキリストに倣う者であるように、あなたがたもこのわたしに倣う者となりなさい」（一コリント11・1）と述べ、イエス・キリストを信じる者の生き方の問題を自分を例にとって強調しました。その中心もまたこれまで触れてきた「柔和と謙遜」なのです。その場合、彼はもっとかみ砕いて「寛容、忍耐、親切」などを説きます。以下、彼の教えを列挙してみましょう。

「霊の導きに従って歩みなさい（中略）霊の結ぶ実は愛であり、喜び、平和、寛容、親切、善意、誠実、柔和、節制です」（ガラテヤ5・16、22〜23）

「一切高ぶることなく、柔和で、寛容の心を持ちなさい。愛をもって互いに忍耐し、平和のきずなで結ばれて、霊による一致を保つように努めなさい」（エフェソ4・2〜3）

「あなたがたは神に選ばれ、聖なる者とされ、愛されているのですから、憐れみの心、慈愛、

謙遜、柔和、寛容を身に着けなさい」（コロサイ3・12）

「愛は忍耐強い。愛は情け深い。ねたまない。愛は自慢せず、高ぶらない。礼を失せず、自分の利益を求めず、いらだたず、恨みを抱かない。不義を喜ばず、真実を喜ぶ。すべてを忍び、すべてを信じ、すべてを望み、すべてに耐える」（一コリント13・4〜7）

パウロがここで述べるキリスト信者の「徳」は、すべて神の助力の結果なのであり、それを彼は「霊の結ぶ実」と呼びます。この指摘は極めて重要なことです。これまでわたしたちは信仰の恵みに応えることとして自主的な努力が大切であることを強調してきました。信仰は何よりも「ペルソナ／人格」存在である人間に向けられた神の呼びかけへの「応答」から始まるのですから。しかし、同時に決して忘れてならないことは、人は自分の力だけでは「徳」を身につけることも、神のみこころに適って「善く生きる」こともできないということです。『ヨハネ福音書』は、この大事な点をイエスの言葉にのせて次のように記しています。

「わたしにつながっていなさい。わたしもあなたがたにつながっている。ぶどうの枝が、木につながっていなければ、自分では実を結ぶことができないように、あなたがたも、わたしにつながっていなければ、実を結ぶことができない。わたしはぶどうの木、あなたがたはその枝である。人がわたしにつながっており、わたしもその人につながっていれば、その人は豊かに実を結ぶ。わたしを離れては、あなたがたは何もできないからである」（15・4〜5）

注

（1）**アスケーシス**　英語の「アセティク／ascetic」は名詞では「禁欲主義者、苦行者、初期キリスト教の隠修士」を指し、形容詞では「禁欲の、禁欲主義の、行者のような」を意味するが、本来はギリシャ語の「アスケーシス／鍛錬」に由来する言葉である。古代ギリシャでは心身の鍛錬だけでなく、知的・倫理的陶冶についてもこ

（2）の語が使われた。禁欲よりも理想を目指した訓練や鍛錬が本来の意味合いである。
禁欲主義　古代教会に発生した禁欲主義は、エジプトのナイル川中域に広がった隠遁生活者によって実践された。それは後の「修道生活」の土台となる。当時、キリスト教世界の外では「霊肉二元論／善神・悪神の二元論」に基づくグノーシス主義やその系列のマニ教が盛んであった。現世は「悪神」によって創造されたために物質はことごとく悪であり、「肉体」とそれに関わる一切（食欲も性欲も）は悪とみなす。反対に「霊」とそれにまつわる世界は、善神によって創造されたために「善」であるとみなす。パウロやヨハネは、早くもこうした「霊肉二元論」とたたかわなければならなかった。しかし、右に述べた一部の古代キリスト教徒の厳格な禁欲主義は、明らかに外からの「霊肉二元論」の影響を強く受けた結果と言えよう。わたしたちがここで問題にしている「修徳」を一部の人々はゆがんだ「禁欲」と捉えてしまい、その後のキリスト教にも影響を与えてしまった。

（3）**律法主義**　『エッセンス』七一頁参照。

（4）**柔和**　哲学者のアリストテレス（BC三八四～三二二）は、あらゆる「徳」は中庸にありとし、「柔和」とは正しく怒ること、相手が間違ったときには怒らないこととした。

（5）**へりくだり**　ニーチェ（一八四四～一九〇〇）は、キリスト教の「愛」や「へりくだり」を「ルサンチマン」、すなわち卑屈な奴隷根性であると誤解して激しく憎悪した。また「神は死んだ」として、人は神に代わって「超人」になり過酷な宿命に耐えるべきだと説いた。

2 「十戒」――愛の掟の実践指針

1 「十戒」とは

『エッセンス』（八五頁～）で紹介した一人の裕福な男のことを思い返してください。男は「善い先生、永遠の生命を受け継ぐには、何をすればよいのでしょうか」とイエスに尋ねます。それに対し「『殺すな、姦淫するな、盗むな、偽証するな、奪い取るな、父母を敬え』という掟をあなたは知っているはずだ」とイエスが言うと、男は「先生、そういうことはみな、子供の時から守ってきました」と答えたのでした（マルコ10・17〜21参照）。それに対するイエスの挑戦については、すでに学びましたのでここでは省きます[1]。

注目したいのは、イエスがここで旧約の民が大事にしてきた「神の十戒[2]」を踏襲していることと、さらに、愛の掟をもって律法を完成するために自分は来たと断言したことです（マタイ5・17参照）。したがって、わたしたちはイエス・キリストの視点、すなわち「神と隣人を愛する」という視点からのみ「十戒」を理解しなければなりません。パウロは次のように教えています。「『姦淫するな、殺すな、盗むな、むさぼるな』、そのほかどんな掟があっても、『隣人を自分のように愛しなさい』という言葉に要約されます。愛は隣人に悪を行いません。だから、愛は律法を全うするものです」（ローマ13・9〜10）

それにしてもイエス・キリストの贖い（過ぎ越しの奥義）によって、自由にされたわたしたちですが、なぜ今さら命令や禁止をともなう「十戒」なのでしょうか。その理由は、第五章第一節でみたように、洗礼を受け神の子とされたわたしたちであっても、「罪とのたたかい」の現実を避けることができないからです。しかし、この「たたかい」は、先に触れたように、わたしたち各自の救いに向かう歩みを強め、信仰の成長（過ぎ越しの奥義における成長）を促すものであることを忘れてはなりません。キリストを信じるわたしたちにとって「十戒」とは、「神と隣人への愛」を実践する具体的な指標なのです。

2　自分を振り返る視点として

以下、「十戒」の各項目の要点を取り上げていきますが、それを自分の信仰実践を振り返るヒントとしてください。しかしそれは、自分のあら探しのためではなく、「過ぎ越しの奥義」

においてさらに成長していく手がかりとするためです。わたしたちは主イエス・キリストにによって、「律法主義」を乗り越えたものであることを決して忘れてはなりません。
また、忘れてはならないもう一つのことがあります。それは「十戒」が確かに神の前に自分を振り返り、霊的に成長していくためのヒントであるのですが、同時に、わたしたちが生きている社会を見定める物差しでもあるということです。人間は社会的存在である以上、「個人と社会」は切り離せません。こうした意味で、以下「十戒」を今日の社会的背景のもとでも捉え直してみたいと思います。

なお、「十戒」の文言は、今日のカトリック教会の表現（『カトリック教会のカテキズム』）を用います。以下、次の通りです。

一．わたしはあなたの主なる神である。わたしのほかに神があってはならない。
二．あなたの神、主の名をみだりに唱えてはならない。
三．主の日を心にとどめ、これを聖とせよ。
四．あなたの父母を敬え。
五．殺してはならない。
六．姦淫してはならない。
七．盗んではならない。
八．隣人に関して偽証してはならない。
九．隣人の妻を欲してはならない。
十．隣人の財産を欲してはならない。

3　神の呼びかけ（その一）

第一　わたしはあなたの主なる神である。わたしのほかに神があってはならない

「祈り」について考えた際（第一章第一節）、わたしたちの日本社会が多神教的な風土であることを指摘しました。「一神教か多神教か、そのどちらがいいのか」などという議論がありますが、「十戒」の第一は「わたしはあなたの主なる神である。わたしのほかに神があってはならない。」という明確な命令です。今日、「ユダヤ教、キリスト教、イスラム教」は一神教であると教えられますが、しかし、三つの宗教の基盤となった民族宗教のユダヤ教も初期の頃は、多分に多神教的な色彩を帯びていたことも忘れてはなりません。

ここでの命令は、抽象的な思索や議論の結果なのではなく、神からイスラエルの民になされた一方的な呼びかけと、それに対する応答の要求を前提としてのことです。まさに彼らの神体験の表明と言えます。そして、イエス・キリストはこのように「命じる神」を、今度は「父」と呼びなさいと命じたのでした（『エッセンス』一〇八頁）。わたしたちの都合によって作り出される「神」ではなく、わたしたちを造り、導く、大いなる御者。御子イエス・キリストを通して絶えず呼びかけ、ご自分のいのちへと導く方。「愛」であるとしか言いようのない方（一ヨハネ4・8参照）――イエスはこのような父なる神を信じるように招くのです。

「わたしのほかに神があってはならない」とは、わたしたちの迷いを打ち払う力強い命令です。イエス・キリストは「だれも、二人の主人に仕えることはできない。一方を憎んで他方を愛するか、一方に親しんで他方を軽んじるか、どちらかである。あなたがたは、神と富とに仕えることはできない」（マタイ6・24）と教えます。また、せっかくいただいた信仰の恵みがこの世の思い煩いや富の誘惑、その他いろいろな欲望がこころに入り込む結果、み言葉が覆いふさがれ実らない危険があるとイエスは警告します（マルコ4・19参照）。

今日の欲望充足型の資本主義社会の中にどっぷりつかって生きているわたしたちは、ともすると絶え間ない目先の魅惑的な刺激に翻弄されるあまり、真の神を忘れ、この世の価値を絶対視（＝偶像視）してしまう危険にさらされています。パウロの言葉はこころに響きます。「彼らの行き着くところは滅びです。彼らは腹を神とし、恥ずべきものを誇りとし、この世のことしか考えていません」（フィリピ３・19）。

一方、イエスは「心の清い人々は幸いである、その人たちは神を見る」（マタイ５・８）と言って、神との関わりについてもっと前向きな励ましを示されました。「心の清い」とは、先の「この世の思い煩いや富の誘惑、その他いろいろな欲望が心に入り込み、み言葉を覆いふさいで」しまっている状態と正反対のこころの在りようです。「神を見る」とは視覚的なことではなく、神のみ前に出ることが許され寵愛を受けることを意味しています（フランシスコ会訳『聖書』）。大いなる御者（神）との生き生きとした出会いです。「神がいる」とか「神などいない」などの知性的な議論をはるかに超えた、「大いなるいのちに生かされて自分（たち）は生きている」という深い生の実感がここにはあります。歴史を振り返ると「心の清い人々は、幸いである、その人たちは神を見る」（マタイ５・８）というイエスの言葉を文字通り捉え、「清さ」を禁欲的な意味にせばめて、難行苦行の果てに勝ち取る神秘的な幻視体験と誤解し、それを求めた人々がいました。イエスはそのようなことに招いているのではありません。

「わたしのほかに神があってはならない」という神の命令を考えるとき、今日のわたしたちの社会に蔓延する「自己肥大化」という大きな問題を忘れることができません。一七～一八世紀のキリスト教圏で始まった「近代的自我」と呼ばれる思想の流れは、自由や平等という人間の「個人」としての価値や権利を信仰ではなく理性によって、しかも種々の闘いを経てつかんでいく時代の動きでした。それなりに大いに評価すべき動きであったと言わなければなりません。ところが、どうでしょう。今日のわたしたちの社会にあっては、この大事な問題が思わぬ方向に向かっているようです。すなわち、自分の考えや欲望の実現が、あたかも自由や権利であるかのように錯覚している人々が非常に多くなってしまったということです。ソーシャルメディアが目覚ましく進歩している今日、インターネットなどを使って際限なく自己主張がなされたり、ときには匿名で他人を中傷誹謗することが大きな社会問題になっています。他人の人権を無視するこうした行動は、「隣人を愛する」こととは正反対であり、まさに「自己肥大化」と呼ぶべき現象でありましょう。それは幼児的な全能感に浸ること、自分を絶対化してしまう錯覚のあらわれ、大人になり切れない未成熟のあらわれであると心理学者たちは指摘しているほどです。パウロの示唆に富んだ教えをあらためて味わいたいと思います。

「世の中に偶像の神などはなく、また、唯一の神以外にいかなる神もいないことを、わたしたちは知っています。現に多くの神々、多くの主がいると思われているように、たとえ天や地に神々と呼ばれるものがいても、わたしたちにとっては、唯一の神、父である神がおられ、万物はこの神から出、わたしたちはこの神へ帰って行くのです。また、唯一の主、イエス・キリストがおられ、万物はこの主によって存在し、わたしたちもこの主によって存在しているのです」（一コリント8・4～6）

4　神の呼びかけ（その二）

第二　あなたの神、主の名をみだりに唱えてはならない

自分を正当化するために「神」を利用するなという戒めです。今日の人類社会を脅かしているテロ集団の多くは、「宗教原理主義者」と呼ばれています。彼らは自分たちが崇める神を記した「正典」の一部を強引に解釈し、それをもって自分たちのテロ活動を正当化しようとしま

す。同じ信仰を抱く他の人々にとってこうした行動はどれほど悲しくつらいことでしょう。しかし、いかなる宗教であれ、初めから「暴力」を正当化したり賛美することなどはありません。「あなたの神、主の名をみだりに唱えてはならない」この命令は、宗教や神さえ利用して、自分（たち）の欲望を達成しようとする人間のとんでもない闇にむけられたものです。歴史を振り返れば特定の人物を神にまつりあげたり、国家を神聖視して戦争に駆り立ておびただしい犠牲者を出した悲劇は枚挙にいとまがないほどです。身辺を見れば、教団を形成して自己顕示欲と支配欲を満たし、教勢拡張に血眼になっている人々がいます。またさまざまな方策やマインドコントロールによって恐怖をあおり信者から金品を巻きあげ、ときには反社会的行動にかりたてる教団もあります。

これら宗教や神を用いた混乱や悲しみが後を絶たないのは全て、聖なるものに対する畏怖を忘れてしまうという人間の傲慢さに由来するものです。

「あなたの神、主の名をみだりに唱えてはならない」とは、「人間としての分」をしっかりわきまえよという命令です。これをしっかりこころに刻むとき、神さえ利用して欲望を満たそうとする闇の力から、自他を護ることができるのです。

5　神の呼びかけ（その三）

第三　主の日を心にとどめ、これを聖とせよ

旧約の民にとって「安息日」を守ることは、信仰上特に重視された掟でした。その理由の一つは、主なる神がなさった天地創造のみわざに感謝するためであり、もう一つは、エジプトからの解放をこの日に思い起こすためでした。彼らは一週間ごとに巡ってくるこの日を「主の日」と呼んで特別な一日としたのですが、長い歴史の中で、こまかな宗教規定によって形がい化さ

れてしまい、この日の本来の意図である感謝と喜びが見えなくなってしまったのでした。イエスは断言なさいます。

「安息日は、人のために定められた。人が安息日のためにあるのではない。だから、人の子は安息日の主でもある」（マルコ2・27〜28）

贖いのみわざをなし遂げ、週の第一の日（日曜日）に復活なさったイエス・キリストは、まさに真の救い（解放）の道を開いた者として「安息日の主」なのです。それは旧約の民が「安息日」に祝ってきたあの「エジプトからの解放（＝奴隷状態から自由へ）」の出来事に真の意味を示すことでした（『エッセンス』一六二、一六四頁）。そのため、わたしたちキリスト信者は日曜日を「主の日」と呼んで、「感謝の祭儀／ミサ聖祭」を共に祝うのです（『エッセンス』二〇三頁）。

また、旧約の遺産を引き継いでキリスト信者は「主の日」を安息の日、労働を休む日とします。すなわち、「過ぎ越しの奥義」の記念である「ミサ聖祭」を共に祝いながら、労働に明け暮れる日々の歩みを止めて立ち止まり、こころを天に向け、自分をつかみ直すのです。「どこから、どこへ」と問いながら、自分が天地万物の創造主の御手の中に生かされていることを感謝し、御子イエス・キリストによってもたらされた「過ぎ越しの奥義」への招きを確認するのです。そして、自分のいのちは神と隣人との交わりの中にあること、特に身近な家族と信仰の仲間たちとの交わりにあることを喜び、感謝します。「主の日は家族の日」と言われてきたのは、そのためです。主の日を「聖とする（＝神のものとする）」とは、このようなことなのです。

6　親を敬う意義

第四　あなたの父母を敬え

「あなたの父母を敬え」というと、普通、親孝行のことだと考えますが、しかし、聖書の世界では少し違います。何よりも「救いの歴史」を自分たちにつないできてくれた先祖たちへの敬いがあります。とりわけ、先祖たちをエジプトの奴隷状態から自由へと解放してくださった神がおられます。この神のはからいを賛美しながら歩んできた歴史（連なり）の先端に自分たちの親がいます。さらに、この親が自分たちにも神への信仰を伝えてくれた。この生き生きとした連鎖の実感を踏まえて「父母を敬わなければならない」というのです。

今日のわたしたちの世俗化した社会では「信仰の連鎖」という価値観が消えてしまいました。親から子へ伝えられていくべき人間として絶対にゆずることのできない大切なものが分からなくなってしまい、親は身を張ってそれを伝えることをしなくなったということです。それは信念であり確かな世界観でした。そのためでしょうか、「あなたの父母を敬え」といってもせいぜい「親孝行」というぐらいで受けとめられてしまいます。しかし、少子高齢化が進んでいる今日、聖書的な意味での「あなたの父母を敬え」という教えは、キリスト教的な「愛」の視点から見ると大きなインパクトをわたしたちに与えていると言えます。

この掟は、第一に、親の責任を問うています。自分たちは何に価値を置いて生きてきたのか。人間として変わらない確かなものを求めているのか。この世のことばかりに振り回されて生きているのではないか。授かった子どもたちに何よりも神を敬うこと、祈ること、人さまに奉仕すること、互いにいたわり合いゆるし合うこと、神の助力を願いながら自分のわがままや悪しき言動を抑えること、自分の利益ばかりを求めることを止めること、差別意識や優越感とたたかうことなど。こうした大事な価値観を子どもたちに粘り強く教え、体得させようとしているのか――もし、何もしていないとすれば、果たして親として子どもたちから「敬い」を受けるに値するでしょうか。

第二に、この掟は子どもたちの責任を問うています。「責任」という言葉は、英語では「レスポンシビリティー／responsibility」と言われますが、それはラテン語の「レスポンデレ／respondere」に由来し、「応える」を原義とする言葉です。親が自分に与えてくれた恩にさまざまな形をもって応えるという責任を「あなたの父母を敬え」という掟は訴えています。こうして親と子が共有する変わらない価値観が、世代から世代へと「いのちの力」となって伝わっていくのです。

　わたしたちの社会が人間としての基本的な物差しを失いつつある今日、聖書的な意味での「あなたの父母を敬え」という掟（＝主の命令）に応えることには実に大きな意味があります。

7　「いのち」は最終的に神のもの

第五　殺してはならない

　これから扱う「殺すな」「姦淫するな」「盗むな」という命令は、聖書のみならずどのような伝統宗教にも見られる戒めです。[2] しかし、それらの宗教的禁止令はそれぞれに社会的背景を持っていることも事実です。それならば、聖書における「殺すな」とは何を意味しているのでしょうか。

　仏教には「不殺生戒《ふせっしょうかい》」があり、生きとし生けるものを殺してはならないと教えられています。しかし、人間も他の動物もそれぞれ「生き物」のいのちを奪って、それを食べなければ生きていけないのが現実です。仏教徒は「四足を食べない」と言いますが、それを守っている人は現実的にはほとんどいないといっても過言ではありません。

　それならば、「十戒」で「殺してはならない」というとき、何を訴えているのでしょうか。動物はダメでも植物なら食べてもいいのか、人間が人間のいのちを奪ってはならないと言っても、『旧約聖書』に見られる数多くの残忍な殺し合いの事実をどう見るのか、こうした個別の問題に触れるならば納得のいく答えはおそらく見つからないでしょう。

「殺してはならない」というとき、その根本メッセージは「いのちは神のもの」だということに尽きます。その上で、生きていくためには植物を食べ、動物を屠らざるをえないが、尊い「いただき物」として感謝を忘れてはならないのです。どの文化にも「収穫祭」や「感謝祭」という宗教的行事がありますが、そこに共通しているのは、人間が生存していくためには食すべき「いのち」が与えられている以上、それをありがたくいただくという自覚です。「捧げ物」や「いけにえ」が宗教儀礼としてあるのは、こうした感謝の表明と言えます。

問題は神の似姿として造られた人間が、同じ尊厳を持つ人間を殺していいのかということです。人間同士の殺戮《さつりく》は、人類の歴史において絶え間なく繰り返されてきました。個人の恨みや復讐、戦争によって、ときには気ままさや娯楽のために、あるいは、自分たちの集団に合わないからという理由でどれほどの人々が殺されてきたことでしょう。現代の高度な科学兵器が駆使される戦争では、いかに効率よく敵国の人間を瞬時に抹殺していくかが追求され、原子爆弾の投下はその最たるものです。そして、膨大な数の胎児たちが親の都合によって日々闇から闇に葬られていきます。貧富の格差ゆえに過労死に追い込まれていく人々が後を絶ちません。先に触れたさまざまなテロ活動を行うテロリストは、人間のいのちの価値など認めていません。今日の地球規模の環境破壊や核兵器の廃絶や原発問題は、人類の存亡にも関わることでありながら、国家間の利益が優先されるため問題解決の足並みがなかなかそろいません。難民問題は「よそ者」という人間の防衛本能が優先するあまりなかなか解決の道が開けません。

殺戮に至らなくとも、いのちのおびやかしである「暴力」の問題となると、いたって身近なことです。家庭内暴力、言葉やソーシャルメディアを使ったいやがらせや強迫、休暇を与えない不正な労働の要求、職場での性差によるさまざまな差別など、わたしたちの周りにさまざまな形の暴力が蔓延しています。そして、「自死」という当人を裁くことができない悲しみは、今日のわたしたちの社会がかかえる大きな問題となっています。

枚挙にいとまがないこれらの恐るべき「殺し」の現実は、ひとことでいうなら「人間の傲慢さ」にその源があります。「殺してはならない」とは、いのちは神のものであり、一人ひとりの存在は神が与えた尊い賜物である以上、人間が勝手に処分したりランク付けしていいものではないという命令です。「隣人を亡き者にしてその人の夢や希望、人との豊かな交わりや喜びを抹消し、その上で自分の欲望を実現しようとするお前はいったい何様だと思っているのか」。神からの悲痛な訴えがこの掟にあるのです。

8　夫婦の絆は神に祝された神聖なもの

第六　姦淫してはならない

「姦淫」と訳された聖書の言葉は「モイケイア」で、その意味は当事者たちが結婚しているにもかかわらず、それぞれが夫婦間の契りを破って、他の異性と性的関係を持つことです。「姦淫してはならない」という命令の背景には当時のユダヤ教の社会的要因があったことも忘れてはなりません。一つは、男性優位の社会で、妻は夫のもの（所有物）であるという考えがあったこと。もう一つは後の一夫一婦制はまだ確立しておらず、現実的には一夫多妻が普通であったことです（もっともイエスの時代には一夫一婦制がかなり普及していたようです）。

こうした社会的環境の中でイエスは教えます。「あなたがたも聞いているとおり、『姦淫するな』と命じられている。しかし、わたしは言っておく。みだらな思いで他人の妻を見る者はだれでも、既に心の中でその女を犯したのである」（マタイ5・27〜28）。「わたしは言っておく」というイエスの言葉は、明らかに成人男性を対象にしたものです。「みだらな思いで」と訳された部分の聖書本来の言葉は「（禁じられたものを）欲しがる、むさぼる」です。ある人妻を自分のものにしようと欲情にかられ、彼女をどうにか自分のものしようと「欲望の対象」としてその女を眺める者は、それだけですでに「姦淫」しているのも同然だと、イエスは戒めているのです。イエス・キリストは見抜いているのです。罪は「思い」から始まり、それは言葉や行動へとつながっていく人間の悲しい現実を。イエスはきっと当時の弱い立場に置かれた多くの女性（妻）たちの現状を知り、彼女たちを守ろうとしてこんなにキツイ言葉を吐いたのでしょう。

しかし、「姦淫するな」という命令は、「男」のみならず「女」にも向けられたものであることを忘れてはなりません。この命令のねらいは、せっかく信じ合い、幾つもの苦労を乗り越え築きあげてきたこれまでの夫婦の絆（結婚の人格的な関係）を「姦淫／不倫」によって破壊してしまうこと。それにともなって神の祝福のもとにある家庭をこわしてしまうこと。その結果、子どもたちがこころに傷を負ってしまい、それを抱えながら生きなければならないこと。こうした一連の負の連鎖を一時的な迷いによって引き起こしてはならない、という悲願なのです。結婚関係については、まさに男も女も同等の責任を負わなければなりません。

ところで、「姦淫／モイケイア」と並んで聖書には「ポルネイア」という言葉がしばしば登場します。今日の「ポルノ」のもととなった言葉で「売春婦と関係すること」が直接の意味でしたが、転じて性道徳の乱れをも意味するようになりました。今日のわたしたちの社会はこの点でかなりルーズで、さまざまなメディアを通して若年層にも魅惑的な幻想となって混乱をあおっています。それがどういう結果をもたらしてしまうかをわたしたちは知っています。「性／セックスの世界」が、元来人格的な責任をともなう世界であることが無視され、むしろ自由の名のもとに、自己本位な快楽のみが追求され、それをあおるセックス産業が大手を振って繁栄しているのが現状です。目先の性的快楽だけを追い求めることを「良し」とする文化の中で

「姦淫してはならない」という神の訴えは、愚かしいこととさえみなされますが、でも良く考えるとどうでしょうか。ここにも人間のこころの闇と傲慢さが見え隠れしているのです。

聖書の人間理解によれば、人間は神の似姿に造られ、それが具体的に「男と女」すなわち性的存在として造られたということです（創世記１・26〜28、２・21〜25）。性や結婚の問題は、人間が性差を刻印された人格として互いに向き合い、協調し合う存在であること、そのため自分の身勝手な欲望が暴走してしまうとき、相手を深く傷つけてしまうということを考えさせます。「姦淫してはならない」という命令は、あらためて「人間であること」の尊さを実感させる掟であると言えます。「姦淫してはならない」は、人格存在である人間の本当の幸せを目指している掟なのです。

9　労働の意義──生きていく権利

第七　盗んではならない

『エッセンス』（八五頁〜）で学んだあの金持ちの青年のエピソードを思い出してください。「永遠のいのち（救い）を得るにはどうしたらいいのか」と尋ねたこの青年にイエスは一つの挑戦をします。「持っている物を全部売り払って貧しい人々に施し、それから自分に従え」ということです。しかしこの青年は肩を落として去って行った。金持ちだったからだ、とマルコは記しています。（10・17〜22参照）。これに対する弟子たちの反応や、青年を巡る議論についてはここでは触れません。

ところでイエス・キリストはなぜこのような挑戦をしたのか。この青年は何も悪いことをしてはいませんでした。しかし、イエスは彼が全く気づいていない重大な点に目を覚まさせようとしたのです。「盗んではならない」という点です。貧富の差が非常に大きかったあの時代（今日も同じですが）、一方で食べていくために必死な大勢の人々がいるかと思えば、他方、この青年のように莫大な富を手にしながら「永遠のいのちの保証」を得ようと完璧主義の罠にはまっていた少数の人々がいたのです。マザー・テレサが言うように「富んでいる者は、それがあたり前と思い、隣に貧乏な人がいてもその痛みや苦しみに気づかない」のです。この青年もまた、貧しい人々から食べ物や、今日でいう生存権を奪っていながら、宗教的なエゴイズムに浸っていたのでした。

イエスはまた、「金持ちとラザロのたとえ」をもって、貧しい人々の生存権を踏みにじっていながら見て見ぬふりをして、自分のことしか考えない人間の邪悪さを厳しくとがめています（ルカ16・19〜31参照）。

万引きから、原発事故の被害者に対する保証の打ち切り、そして地球全体を覆うほんの一部の人々があやつる巧妙な金融と利益獲得の壮大なシステムまで、今日わたしたちが生きている人類社会に、主の「盗んではならない」という命令は鋭く響き渡ります。おびただしい人々の生存権が現実に関わっているからです。

10　「欺瞞《ぎまん》」に満ちている日々の生活

第八　隣人に関して偽証してはならない

「嘘も方便」と言われます。「方便」とは仏教用語で人々を救いへと導く手段を意味します。目的を果たすために理想的ではないが、さし当たって事実と違うこと（＝ウソ）を手段として用いることを「嘘も方便」というのでしょう。実際、わたしたちの日々の生活は「ウソ」に満ちていると言っても過言ではありません。子どもたちは、サンタクロースがいるのはウソでないと思っていますが、実際はどうでしょうか。テレビや新聞をにぎわすコマーシャルや広告に至ってはウソっぽさが付きまとっています。政治家やお偉いさんの言葉は、本当に信じていいのかいちいち疑いたくなるほど、煙に巻く巧妙な論法で武装されています。国家間では「そうではない！」と強く否定されたことが、ほどなく肯定されるのは外交上のテクニックとなっているほどです。

また、今日のわたしたちの社会では「振り込め詐欺」が大きな痛みとなっていますが、年間数億円にものぼる被害は、まさに「虚偽」がどれほど恐ろしく身近な問題であるかを感じさせます。特に老人の弱みにつけこんでたくみに金を巻き上げる犯罪は、極めて卑怯だと言わなければなりません。神とか霊のたたりを使って人を脅かし、正常な判断をうばって金品を巻き上げる霊感商法もまた悪質な虚偽であると言わなければなりません。

「隣人に関して偽証してはならない」という主の命令は、聖書の世界においては元来、裁判を前提とした戒めでした。すなわち、裁判という公の場で隣人について嘘を言ってはならない、嘘を言って隣人を陥れてはならないという戒めです。いくら「自分は正直だ」と言い張っても、隣人について嘘を言って陥れることとなれば、その責任はお前にあるということです。この戒めは、相手を陥れて財産やいのちを奪うことを予防しているのです。

『出エジプト記』にはこの戒めを具体的に述べた箇所があります。「あなたは根拠のないうわさを流してはならない。悪人に加担して、不法を引き起こす証人となってはならない。あなたは多数者に追随して、悪を行ってはならない」（23・1〜2）。風評被害やネット上の悪意ある中傷誹謗など、今日を生きるわたしたちにも大いに当てはまる戒めではありませんか。

一方、キリストを信じるわたしたちには、「福音の価値観に基づいて疑う」ことも忘れてはなりません。陳腐なきまり文句やスローガン、型にはまった知恵とか常識といわれていること、イデオロギー的確信や標語などを目をこすって疑ってみる必要があります。活字になって印刷されたり、液晶画面に書かれたとしても、それだけで権威があるかのように錯覚してはなりません。福音を信じるということは、イエス・キリストの視点に立って自ら考え判断することでもあります。情報の洪水に溺れ、自分を見失ってしまわないためには、立ち止まり、嘘を見抜き、自ら考え、本当のことをつかんでいく姿勢が必要です。「わたしはあなたがたを遣わす。それは、狼の群れに羊を送り込むようなものだ。だから、蛇のように賢く、鳩のように素直になりなさい」（マタイ10・16）というイエスの忠告をこころに留めておきたいものです。

「隣人に関して偽証してはならない」。何よりも自分からこの掟に応えていくと同時に、偽証に満ちたこの世の現実を生きて行くためにはイエス・キリストの「福音の教え」に立って偽りを見抜いていく必要があるのです。

11　「むさぼり」への警告

第九　隣人の妻を欲してはならない
第十　隣人の財産を欲してはならない

ここでは第九と第十番目の戒めを一緒に扱うことにします。この二つに共通しているのは「むさぼり」の禁止です。仏教は「むさぼり」を人間の善心を害する根本的な三つの煩悩(2)の一つに挙げています。「もっと、もっと」という欲求は際限を知らず、人を滅ぼしてしまうという現実を直視し、そこからいかに解放されていくのか――ここから仏教信仰が始まると言ってもいいほどです。

イエス・キリストの真の救いへの訴えにも「むさぼり」への強い戒めがあります。摂理への信頼を訴えるイエスの教えは、何よりも「むさぼり」とは正反対の世界だからです（マタイ6・25～34、ルカ12・22～32参照）。「人は、たとえ全世界を手に入れても、自分の命を失ったら、何の得があろうか。自分の命を買い戻すのに、どんな代価を支払えようか」（マルコ８・36〜37）。「むさぼり」に対するイエスの強烈な皮肉と警告がここにはあると言わなければなりません。

ところで「隣人の妻を欲してはならない」とは、先に見た六番目の「姦淫してはならない」という戒めとよく似ています。「姦淫」の罪は男女双方の問題で、その動機は所有欲（独り占め）にあります。しかし、ここでは「隣人の妻」と言われている以上、男性のむさぼりの方が問題にされているのです。先に見たように「十戒」が記された時代でも、その後の時代でもユダヤ教社会では一夫多妻は普通のことでした。力ある男性は強烈な「むさぼり」にかられて「隣人の妻」をも手に入れようとしたのでしょう。それがどのような結果と悲劇を生むかは想像に難くありません。まさにこの掟は人間社会の秩序に関わる大事な戒めで、今日においても「隣人の妻を欲してはならない」という命令は生きています。何よりも子どもたちが犠牲となってしまうのですから。

次に「隣人の財産を欲してはならない」。これも「むさぼり」に対する具体的な戒めです。ここで注目したいのは「隣人の財産」と言われている点で、「隣人」と言われる以上、日々顔を合わせている近しい相手が前提とされているということです。イスラエル社会において、不作に見舞われて小麦の収穫がうまくいかなかった場合、貧しい農民は裕福な農家から種麦を倍にして返すという条件で借りていました。しかし、不作が続けば同じようなことを繰り返し、結局、畑は取り上げられ自分も家族も奴隷にされてしまう。このようなむごい仕打ちをこの掟は戒めているのです。今日のわたしたちの社会にも、「むさぼり」が原因の悲劇があとを絶ちません。借金地獄や横領事件、借金が返済できず絶望のあまり自ら命を絶ってしまうなどの悲しい現実があります。「むさぼり」は強者のみならず、さまざまな形で弱者も巻き込んで、まさに「人間」を滅ぼしてしまうのです。

ここであらためて「むさぼり／貪欲」について振り返ってみましょう。わたしたちの社会は「消費社会」と言われるほどに、溢れんばかりの情報によって欲望がどこまでも刺激され肥大化されていきます。しかし、「むさぼり」という欲はどこまでいっても決して満たされることがありません。「幸福になりたい」と願い、欲しい物を手にして消費しても「むなしさ」を感じてしまうのが現実です。こうした挫折感は社会のシステムによるだけではなく、それ以上にわたしたちのこころにその原因があるようです。「もっと幸せになりたい」というのは当然の願望です。ところが、自分の幸福にこだわり、幸福をむさぼろうとするとたん「幸福」は逃げてしまい、「幸福感」に浸ることができない――。これは不思議なことです。

それはきっと「幸福」は目的ではなく結果として与えられるからであって、「自分の幸福」「自分の喜び」だけをどんなに追求しても手に入れることができないからでありましょう。むしろ人のこころがほんとうに満たされるのはむしろ、自分や自分の幸福のことを忘れて、自分のなすべきこと、自分にとって意味あることに無心に取り組んでいる時です――人生のこの逆説的な真実は、古来、哲学者たちによって「幸福のパラドックス[3]」と呼ばれ、その罠に落ちることのないよう戒められてきました。

さきに挙げたイエス・キリストの「摂理への信頼[4]」が訴えるように、人間は本来あらゆる面で神の恵みに生かされて生きているのです。ところが、それを忘れて「恵みが不足だ」と神に不平を鳴らし、隣人から奪うことで自分を満たそうとするあさましさ――聖書における「むさぼり」はまさに人間の罪の根幹をなしているとさえ言えます。「むさぼるな」という戒めが「十戒」の最後にあるのは、神のみ前での人間の根深い闇の現実を直視し、「生かされて生きている」根本的な事実に目覚めさせる主のはからいなのでありましょう。

注

(1) なお、この項の構成は次を参照した。大住雄一『神のみ前に立って十戒の心』、教文館。

(2) **十戒**　キリスト教がユダヤ教から受け継がなかったものは、大きく二つ挙げられる。一つは選民思想（申命記7・6）、もう一つは律法至上主義で、この二つは切り離せない。しかし、ユダヤ教の律法にはここで扱う「十戒」のように民族を超えた普遍的な人間として守るべき「定め／道」もあることを認めなければならない。イエスがかの青年に遵守を問いただし、愛をもって完成するために自分は来たという「律法」とはこの普遍的な定めとしての律法なのであって、ユダヤ民族のアイデンティティーを保つための民族律法（割礼、安息日、食物規定、不浄忌避規定など）のことではない。なお、仏教の場合には在家者の戒として「五戒」がある。(1)酒を飲んではいけない（不飲酒戒《ふおんじゅかい》）。(2)嘘をついてはいけない（不妄語戒《ふもうごかい》）。(3)邪淫をしてはいけない（不邪淫戒《ふじゃいんかい》）。(4)人の物を盗んではいけない（負偸盗戒《ふちゅうとうかい》）。(5)ムダな殺生をしてはいけない（不殺生戒《ふせっしょうかい》）。

(3) **煩悩**　仏教では根本的な三つの煩悩を「三毒」と呼び、むさぼり（貪欲）、いかり（瞋恚《しんい》）、無知（愚痴／仏教の教えを知らないこと）を挙げる。

(4) **幸福のパラドックス**　諸冨祥彦『フランクル心理学入門』コスモス・ライブラリー、八七頁。

(5) **摂理への信頼**　マタイ6・25〜34、ルカ12・22〜34参照。

3 キリストの教会に「律法主義」を持ち込むな

1 新たな律法主義に警戒する

これまでイエス・キリストが新しい息吹を吹き込んだ「十戒」が、キリスト信者であるわたしたちの生きる路線でもあることを見てきました。しかし、それはイエス・キリストが打ち砕いたはずの「律法主義」の復活を意味しているのではありません。律法主義は、さまざまな罰のおびえをもって恐怖の感情を起こし人を隷属させる精神的な仕掛けと言えます。キリスト教の長い歴史を振り返ると、『旧約聖書』に記された「十戒」の文言をただ概念的に捉えて緻密に分析し、その成果を論理的に積み重ねて信仰生活の詳細な規範としてしまった時代が長く続きました（特にヨーロッパキリスト教圏の中世期において）。確かに、「十戒」の個々の解釈や分析は、それぞれの時代や地域において発生した危機を乗りこえるためのやむを得ない方策であったとも言えましょう。

しかし、こうした「律法主義化」のゆがんだ動きは、福音の喜びよりも「罪の体系」とそれにともなう「恐怖」を人々に押し付けてしまったことも否定できません。日本語では「畏れ」と「恐れ／怖れ」を区別します。しかし、両者が混同され、しかも「滅びへの恐怖」が突出してしまうなら、イエス・キリストがせっかくもたらしてくださった律法主義からの解放と「福音の喜び」は影をひそめてしまいます。わたしたちはキリストにおいて神の限りない愛を信じる者であることを決して忘れてはなりません。「愛には恐れがない。完全な愛は恐れを締め出します。なぜなら、恐れは罰を伴い、恐れる者には愛が全うされていないからです」（一ヨハネ4・18）

2　律法を全うするのは愛

『ヨハネ福音書』は、「あなたがたに新しい掟を与える。互いに愛し合いなさい。わたしがあなたがたを愛したように、あなたがたも互いに愛し合いなさい。互いに愛し合うならば、それによってあなたがたがわたしの弟子であることを、皆が知るようになる」（13・34～35）。「わたしがあなたがたを愛したように、互いに愛し合いなさい。これがわたしの掟である」（15・12）と、イエスの言葉を記しています。「掟」と訳された言葉が繰り返されていますが、聖書の言葉では「エントレー」で、それは「命令、指令」を第一義とする強さを帯びた言葉です。単なる条文や形式ではなくイエス自身の熱い想いをあらわしているのです。

これを受けてパウロは教えます。「互いに愛し合うことのほかは、だれに対しても借りがあってはなりません。人を愛する者は、律法を全うしているのです」（ローマ13・8）。また、ヨハネもその手紙で、神のみ前でこころの平安を得るには「神の掟」を守ってこそだと説きながら次のように教えます。「その掟とは、神の子イエス・キリストの名を信じ、この方がわたしたちに命じられたように、互いに愛し合うことです」（一ヨハネ3・23）

3　「救い」ということ

旧約において「律法」は自分の救いを得るための確かな道であり、その細かな規定を遵守することが救いの保証でした。しかし、イエス・キリストは成文化された律法の呪縛から人々を解き放ち、律法本来がもっていた精神、すなわち、神のみこころに直に触れるよう人々を招き入れたのです。これまで律法というい わば樹木の幹にあたる「十戒」について見てきましたが、それはイエス・キリストのこころを実践していく基本路線とするためで、新たな律法主義を目論むためではありません。

先に見たように、『ヨハネ福音書』によるとイエスはしばしば「わたしの掟」「新しい掟」という言葉を使い（ヨハネ13・34、15・12参照）、自分が示した「愛」がその中味であると仰せになりました。「救い」については『エッセンス』でも本書でも、さまざまな角度から述べてきましたが、イエスが「わたしの掟」といって強調する「愛」という点から見ると、「互いに人を愛し、人に喜んでもらう喜び」を今・ここで体験するのが「救い」であると言えます。この喜びが、その人自身の生きる意欲を育み自分の人生には意味があると実感させるのです。今日、ボランティア活動が盛んになり、それに参加する人々が、助けを必要とする人の救いに自発的に奉仕しながら、実は自分自身が救われていると異口同音に述べているのはそのためでありましょう。「情けは人のためならず」とは、人間の不思議ないのちの在りようを見事に言いあらわしていると言えましょう。

4　喜びこそがキリスト信者の基本感情

最後に、キリストを信じるわたしたちの基本感情は「喜び」であることを忘れてはなりません。ややもすると一生懸命信仰を実践しようとするあまり、真面目さが全てと思い、気持ちの面で余裕がなくなり気難しくなってしまうことに気をつけなければなりません。イエス・キリストは「これらのことを話したのは、わたしの喜びがあなたがたの内にあり、あなたがたの喜びが満たされるためである」（ヨハネ15・11）と仰せになりました。「これらのこと」とはイエスの全ての教え（福音）に他なりません。単なる人間的な「喜び」ではなく、イエスの内にみなぎっていた神の御子としての「喜び」が、わたしたち各自をことごとく満たすと約束しているのです。したがって、キリスト信者の基本感情とか気分は根本的に「喜び」であって、憂鬱とか不機嫌ではありません。もし、今の自分が落ち着きがなくイライラし怒っているのに気づいたら要注意です。イエス・キリストが約束した「喜び」の原点に戻らなければなりません。まさに「祈り」が必要です。最後にパウロの励ましを聞きましょう。

「主において常に喜びなさい。重ねて言います。喜びなさい」（フィリピ4・4）

福音の「喜び」は、心の平安、落ち着きをもたらします。先に取り上げた「祈り」の実りは、「喜び」という恵みに尽きるのではないでしょうか。パウロはまた次のようにも言います。

「いつも喜んでいなさい。絶えず祈りなさい。どんなことにも感謝しなさい。これこそ、キリスト・イエスにおいて、神があなたがたに望んでおられることです」（一テサロニケ5・16〜18）

第十三留

イエス、十字架から降ろされ、
母マリアに抱かれる

第六章

地の塩・世の光であれ

「あなたがたは地の塩である。だが、塩に塩気がなくなれば、その塩は何によって塩味が付けられよう。もはや、何の役にも立たず、外に投げ捨てられ、人々に踏みつけられるだけである。あなたがたは世の光である。（中略）あなたがたの光を人々の前に輝かしなさい。人々が、あなたがたの立派な行いを見て、あなたがたの天の父をあがめるようになるためである」（マタイ5・13〜14、16）

イエスのこの言葉が何を意味しているかは、あらためて詳しく説明するまでもないと思います。塩には腐敗を防ぐ働きが、光には闇を照らす働きがあります。イエスは、ご自分に信従するあなたたちもそのようであれと励ますのです。しかし、それは自力でできることではなく、まさに主ご自身の助けを必要とすることは言うまでもありません。

わたしたちが賜った「信仰」の恵み、「過ぎ越しの奥義」を生きる恵みは、ただ自分だけの救いのためなのではありません。信仰生活を自分の安心感や甘美な宗教感情にひたることだけを目的とするなら、あの完全を追求した青年（マルコ10・17〜）の閉鎖的な生き方と何ら変わらないことになってしまいます。イエスは弟子たちを「世」に向けて派遣されました。それは他でもない、わたしたち人間の救いのために「世に入ってこられた」神の独り子としてのご自身の使命に与らせるためでした。わたしたちもまた、それに連なるようにとイエスは「地の塩、世の光であれ」と呼びかけ励ますのです。

このイエスの願いに応え、いただいた福音信仰を出会う人々に伝える意欲を持ち、その力を主ご自身に願うとき、わたしたちはたとえ多くの欠点をかかえ罪深さを自覚することがあっても、祝福されたものとなっていくでありましょう。

このことを踏まえて、この章では今日の教会が「人間社会」のただ中にあって特に大事にしている幾つかの点を取り上げ、基本的なことを共に考えていきましょう。

第一節　福音化の使命に参加する

1　教会が担う宣教の使命―信徒使徒職ということ

1　宣教をためらう現実

「宣教」はキリストの教会の根本的な営みで、それをしなくなるともはやキリストの教会ではなくなってしまいます。（『エッセンス』一八二、一九一頁）それほど「宣教」は教会の根本的な生命活動であり、人が息を止めると死んでしまうのと同じです。その理由は「教会」が救い主イエス・キリストに起源をもち、キリストの使命を託されたからです（マタイ28・18～20参照）。

しかし、「宣教」という課題をまえにするとほとんどの人が逃げ腰になってしまうのはなぜなのでしょうか。「とんでもない、神父やシスターでもないわたしに、そんな大事なことができるはずがない」「勉強もしていないのに、なぜわたしが？」「まちがったことを教えてしまったらと考えると…」などの返事が大半です。しかし、ここには一つの誤解があるようです。それは宣教活動とは、キリスト教の情報を正しく伝えることであり、そのためには専門の勉強をしなければならないこと、さらに自分たちとは違って宣教にたずさわるのは、俗世間から離れ、神と天国のみを思い、祈りと善行に専念する聖なる生活に身を置く者に限られている、ということです。しかし、宣教とは果たしてそういうことなのでしょうか。

イエスは昇天を前にして弟子たちに「あなたがたに命じておいたことをすべて守るように教えなさい」（マタイ28・20）と仰せになりました。これはご自分の説かれた教え、その行いも存在も全てを丸ごと伝えることの願いです。そのねらいは、単なる情報伝達ということではなく、ご自分との出会いに導くことであり、それによって救いの体験が引き起こされることです。『ヨハネの第一の手紙』の冒頭では次のように言われています。

「初めからあったもの、わたしたちが聞いたもの、目で見たもの、よく見て、手で触れたものを伝えます。すなわち、命の言について。――この命は現れました。御父と共にあったが、わたしたちに現れたこの永遠の命を、わたしたちは見て、あなたがたに証しし、伝えるのです。――わたしたちが見、また聞いたことを、あなたがたにも伝えるのは、あなたがたもわたしたちとの交わりを持つようになるためです。わたしたちの交わりは、御父と御子イエス・キリストとの交わりです。わたしたちがこれらのことを書くのは、わたしたちの喜びが満ちあふれるようになるためです」（1・1〜4）

ここでの「わたしたちの喜びが満ちあふれるようになるため」とは、伝える側の一方的な自己満足ではなく、キリストを伝える側と伝えられる側が共に「キリストの真の救いの喜び」において共鳴し合うこと（＝交わりを持つこと）です。

このように考えると「宣教」（あるいは、かつての「布教」）という言葉の字づらに捉われないように注意する必要があります（『エッセンス』一九一頁参照）。むしろ右に挙げた『ヨハネの手紙』にあるように、「聞いた、見た、触れた」キリストの喜びを「証しする」と言った方がいいかもしれません。「証し」とは、漠然としていることをはっきりと明らかにすることなのですから。そうすることによって「いのち」の喜びが伝わり、共鳴し合うようになるのです。そしてこうした一連の証しの動きを促すのは「聖霊」であると、『ヨハネ福音書』が力強く繰り返し教えていることを忘れてはなりません（一六章参照）。

2　福音化ということ

ところで今日のカトリック教会は、「宣教」という言葉だけでなく「福音宣教」あるいは、「福音化」という言葉を頻繁に使うようになりました。それには次のような根本的な教会の確信があるからです。

すなわち、全ての文化や宗教には予め「み言葉の種子」が蒔かれており、福音の花を咲かせ実をむすぶ可能性が前もってあるということです。それぞれの社会は知らずにこうした「み言葉の種＝福音の種」を大事にしているのです。そのため、福音によって生かされているキリスト信者は、敏感な信仰の感性と識別力をもってこうした「福音の種子」を見つけ、育てていかなければなりません。

今日、カトリック教会が「霊性」という課題を取り上げるとき、「対話の力」を重視するのはこのためです。キリストの福音に出会って生きる喜びをつかんだればこそ、謙虚に相手の立場に立って相手の気持ちや考えを理解しようとする姿勢――これが霊性に裏付けられた「対話」の姿勢です。相手の言葉の中にも真理を見出そうとする愛のこころと信頼関係の中で、自分も率直に信じることを語ろうとする心構えです。イエスの「柔和な人々は、幸いである、その人たちは地を受け継ぐ」（マタイ5・5）という祝福は、こうした対話の姿勢にも反映されるのです。

「福音化／福音宣教」というとき、もう一つの側面も忘れてはなりません。それは出会う人や社会の考え方に対して積極的に働きかけるということです。教皇パウロ六世（在位一九六三〜一九七八）は、使徒的勧告『福音宣教』(1)の中で、「教会にとって福音宣教とは『良い知らせ』を人類のすべての階層にもたらし、『わたしはすべてを新たにする』とあるように、人類を内部から変化させ、新しくするという意味をもっています。（中略）福音宣教の目的は明らかに、この内的変化であります」(18項)と教えます。さらに教皇は「教会にとって福音宣教とは、ただ単に宣教の地理的領域を拡大して、より多くの人々に布教することだけでなく、神のみ言葉と救いのご計画にそむく人間の価値基準、価値観、関心のまと、思想傾向、観念の源、生活様式などに福音の力によって影響を及ぼし、それらをいわば転倒させることでもあります」(19項)とも述べています。教皇のこれらの言葉には、極めて深く広大な発想があります。わたしたちはもはや「宣教」を狭く捉えることはできません。

「福音化」を考える場合、決して忘れてならないことがあります。それは、まず福音を伝えるわたし(わたしたち)自身の「福音化」ということです。先に「修徳」の問題を取り上げ、「過ぎ越しの奥義」における自己の成長について考えましたが、それはまさに「福音化」ということなのであり、まず自分自身の課題であるということです。しかし、自分が十分に福音化されて初めて人々に「福音化」の働きかけができると考えてはなりません。わたしたちは初めから完成しているのではなく、常に途上にあることを思い起こしてください。キリストとその教会を愛すればこそ、その大切なことを自分が独り占めにするのではなく誰かにそれをお分けしたい――このこころをもって「福音/キリストの喜び」を自分なりに伝えようとするとき、自分は自ずと福音化されていくのです。福音化とは聖霊に導かれながら自他共に「キリストのいのち」において共鳴[2]し合うことといえます。この共鳴が教皇パウロ六世が言う「内的変化」や時には「価値の転倒」をもたらすのです。

3　信徒使徒職ということ

今日、カトリック教会は「信徒の使徒職[3]」を特に強調します。教会は「キリスト者としての召命は、そのまま使徒職への召命である」と教え、信徒一人ひとりが洗礼と堅信によって、キリストの使命に結ばれていることを強調します。信徒使徒職は、やってもやらなくてもよいものではなく、キリスト信者であるということと切っても切れない関係にある本質的な使命です。したがって、老若男女を問わず、病気の人も健康な人も障害を持つ人も、年齢や職業、身分、性別、能力に関係なく、全てのキリスト信者は「使徒職」に参加する権利と義務があるのです。

あなたの身の周りをちょっと見てください。「宗教とかキリスト教など、本当に人類社会に必要なのだろうか」「もし必要とするなら、いったい何のためなのか」「自分は神仏を信じることを否定しないが、別にキリスト教でなくてもいいし、自分だけの信仰で十分だ」「わたしは宗教なんかに頼らなくとも、ちゃんと生きていける」「宗教なんて近づかないのが無難だ。テロ活動やカルト宗教、巨大新宗教教団などを見よ。宗教は混乱や悲劇や脅威を起しているだけではないか」「今の生活を思いきり楽しめば、それで十分だ。神とか来世など余計なおせっかいだ」「科学的に実証されない神仏を当てにして生きること自体、非人間的であり、自分が納得することだけを当てにして生きたい」「宗教とは霊能を身につけ邪気を払い、念力によって自己の願うことを実現していく霊界との交流であり、それをもって自己啓発していくことだ」「もし、宗教ということがあるならば『人間主義の宗教』で十分だ。力を出し合って団結し、大人数でスクラムを組んで平和を求めれば必ず勝利する。来世のことなど考えなくても良い。みんなが健康で生活が楽になることを保証するのが宗教というものだ」など。このような考えを持つ人々が常にそばにいます。彼らがキリスト信者であるあなたにこのようなことを話しかけてきたら、あなたは黙認するだけですか。

「宣教」とは何か特別なことを特別な場所で行うということではなく、日々自分の生活の中で行う、ある意味で「平凡な証し」の継続と言えます。この証しのために、わたしたちキリスト信者は、会社員なら会社へ、学生なら学校へ、病人なら病院へそれぞれ派遣されるのです。

自分を派遣する「誰か（＝イエス・キリスト）」を自分の生き方や言葉で紹介すること、結果を急がずに祈りながら辛抱強く待つこと――これが「宣教」ということであり「福音化」ということなのです。

4　宣教する共同体

これまで繰り返し述べてきたことからも分かるように、「教会」は本質的に宣教する共同体です。自分たちの信仰共同体（例えば小教区）の外に向かって「福音」を伝えることをしなくなれば、もはやキリストの教会とは言えません。信仰共同体が教祖的な存在やボスを中心とした閉鎖的なグループや形式的な祈りや儀礼を繰り返すだけの宗教集団になりさがってしまえば、もはや「キリストの教会」とは言えません。こうならないように教会は常に気を配っていなければならないのです。

福音宣教は、確かに福音的価値観を伝える一人ひとりの生きざまによるものです。しかし、各自がエウカリスチア（ミサ聖祭）を中心とした「共同体」に支えられなければ、どこからその力を汲むのでしょうか。正しさ、平和と一致、愛と忍耐、仕えるキリストの姿、罪や悪や不正に対する粘り強い抵抗、回心を促す呼びかけ。これらは一人の力ではできないことです。互いに祈り助け合い、共に捧げる「ミサ聖祭」において、生活そのものを神への祈りと捧げ物にすることなしには、そして世界の救いと罪の赦しのために祈ることなしには、「福音化」は不可能なことでありましょう。

「ミサ聖祭」の結びの司祭の言葉、「行きましょう。主の平和のうちに」は、「福音化」に向から派遣の言葉であることを、毎回こころに留めてください。

注

(1) **福音宣教**　使徒的勧告『福音宣教』は一九七五年に発布され、現代世界への福音宣教の在り方を訴えた。カトリック中央協議会。

(2) **共鳴**　今日、カトリック教会では「カテキスタ」「カテキズム」「カテケージス」と言う言葉がよく使われるようになった。ギリシャ語を用いていた古代教会の伝統と息づかいを尊重するためであろう。これらの一連の言葉は、ギリシャ語の「カテーコー」という語に由来する。それは「口頭で教える、口頭で伝える、教授する、耳に入れる、知らせる」といった意味をもつ動詞で、もともと「(カタ／下に、〜に向かって)＋(エーコー／鳴る)」、すなわち、「(こころの)底に鳴り響く、鳴り響かせる」の意味合いがある。この「カテコー」を元に幾つかの派生語が生まれ、教会で広く使われるようになった。「カテケージス」とは、問答をしながら(響き合いながら)教えること、教え導くこと、要理教育。「カテキズム」とは教理問答集、信仰問答書、また問答集に含まれた信仰内容。「カテキスタ」とは、カテケージスにたずさわる人、信仰内容を伝える人を指す。また、「カテコー」というギリシャ語本来のニュアンスを考えると、「カテケージス」には、「対話」の性格が濃厚であることが分かる。それはまず、伝える者と聴く側が「真理(真実)において響き合う」ことから始まり、次に、聴く側が自分自身と対話すること、さらに伝えられた真理(神、み言葉)と対話することへと展開するからである。神のみ言葉を巡るこれらの「共鳴」全体が、まさに「カテケージス」ということなのである。なお『新約聖書』では、「カテコー／教える」という言葉が、多く用いられている(ルカ1・4、使徒言行録18・15、ローマ2・18、一コリント14・19、ガラテヤ6・6参照)。

(3) **信徒使徒職**　第二バチカン公会議(一九六二〜一九六五)は、『信徒使徒職に関する教令』(一九六五)を発布してカトリック信者の宣教意識を鼓舞した。

2 福音化に参加するための指針—『現代世界憲章』[1]—

1 『現代世界憲章』を読む喜び[2]

社会の福音化などというと、あまりにも大きな問題で誰もが尻込みしてしまうかも知れません。しかし、教会は草創期からつねに歴史のただ中にあって現実の社会を見つめ、さまざまな問題にキリストの信仰共同体としてどのように対処したらいいのか模索してきました。今日の人類社会におけるその素晴らしい成果として、第二バチカン公会議の『現代世界憲章』があります。ぜひ手に取って読んでみてください。教会がいかに強い確信とバランスある総合的な視点をもって「この世」に働きかけようとしているか、また、わたしたちカトリック信者がどのような考えを持ち、働きかけていったらいいのか、汲めども尽きない豊かな知恵と指針をそこに見出すことでしょう。わたしたちの日本社会で活躍するさまざまな「政党」の政治理念よりも、はるかにスケールが大きく力強いものがそこにあります。まさに今日における「福音」の生き生きとした姿をそこに見出すでありましょう。

2 イエス・キリストからいただいた強さと自由闊達なこころ

イエスが生きた社会もまたさまざまな問題を抱えていました。いつの時代でも社会が抱える問題の犠牲になるのは弱い立場の人々、病人や孤児や老人たちです。お偉いさんには想像もつかない貧しい暮らしを強いられた人々の現実は、先進国の仲間である今日の日本社会にあっても相変わらず同じです。律法主義が当たり前とされていた社会状況の中で、神の子イエスはどのような人々の中に身を置いておられたのか。どのような人々の目線で神の国の到来の福音を説かれたのか。また、イエスが与えた慰めと生きる勇気と希望とはどのようなことだったのか。こうした視点を踏まえない限り「かくしてみ言葉は人となった。この方こそ光であった」（ヨハネ1・14～）という衝撃を実感することはできず、福音も単なる精神論に堕してしまいかねません。

今日の教会はイエスの福音の力強さを「解放」という言葉で表現します。それは聖書の言葉だからです。『ルカ福音書』はイエスが故郷のナザレの会堂でメシア宣言をなさったことを、イザヤの言葉を用いながら力強く語ります。

「『主の霊がわたしの上におられる。貧しい人に福音を告げ知らせるために、／主がわたしに油を注がれたからである。主がわたしを遣わされたのは、／捕らわれている人に解放を、／目の見えない人に視力の回復を告げ、／圧迫されている人を自由にし、主の恵みの年を告げるためである』（中略）会堂にいるすべての人の目がイエスに注がれていた。そこでイエスは、『この聖書の言葉は、今日、あなたがたが耳にしたとき、実現した』と話し始められた」（ルカ4・16～21）

ここで注目したいのはイエスがメシアとして口にした「解放」「回復」「自由」という言葉です。いずれもいのちの在りようを妨げるものを取り除き、神が創造された本来のいのちへと解き放つイエス自身の使命を生き生きとあらわしています。解放を意味する「アフェシス」は、解放、釈放、自由を与えることが原義ですが、そこからさらに、イエスの御父から受けた使命である「罪のゆるしによる解放」を意味する重要なキーワードとなっています。

わたしたちは、イエス・キリストの「解放」を信じ、その恵みに与らせていただきました。すなわち、この恵みとは、イエスの「過ぎ越しの奥義」に基づく、この世から始まる確かな希望であり、慈しみ深い父なる神を当てにして生きる強さであり、神に反抗して生きることを止め、忍耐強く愛深く生きることへの「解き放ち」「自由闊達な生き方」です（一コリント13・4

〜7参照）。こうした恵みをいただいたからこそ、その御恩に応えるべく、混乱した現実の「世」に働きかけ、弱い立場に追いやられた人々にいくらかでも寄り添い、手を差しのべ、声を上げることができるのです。

3　現代世界に語りかける教会と「時のしるし」

第二バチカン公会議は、今日のキリストの教会に三本の柱を打ち立てました。それは公会議が生み出した重要な三つの憲章で『教会憲章』『現代世界憲章』『啓示憲章』と呼ばれます。まず『啓示憲章』は神のみ言葉（啓示）が歴史の中でどのような働きをなし、いわゆる「聖書」となったのか。また権威ある書き物（＝聖書）を生み出した信仰共同体と、聖書以前の生きた「伝承/伝統」（聖伝）との関係はどのようなことなのかを説き明かしています。それはまた、全てを人間理性だけで片づけてしまおうとする現代世界への暗黙の諭しでもあるのです。

次の『教会憲章』と『現代世界憲章』とはペアをなしていると言われます。『教会憲章』をもって、教会の本質、使命、存在理由などについて自覚を新たにした教会は、現実の人類社会のただ中でどのように自分の使命を果たしていくことができるかを模索します。すなわち、教会は自分が置かれた現代世界の中に「時のしるし」を見、それに応えようと努めるのです。「時のしるし」には二つの面があります。一つは人類社会が呈している現実の姿、特に苦しみや困難な諸問題です。もう一つはそこにみられる神の問いかけ、すなわち、人類と教会に語りかけられる神からの挑戦です。「空模様を見分けることは知っているのに、時代のしるしを見ることはできないのか」（マタイ16・3）と言われたイエスの言葉に励まされながら、教会は「時のしるし」を嗅ぎ分けてそれに対処していこうとするのです。先に触れた「福音化」の働きに他なりません。

ところで『現代世界憲章』はその「前置き」（4～10項）で、現代世界における人間の状態の最大の特徴はめまぐるしい変化にあるとし、それを「時のしるし」とみなします。それは、社会秩序の変化、心理的・道徳的・宗教的変化となってあらわれ、巡り巡って現代世界の不均衡を生み出していると指摘します。これらの問題の打開という人類共通の願いと問いかけにキリストの教会は誠実に取り組んでいくという決意がこの「前置き」にはみなぎっています。

4　人類社会の中にある教会が　イエス・キリストの視点から現代社会に訴えること

『現代世界憲章』の中には、現実社会におけるキリスト信者としてのさまざまな行動指針とその動機づけが提示されています。例えば、第二章から幾つかの点を紹介してみましょう。[3]

(1)公会議の意図

・現代世界では技術の進歩によって人々の相互関係がますます広がっている。しかし、人間の交流や関係は人格的な対話によって成り立つものであって、そのためには人間の霊的尊厳を尊重し合うことが肝要である。キリスト教にかかわる啓示は、このような人格どうしの交わりを促進するために大いに貢献し、創造主が人間の精神的・道徳的本性に刻みつけた社会生活の法則をいっそう深く理解させてくれる。

(2)人格と人間社会

・人格の成長と社会の発展とは相互に依存している。人々は、しばしば子どものときから浸りきってきた社会環境によって、行うべき善から遠ざけられ、悪へと押しやられることもある。頻繁に起こる社会秩序の混乱は、経済・政治・社会形態の緊張に由来するのは事実であるが、しかしもっと探い根源は、社会環境をも退廃させる人々の高慢と利己主義にある。

(3)共通善の促進

・相互依存が日増しに緊密になっていく今日「共通善」（＝集団と個々の成員とが、より豊かに、より容易に自己完成を達成できるような社会生活の諸条件の総体）の課題は、ますます世界的な広がりをもつものとなり、「全人類にかかわる権利と義務」を含む課題となっている。

・人格は事物の世界にまさり、その権利と義務は普遍的であり侵すべからざるものである。したがって人間が、真に人間らしい生活を送るために必要なすべてのものを獲得できるようにしなければならない。

・それらは、食糧・衣服・住居・生活形態を自由に選び家庭を作る権利、教育に関する権利、労働の権利、名誉と尊敬に関する権利、適正な報道に関する権利、自己の正しい良心に従って行動する権利、私生活を守る権利、宗教的なことがらに関する正当な自由に対する権利などである（傍線・筆者）。

・社会秩序とその発展は、つねに人格の福祉を優先させるべきである。それは真理に基づき、正義の上に打ち立てられ、愛によって生かされるべきであり、人間にふさわしい均衡のとれたものとならなければならない。こうした目的を達成するためには、考え方を改め、広範にわたる社会の変革に取りかからなければならない。

(4)人格の尊重

・各自は隣人を例外なしに「もう一人の自分」と考えなければならず、何よりもまず隣人の生活と、それを人間にふさわしいものとして維持するために必要な手段について考慮すべきである。たとえば、見捨てられた老人、不当に軽蔑されている外国人労働者や難民、非合法な結婚から生まれ、自分があずかり知らない罪のため不当な苦しみを受ける子ども、われわれの良心に呼びかける飢えている人がそうである。「わたしの兄弟であるこのもっとも小さい

者の一人にしたのは、わたしにしてくれたことなのである」（マタイ25・40）

・さらに、あらゆる種類の殺人、民族殺戮《さつりく》、堕胎、安楽死、自由意志による自殺など、すべていのちそのものに反すること、また、傷害、肉体的および精神的拷問、心理的強制など、すべて人間の尊厳を損なうこと、また、人間以下の生活条件、不法監禁、強制移送、奴隷的使役、売春、女性や未成年者の売買、さらに、労働者を自由と責任のある人格としてではなく、単なる収益の手段として取り扱う劣悪な労働条件など、人間の尊厳に反するこれらすべてのこと、またそれに類することは、まさに恥ずべき行為である。それらは、文明を退廃させるとともに、このような危害を受ける者以上に、それを行う者を汚すものであり、ひいては、創造主の栄誉に対する甚だしい侮辱である。

(5) 異なる考えを持つ人々に対する尊敬と愛

・社会、政治、さらには宗教の問題について異なる意見をもち、異なる行動をとる人々をも尊敬し愛するようにしなければならない。それゆえ、われわれが思いやりと愛とをもって、彼らの考え方をより深く理解しようとすればするほど、彼らとの対話に入ることはより容易になるであろう。

・この愛と思いやりは、真理と善に対するわれわれの態度を決してあいまいにするものであってはならない。むしろこの愛は、すべての人に救いの真理を告げるよう、キリストの弟子たちを駆り立てる。

・しかし、誤りと誤っている人とは区別しなければならない。たとえ宗教問題について間違った思想や不正確な考えで汚されている場合でも、つねに人格の尊厳を保持している。神だけが審判者で、人間の心の中を知っておられるからである。

(6) 万人の本質的平等と社会正義

・すべての人が基本的に平等であるとは言え、人は種々の身体能力、また知性と道徳の力において異なり、すべての人が同等ではない。しかし、社会的差別であれ、文化的差別であれ、あるいは性別・人種・皮膚の色・地位・言語・宗教に基づく差別であれ、基本的人権に関するすべての差別は神の意図に反するものであり、克服され、排除されなければならない。
・基本的人権が今なお、どこででも十分保障されていないことは、まことに悲しむべきことである。たとえば、女性に対し、自由に夫を選び生活形態を保持する権利、男性と同様の教育や文化を享受する権利を認めない場合がそうである。

(7) 個人主義的な倫理の克服

・各自が、それぞれの能力と他人の必要に応じて共通善に寄与し、さらに人々の生活条件の改善に役立つ制度を促進し援助することによって、正義と愛の義務は次第に遂行されていく。
・しかし、一方で社会に必要なことをまったく配慮しないような生活を続けている人々がいる。しかも、いろいろな地域で、多くの人が社会における法律や条令をほとんど無視している。種々の欺瞞や悪巧みを用いて、正当な税金や社会的負担を逃れることを恥じない人も少なくない。また、自分の不注意から自他の生命を危険にさらし、保健衛生や自動車運転の規則などを軽視する人々もいる。
・社会との緊密なつながりを大事にすることは現代人の主要な義務であり、これを果たすことはすべての人々にとって神聖な務めであるはずである。実際、世界が一つになればなるほど、人々の義務は個別集団の域を越えて、世界全体にまで広がっていく。そのためには、各個人やその所属団体が、自ら道徳的、社会的な諸徳を養い、社会に広めていくことが不可欠である。

(8) 責任と参加

・一人ひとりの人間が、自分自身と所属する諸団体とに対する良心の義務をより確実に果たしうるためには、豊かな心の文化を熱心に習得していく必要がある。
・何よりも青少年の教育が推進されるべきである。こうして、才能を伸ばすばかりでなく、今日強く求められている寛大な心を備えた男女が育っていく。
・人間が安楽な生活に甘んじそこに閉じこもるとき「人間の自由」は劣化し、また極度の貧困に陥るときにも人間の自由は衰退する。しかし、社会生活上避けることのできない困難を引き受け、互いに結束して、人間共同体に貢献しようと努めるとき人間の自由は強化される。
・したがって、共同の事業において自分の役割を果たそうという意志をすべての人の中にかきたてるべきである。できるだけ多くの国民が、自由をもって社会に参加できるように計らう国家の施策は称賛に値する。
・したがって、国民が社会の諸集団に参加する意欲をもつためには、彼らが他人への奉仕に向けさせるだけの価値をそれぞれの集団に見いだすことが必要である。人類の未来は、生きる理由、希望する理由を明日の世代に提供できる人々の手中にある。

理解を深めるために

「権利」ということ

『現代世界憲章』では人間としてのさまざまな「権利」に言及しているが、あらためて「権利」という言葉について振り返ってみたい。日本語で「権利」と言えば、(1)物事を自身の意志によってなし得る資格　(2)ある利益を主張し、それを受けることの出来る力（『新明解国語辞典』三省堂）と考えられている。しかし、今日の「権利」という概念は明治以前の日本にはなく、仏教思想にも全く見られない。元々「はかる、仮に、臨機に」を意味した「権」という文字は、「その場の状況に応じて対処すること」の意味となり、さらに「強行し、他人を強制して服従させる力」、すなわち、「権力、権勢」の意味となった（『常用字解』白川静、平凡社）。明治になって、西洋（欧米）の「right」という概念が入ってきたがそれを「権利」と訳したものが今日使われている。英語の「right」は、元々「まっすぐで正義にかなった、当然のこと」を原義とする言葉で、「権利」という訳語にはない意味合いがあることに注目しなければならない。英語の「right」の発想は、ラテン語の「jus／ユス」に由来する。「jus」は、「正しさ、公正、公平、正義」を意味する「justitia／ユスティチア」と同根で、「人間として生まれつき神から与えられた当然の在りよう」というキリスト教的な人間観に基づく。英語の「right」もこうした人間観を背景にしている。ここから「人が生きていく上で自己を守るために他人に対して主張すべく持っている、他人から侵されない資格や法律上の力」という近代的な概念として整理された考え方、それが明治になって入ってきたのである。

もう一つ、考えさせられることがある。それは「jus／ユス」にしても「justitia／ユスティチア」にしても、「命ずる、裁可する、任命する」という意味の動詞「jubeo／ユベオ」の派生語だということである。したがって、「jus／ユス」と「justitia／ユスティチア」の二つの語は、「元来そのように命じられた、そのように定められた、そのように望まれた」という人間の根本的な在りようを示唆している。両者にまたがる「当然のこと、本来的な正しさや公平さ」は、「与えられた存在規定」であるということで、いわば「他力」の結果なのである。日本語で「権利」というと「自分からの主張」という側面が強いが、しかし、「権利」と訳された「right」には、人間を超えた存在から「与えられた本来のいのちの在りよう」「当然のこととして許されたいのちの姿」という発想があることを見逃してはならない。

第二バチカン公会議は、このような意味合いでさまざまな「権利／jus／right」をここで訴えているのである。列挙された一つひとつの「権利」は、こうした背景で捉えるとまさに生きた切実な問題として迫って来る。

5　祈りによる社会参加

キリスト信者として社会参加を考える場合、忘れてならないのは「祈り」です。祈りなしの行動であるならば、それは例えどんなに善意に満ちた素晴らしいものであっても、世の政治活動と何ら変わらないことになってしまいます。わたしたちの世への働きかけの根本的な動機は、「主の祈り」で「み国（＝バシレイア）が来ますように」と祈らせたイエス・キリストの想いとこころにあることを忘れてはなりません。この意味でわたしたちの政治理念の土台は「主の祈り」であるとさえ言えます。イエスの「パン種のたとえ」（マタイ13・33）のように、正義や平等や平和を求める人々の発言や行動に参加しながら、わたしたちは、祈りをもってそれを大きく膨らませることができるのです。さまざまな理由で行動的に社会参加ができない場合が現実的に多々あります。それでも「祈り」をもって参加できることを忘れてはなりません。

カトリック教会は、日々の公的な祈りである『教会の祈り』[4]において、人類社会とそこに生きる全ての人々のために祈り続けます。その中から幾つかを紹介しましょう。キリスト信仰が決して宙に浮いたものであったり、個人的な信心で終わるものではないことがこうした祈りの数々からもうかがえるでありましょう。

†教会自身のために

・あなたの民の信仰を強めてください。変動する世界にあって、日々の労苦の中にも　あなたの語りかけを聞き、信頼の心を深めることができますように。（主の降誕／クリスマス朝の祈り。以下朝、晩と略す）

†家庭／家族のために

・結婚のきずなに結ばれている人々を祝福し、互いの愛を実らせてください。あなたのうちに見いだすまことの平和と一致を、次の世代に伝えることができますように。（第一主日前晩）

・すべての家庭をあなたの平和で満たしてください。不幸な家庭に光を与え、親のない子を力づけ、離ればなれになった家族を一つに結んでください。（第二土曜朝）

†子ども、青年のために

・子どもたちを　あなたの愛のうちに守ってください。両親に従い、兄弟、友人と協力することを学び、社会に尽くす人間となることができますように。（聖家族前晩）

・子どもたちの心を清く保ち、不純な読みものや話しから守ってください。善悪をわきまえて正しいことを選ぶ強い心の人に育ちますように。（一二月二一日朝）

・家族から離れて生活し、働かなければならない人、特に離郷青年を顧みてください。彼らがよい友に恵まれ、ともに生きる喜びを味わうことができますように。（第三水曜晩）

・世界にあなたの正義と平和をお与えください。若い世代が希望を失わず、社会の矛盾を解決する建設的な力となりますように。（一二月二九日朝）

†教育にたずさわる人のために

・教育の使命を与えられた人々に聖霊の光を注いでください。家庭、学校、社会のどこでも正しいことが伝えられ、人格の尊厳が保たれますように。（第三木曜晩）

・青少年の教育にたずさわる人が、学力、成績だけにこだわることなく、豊かな人間性と心を

育てることができますように。（一二月一七日朝）

†労働に励む人々のために

・仕事にでかけるすべての人を　あなたの光で導き、一日の働きを　みこころにかなうものとしてください。（第一月曜朝）

・つらい仕事や危険な労働に従事する人々を顧みてください。かれらの人格が尊重され、ふさわしい生活の保障が与えられますように。（第一水曜晩）

・わたしたちの生活を支える農業、漁業に従事する人々を祝福し、日毎のかてをすべての人にお与えください。（第二月曜朝）

・地を耕し、治めることをゆだねられた人類にまことの知恵をお与えください。あなたのわざである自然を破壊することなく、調和のうちに進歩していくことができますように。（第一木曜朝）

†病人と弱者のために

・身寄りのない人、孤独な人を助ける力をお与えください。あなたのうちに生きる喜びをともにすることができますように。（第一水曜朝）

・病気の人、よるべのない老人を顧み、まわりの人の善意をささえ、励ましてください。キリストの苦しみにあずかる人々に、いやしと慰めが与えられますように。（第二主日前晩）

・長い病気に苦しむ人、寝たきりの老人を顧み、あなたのいつくしみによって力づけてください。孤独と不安に負けることなく、主とともに生きる喜びを味わうことができますように。（第三主日朝）

・住む所も家もない人々に、あなたの力強い救いの手をさし伸べ、あなたの子どもにふさわしい住まいをお与えください。（第二主日前晩）

・職のない人にふさわしい職場を与え、家族と離れて働いている人に　やすらぎと憩いの場をお与えください。（第二月曜晩）
・からだの不自由な人の苦しみと　その家族の苦労を心に留め、困難に打ち勝つ力をお与えください。（第一木曜朝）

†医療に携わる人々のために
・医療に携わる人のために祈ります。あなたのいやしの力を、病む人々の心とからだにもたらすことができますように。（第一金曜朝）

†福祉に携わる人々のために
・福祉活動にすべてをささげる人々に、あなたの力強い助けをお与えください。彼らが苦しむ人々の間におられるキリストと出会い、あなたのいつくしみを知ることができますように。（第二水曜晩）

†学問／芸術に携わる人々のために
・真理を求め、学問を追求する人々を照らしてください。真理の源であるあなたの輝きを仰ぎみることができますように。（第三月曜晩）
・芸術の道を歩む人に　あなたの美しさをあらわしてください。かれらの作品、活動が、あなたへの賛美の歌となりますように。（第四火曜晩）

†科学／技術／環境
・科学、技術にささえられる世界が、繁栄におごることなく、精神生活の重要さを理解し、あなたの来臨にそなえることができますように。（一二月二三日朝）
・自然に対して支配力をふるう科学と技術が人間とその環境を破壊することなく、まことの平和と進歩に役立つものとなりますように。（第一土曜朝）

・キリストのとうとい血によって　あがなわれた被造界を大切にさせてください。あなたの英知をすべてのものの中に見ることができますように。（第二金曜朝）

†報道

・報道と出版の活動を、あなたの真理のうちに導いてください。正しい知識によって世界の人が相互の理解と愛に進むことができますように。（第四土曜朝）

・情報化時代に進む世界に正しい判断力をお与えください。現代に生きる人々が情報に流されることなく、責任ある社会人として行動することができますように。（待降節土曜朝）

†正義／自由

・人間性をゆがめる権力を正し、不当な圧迫を受けて苦しむ人々にまことの自由をお与えください。

・自由を奪われた人を解放し、盲人に光を与え、孤児とやもめをいたわり、あなたがすべての人の父であることを示してください。（第一金曜晩）

・人種、国籍、宗教などによる差別を　わたしたちの間から取り除いてください。すべての人の権利が守られ、あなたの子として生きる自由が与えられますように。（第四主日前晩）

・人々の心に奉仕の精神がゆきわたり、正義と愛の支配する社会を築いて行くことができますように。（待降節月曜朝）

・主よ、あなたは世の罪を滅ぼすために来てくださいます。今も罪の力が働いていることを悟り、戦い続けることができますように。（一二月二一日晩）

†平和

・新しい朝を迎え、主とともに祈ります。世界にまことの平和が与えられ、すべての人が兄弟として生きることができますように。（第一火曜朝）

・主イエス・キリスト、あなたは十字架上の死によって世をあがなってくださいました。罪の中で争い悩む世界をあわれみ、ゆるしと平和をお与えください。（第二火曜晩）
・開発途上にある国々を助ける力をお与えください。すべての民が兄弟として平和に暮らすことができますように。（第四水曜朝）
・全てを治められる神よ、この世界から戦争と憎しみを滅ぼしてください。人種、国境を越えてわたしたちが兄弟として愛し、助け合うことができますように。（待降節火曜朝）
・恵み豊かな父よ、すべての民を導き、キリストのもとに一つにしてください。人種、思想の相違を越えて、愛に根ざした平和な世界を築くことができますように。（一二月一八日晩）
・主よ、世界の国々が　あなたからいただいた富を公平に分かち合い、神の似姿に造られたすべての人が、自由と平和のうちに生きることができますように。（一二月二三日晩）
・すべての人の救いを望まれる神よ、教会が平和のあかしとなり、人々を一つに結ぶ力となりますように。（第一主日晩）

†政治家／世の指導者のために

・世界の指導者が、あなたの正義によって導かれ、まことの平和が実現しますように。（第一主日晩）
・万物を治められる神よ、国の指導者を英知によって導き、いつも人々のしあわせを求める心をお与えください。（第一火曜晩）
・国政にたずさわる人々の上にあなたの光を豊かに注いでください。すべての人に生活の保障が与えられ、恵まれない人を守る福祉行政が力強く進められますように。（待降節金曜朝）
・主よ、あなたは人の心を知り、導いてくださいます。政治をつかさどる人々を、あなたの光で照らし、悪の力から守り、すべての人の善を求める心をお与えください。（一二月二〇日朝）

注

（1）**『現代世界憲章』**　第二バチカン公会議の発布した三大憲章の一つ。一九六三年発布。

（2）**『現代世界憲章』のしくみ**（カッコの数字は「項」の番号をあらわす）

『現代世界憲章』の目次を見ると、人類の救いのために人となられた「神のみ言葉（ロゴス）の受肉」の奥義が息づいている。また、救いの喜び（福音）を宣べ伝えるために全世界に派遣された弟子たちの忠誠と、「世の終りまであなたたちと共にいる」（マタイ28・19〜20）と約束なさったイエス・キリストの約束とが共鳴している。現代世界におけるイエス・キリストの現存の一つの姿がここにあると言える。

序文（1〜3）
前置き　現代世界における人間の状態（4〜10）
第一部　教会と人間の召命（11〜45）
　第一章　人格の尊厳（12〜22）
　第二章　人間共同体（23〜32）
　第三章　世界における人間活動（33〜39）
　第四章　現代世界における教会の任務（40〜45）
第二部　若干の緊急課題（46〜93）
　第一章　婚姻と家庭の尊さ（47〜52）
　第二章　文化の発展（53〜62）
　第三章　経済・社会生活（63〜72）
　第四章　政治共同体の生活（73〜76）
　第五章　平和の推進と国際共同体の促進（77〜93）

（3）**公文書より**　以下、『第二バチカン公会議公文書』（前掲書）六二三〜六三一頁より抜粋し、多少表現に手をくわえて要約した。

（4）**教会の祈り**　かつては「聖務日課」と呼ばれ聖職者や修道者の務めとされていた。しかし、第二バチカン公会議の典礼刷新によって、古代教会にならい、決まった時刻にキリスト信者が集まって共に祈るという意味で「時課の典礼」または「教会の祈り」と呼ばれるようになった。ここに引用したものは日本語版の『教会の祈り』（一九七三）による。

第二節　教会一致運動（エキュメニズム[1]）

1　教会一致運動／エキュメニズムの動機

教会の歴史を振り返れば、約九〇〇年ほど前に「東方教会」との分裂があり、さらに五〇〇年前のルターの抗議を発端とするプロテスタント運動の結果、カトリック教会からの分裂がありました。これらの分裂は「キリスト教会」の大きな傷であると同時に、長年にわたって政治や文化、民族問題などの要因が複雑にからんで生じた紛争の結果であることも認めなければなりません。

教皇ヨハネ二三世（在位一九五八～一九六三）が、第二バチカン公会議を招集した重要な目的の一つは、教会一致（エキュメニズム）にあったと言われます。同じ聖書を読み、イエスをキリスト（真の救い主）と告白し、キリストが掟として授けた「兄弟愛」を信じる者同士が、互いに争い、分裂していることは矛盾としか言いようがありません。また、この現実は日本のようなキリスト教の歴史の浅い土地では、多くの人々にとってつまずきの種でもあります。そのため、キリストが「すべての人を一つしてください」（ヨハネ17・21）と祈られたように、「キリストの教会」の一致を願い、努力を重ねることは、キリストの弟子であるわたしたちの大事な課題であると言わなければなりません。

2　理解し合う動きへ

一六世紀の宗教改革[2]以来、カトリック教会とプロテスタント教会[3]は互いの非を批判し、論争と誤解の中で不信感をつのらせてきました。しかし、このような誤解と不信からは、決して実りある対話や協力は生まれてきません。第二バチカン公会議は、まず同じキリストを信じる兄弟たちにこころを開き、批判することよりも理解し合うこと、自分の正当性を一方的に主張するよりも誠実に対話すること、反目するより協力することを目指しました。この公会議にプロテスタント教会の兄弟がオブザーバーとして招かれたのは初めてのことで、また公会議の重要文書である『エキュメニズムに関する教令』や『啓示憲章』には、このオブザーバーたちの意見も反映されたのでした。公会議の「エキュメニズム」の精神はこうした歴史的文書にもあらわれています。

教会一致は簡単に達成されるものではありませんが、第二バチカン公会議以来、この困難な道のりは少しずつ進んでいます。神学者のレベル（イギリス聖公会、ルーテル教会）では、教義やその理解の仕方について協同研究が進められ、成果が発表されています。確かに教義の相違点を解決するのは難しいかもしれません。しかし、誠実で謙虚なこころで対話することによって偏見や誤解をとり除いて友人となり、キリストの福音が一人でも多くの人に届くように互いに協力し合う輪が広がっています。

日本では、一九八七年、一八年間にわたるカトリック、プロテスタント双方の聖書学者の協力によって『新共同訳・聖書』が誕生しました。カトリック教会が、この聖書を公の典礼でも用いるようになったことは「エキュメニズム」の点からも大きな前進と言えましょう。

3　祈りと刷新

教会一致のためにもう一つ大切なことは「祈りと刷新」です。キリストが祈られたように、一致のために祈ること、互いのために祈ることです。第二バチカン公会議後、毎年一月一八日～二五日は全世界のキリスト教では「キリスト教一致祈祷週間」と定められ、一致のためにカトリックもプロテスタントもこころを合わせて祈ります。多くの地区で祈祷会などの合同の催しが開かれますので、ぜひ積極的に協力して盛り上げていきましょう。

祈りと共に、「キリストの教会」を造り上げていくためにわたしたち自身を刷新していかなければなりません。真のキリストの弟子となって互いに誤解やつまずきをなくす努力が求められます。「祈り、刷新、対話、協力」がエキュメニズムの土台です。

あなたの友人や職場の同僚、家の近くにプロテスタント教会の人はいませんか。もしいれば、兄弟・姉妹として声をかけ、同じキリストを信じ、同じ洗礼を受けた仲間としての喜びを共にしてみませんか。周りの人々に福音の光を伝えるために、個人としても教会としても交流や協力をもつことができれば、素晴らしいことではないでしょうか。

注

(1) **エキュメニズム**　この言葉はギリシャ語の「オイケオー／住む」「オイコス／家」に結ばれた「オイコメネー」に由来する。古代ギリシア人はこの言葉をもって「人の住む世界」をもイメージしていたが、ローマ帝国がさまざまな地域や文化を包摂するようになると、次第に「普遍的な共通精神」をも意味するようになった。さらに三世紀以降「教会のオイクメネー／キリスト教世界」という言葉があらわれ、言語や文化の違いを超えた普遍的キリスト教（教会）を表現するようになった。一八四六年、プロテスタント世界で、全ての教派を超えてキリスト者の一致を目指す「福音主義同盟」が設立された際にこの言葉が使われ、以後「教会一致運動／ecumenical movement」を意味するようになった。第二バチカン公会議の『エキュメニズムに関する教令』はラテン語で「Decretum de oecumenismo」である。

(2) **宗教改革**　日本では「宗教改革」という言葉が定着しているが、本来はキリスト教世界の「リフォーメーション／reformation（刷新）」である。「宗教一般」の改革ではなく、一六世紀当時のドイツ社会における「制度としてのキリスト教」の在り方の刷新が、カトリックの修道司祭マルチン・ルターによって引き起こされた運動を指している。

(3) **プロテスタント**　「プロテスタント」とは「反抗する者／異議を申し立てる者」の意である。この名称は、宗教改革時代の一五二九年にドイツ（神聖ローマ帝国）のバイエルン国会において改革阻止を決議したカトリックの多数派に対して、改革推進派の少数諸侯が抗議（プロテスト）したことに由来する。しかし「プロテスタント」という語が持つ否定的な意味合いを避けて、特にドイツでは「福音派教会」と呼ばれている。

理解を深めるために

キリスト教系の新宗教・カルト教団について（1）

「エキュメニズム／キリスト教一致運動」について学んだついでに、キリスト教を名乗る「宗教運動」についても見ておきたい。かつての言葉遣いでは「異端」と言われた宗教運動で、こうした宗教（教団）は、キリスト教という外貌を持ちながらキリスト教とは全く別ものである。異端であるか否かの根本的な基準は「使徒継承の信仰告白」を認めるかどうかにかかっている。突然変異とでもいうべきこうした信仰運動が、わたしたちの「聖書」を使って自分たちこそが真のキリスト教だと説いて回り、その結果、混乱を社会にもたらしている以上見過ごすことはできないであろう。イエスは仰せになった。

「惑わされないように気をつけなさい。わたしの名を名乗る者が大勢現れ、『わたしがそれだ』とか、『時が近づいた』とか言うが、ついて行ってはならない」（ルカ21・8）

今日の「似非《えせ》キリスト教」の特徴として次の点を指摘することができる。

(1)第一の特徴は「熱狂的」であるということにある。カトリック信者の中には、彼らの「熱心」を見倣わなければという人がいるが、「熱心」と「熱狂」を区別しなければならない。残念なことに彼らの熱狂は「恐怖」に裏打ちされており、「地獄に落ちないために」と教えられ教団維持のために過酷なノルマが課せられている。そのためまともな生活が破壊されていることが脱会者から証言されている。イエス・キリストの「恐れるな」「心を騒がせるな」というあの慰めとは正反対のあおりが、彼らの「熱狂」の背後にあることを知らなければならない。

(2)第二の特徴として、密室的な「洗脳教育」が挙げられる。「聖書の学び」と言っても、極めて巧妙にしくまれた洗脳プログラムが背後に用意されている。幾度も同じことを反復させられて、判断力を奪いとるマインドコントロールである。また「聖書」といっても、あらかじめ抽出されたわずかの箇所や文言のみを覚えさせられ、教団の都合の良い解釈だけを（しかも恐怖をあおる解釈を）叩き込まれるのである。『聖書』という権威のイメージを使って、ある部分だけを徹底的に教えられる人々は、自分は聖書を深く学んだと満足してしまい、自由に批判的にものごとを考えることができなくなってしまうのである。これこそが教団のねらいで、聖書をもって恐怖をあおる信者の隷属化は教勢拡張の戦略の一環である。イエスは「聞く耳のある者は、聞きなさい」（マルコ4・9）と、突き放すような発言を繰り返したが、これはとても大事なことである。自分の頭で考え、悩み、その上で自ら選んで信従することは、人格存在である人間が「信仰」を生きることの根本であるからだ。判断力を奪うのではなく、福音の価値観によってあらゆるとらわれから解放され、自ら判断し行動することこそ「救い」が意味することの大事な側面である。

(3)第三に、恐怖にかられ熱狂的になるあまり、教団の言うがままになってしまうことが挙げられる。中でも生活費を削ってまでも金銭的に貢献する競合が、閉鎖的な教団の中であおられ、献金を貢ぐために過激な「奉仕という名の労働」がノルマとして課せられたり、教団の発行する印刷物を大量に買わせられたりする。教団の指導者は聖書のある箇所、例えば「信者たちは皆一つになって、すべての物を共有にし、財産や持ち物を売り、おのおの必要に応じて、皆がそれを分け合った」（使徒言行録2・44〜45）という記述を文字通り受けとめ、それを強引に（洗脳をもって）信者に押し付けるのである。「聖典原理主義」といわれるこうした傾向は、どの宗教（仏教やイスラム教）の一部にも見られる現象である。聖典に書かれている一字一句が神聖であるために、その通りに実行しなければならないという強迫観念である。「権威ある書き物＝聖典」を振りかざして、生活の現実をくずしてしまう悲劇をイエスは「律法主義」として退けたことを忘れてはならない。「安息日は人のために定められた。人が安息日のためにあるのではない」（マルコ２・27）とイエスは言われました。

(4)第四に、こうした宗教の特徴として厳格な「禁欲主義」が挙げられ、異常な罪意識や罪悪感を常に持たされることが挙げられる。福音に出会った「喜び」や「晴れやかさ」、希望のうちにつかむ生きる意欲や人をゆるす愛やこころのゆとりではなく、悪霊や悪魔の存在に対するおびえ、さらに神の恐ろしい罰や呪いの恐怖が心に刷り込まれる。その結果、善悪二元論、霊肉二元論の世界観をもって日々を生きなければならなくなり、当然「社会」から遊離してしまう。そのため精神的に変調をきたして、社会生活がうまくできなくなる人々があらわれることも少なくない。精神科にかかっても「言葉」が通じないため、洗脳された人の治療は「精神科泣かせ」と言われるほどである。

(5)このようなことが「キリストの名」を使って行われたり、「聖書」をもって権威づけられたりしているのは、極めて残念なことである。こうした教団の背後には必ず巨万の金を操る「黒幕」がいるものだが、彼らは決して表に出てこない闇の独裁者なのである。したがって、キリスト教を名乗っても、当然こうした教団は「エキュメニズム運動」の対象とはならない。わたしたちの周りにはこうした宗教教団を「キリスト教」と思って入信してしまった人々が多くいるが、彼らを「悪い人」と考えてはならない。こうした人々からしつこく勧誘されても丁寧に忍耐強く断ろう。また、彼らと安易に議論しても始まらない。決してこころを開いて対話できる状態ではないからである。わたしたちはこのような気の毒な人々のためにも祈らなければならないと同時に、脱会を援助する専門家との橋渡しをする努力も必要である。

現代の「キリスト教三大異端」と呼ばれるものとして、「エホバの証人」「モルモン教」「統一協会（現在は、世界統一家庭連合）」があげられる。最初の二つは一九世紀に北アメリカで、「統一協会」は日本の朝鮮半島統治下でそれぞれ生まれたものである。実際には多くのキリスト教系の新宗教があるが、ここではこの三つを取り上げ、その概要を述べるにとどめたい。

(1)「エホバの証人」

○名称……「エホバの証人」の正式な宗教法人名は「ものみの塔聖書冊子協会」。「ものみの塔」という名称は聖書の「わが主よ、見張り台にわたしは一日中立ちつくし」（イザヤ21・8）の文言に由来する。また「エホバの証人」は「あなたたちはわたし（エホバ）の証人ではないか」（イザヤ44・8）に由来する。三つの名前が使われるが同じ宗教団体を指している。街中にある「千年王国会館」はこの教団の拠点である。

○創始者……北アメリカのペンシルバニア州・ピッツバーグの会衆派教会に属していたチャールズ・T・ラッセル（一八五二〜一九一六）が始めた。青年時代に永遠の罰について悩んだ彼は、それを否定する独自の教えを聖書の記述を組み合わせて作り出し、既成のキリスト教教会と敵対した。

○教え……自分たちはアベル（＝アダムの次男で兄のカインに殺された）から始まり、イエス・キリストに至り、その後を継承する「エホバ／ヤーヴェ」の本物の証人である。イエス・キリストはエホバによって最初に造られた被造物で、エホバは彼を地に遣わした。彼は死に至るまでエホバに忠実であったため、彼を復活させ不滅なものとした。『ヨハネの黙示録』に書かれているこの世の終わり（終末）がいつ来るかを見極めることができるのは自分たちである。一九一四年に天で天使とサタンの戦いがあり、サタンは地上に追放され、現世を支配している。したがって、現世は全てサタンの支配下にあるため、この世と世に起こる全て（政治経済、社会、国連、戦争、地震、飢餓、迫害、学校、スポーツ、文化など）は悪で、それに従事する人々はサタンの手先である。輸血もしてはならない。近い将来地上でサタンとエホバの最終戦争があるが、これに参加するキリストが勝利をおさめ「千年王国」が始まる。その地上の天国（一四万四千人が定員）を享受するのが「エホバの証人」の自分たちである。千年王国が終わると再びサタンが解き放たれるが、それに勝ったものだけが（エホバの証人たち）が永遠のいのちに入る。その確証は、地上での貢献度、すなわち、どれだけ教団に犠牲をもって奉仕したか（『ものみの塔』『目ざめよ！』という教団の冊子をできるだけ多く売りさばくこと）による。エホバは唯一の神である以上、三位一体などありえず、またそんな言葉はそもそも聖書にはない。イエス・キリストには「神性」はなく、ただの人間として死んだ以上「十字架の死」には意味がない。聖霊も教会も地獄もない。したがって、従来のキリスト教は「ウソ」を教えてきたために人類に対して重大な犯罪を犯してきた。真理を知りそれを証ししているのは自分たち「エホバの証人」だけである。

(2)「モルモン教」

○名称……正式な宗教法人名は「末日聖徒イエス・キリスト教会」で、「モルモン教」という名称は、『モルモン経《けい》』に由来する。
○創始者……北アメリカのバーモント州・シャロンに生まれたジョセフ・スミスが始めた。一〇歳の時にニューヨーク州に家族と移住し、貧困生活を強いられた。教派間の紛争で悩んでいた彼は、一四歳の時二人の天使に会い、どの教派にも属するなというお告げを受けた。一七歳の時、天使モロナイから啓示を受け、クモラの丘に埋蔵されている神聖な金版を掘り起こし、天使から与えられた翻訳機（ウリムとトミム、ならびに胸当て）をもってそれを英語に翻訳した。それが『モルモン経』である。そこには復活後にアメリカ大陸にあらわれ、宣教したイエス・キリストの言動がつづられていた。彼は、イエス・キリストの子孫であると自称して「モルモン教会」を始めた。しかし、一夫多妻をとなえて実行し、金融業の横領問題などさまざまな社会問題を起こして刑務所に投獄されたが、一八四四年暴徒に射殺された。その後信者たちはユタ州に移り住みソールレークに拠点を構え、今日に至っている。
○教え……イエス・キリストがアメリカ大陸にあらわれる遥か以前（BC六〇〇年頃）、イスラエル民族の一派がアメリカ大陸に移住。その後ニーファイ族が滅亡する前に預言者モルモンが古代アメリカに伝わる神聖な伝承をまとめ、息子のモロナイがそれをクモラの丘に埋めた。それをスミスが発掘して翻訳したのが『モルモン経』である（実際には、大衆小説として書かれたが売れなかったある作家の原稿を、スミスが買って『モルモン経』としたものである）。三位一体の神を信じるが、父なる神は霊ではなく「骨肉の体」を持つ。人間の原罪を認めるが、五世紀のペラギウスにならって原罪の影響を否定する。救われるためには、イエス・キリストを信じ、悔い改めて洗礼を受け、聖霊の賜物を受ける按手を受けなければならない。しかし、死後にも救いの機会が与えられ、死者のためにも洗礼が授けられる。人間は現世に生まれる以前にすでに存在している。そのためにモルモン教徒の系図が綿密に調べ上げられ保管される。永遠の罰である地獄の存在を認めない。信徒の神聖な結婚は死後も続き、そのため妻たちは復活体をもって霊の子どもを産み続ける。霊の子どもらは地上に生まれる機会を待っているため、男は複数の妻を持ち、多くの子どもをもうけなければならない。このように一夫多妻制を信仰行為として奨励したスミスは、アメリカ合衆国憲法に抵触することになり社会からの反発を買った。しかし一八九〇年、アメリカ連邦議会が一夫多妻を禁じる法律を制定したのを受け、モルモン教はそれに服することになった。輸血の拒否、政治活動や選挙の拒否、禁煙・飲酒、ギャンブルの禁止などを信仰実践としている。

(3)統一協会（現在は「世界統一家庭連合」と改名）

○名称と理念……正式の宗教法人名称は「世界基督教統一神霊協会」。キリスト教を使って世界を統一しようともくろむ政治的な宗教団体である。当時のソ連の共産主義による世界覇権に対抗するために「勝共連合」を結成し、政治家や知識層を巻き込んで理想社会を築こうとした。「世界指導者セミナー」「世界平和教授アカデミー」「市民大学講座」などはその具体的な方策で、また、貿易、観光、不動産、出版事業の展開もこれを目的としている。

○創始者……韓国人の文鮮明で一九二〇年に北朝鮮の平安北道の貧しい農家に生まれる。一九四四年、日本に渡来し早稲田大学付属高等工学校に留学。一九四八年、婦女暴行の罪で逮捕され実刑判決を受け、六年余りの刑期に服す。出所後ソウル市内で「世界基督教統一神霊協会」を設立するが、性的虐待や淫乱などの反社会的行動を次々に起して注目されるようになると、「サン（鮮）・ミョン（明）・ムーン（文）」を英語読みにして「サン（太陽）とムーン（月＝聖霊）を鮮やかにする再臨のキリスト」と自称。

○教えと行動…文自身が執筆したとされる『原理原本』の骨子は、科学（唯物論）と宗教（唯心論）を統一してこそ真理が見えてくるという「統一原理論」で、それは「創造原理、堕落論、復帰原理」から成る。それによると、神は息子・娘である人間に喜びと幸福の根源である「真の愛」を相続させるために人間を創造した。文は古代中国の「陰陽道」をもって人間の創造と堕落を解釈する。人祖の物語に出てくる「いのちの木」は神の創造理想を完成した男性（陽）であり、「善悪の知識の木」は神の創造理想を完成した女性（陰）である。禁断の実はエバの愛、エバがそれを食べたというのは天使と不倫な関係を持ったことで「霊的堕落」という。そのエバとアダムが血縁的関係を持ったことが「肉的堕落」で、それが人類に罪と死をもたらしたのである。このような堕落で人祖は真の愛を見失い、世界を争いと不幸で満たしてしまった。しかし、神は人類が真の愛を取り戻し、再び神を中心とした理想世界を築くために、長い歴史をかけて救援を行ってきたが、ついに「第三のアダム」の出現（メシアの再臨）によって救いの道がひらかれた。第三のアダムとは文鮮明に他ならず再臨のキリスト（再臨主）である。文鮮明夫妻は神の願いを最初に完成させた神の息子・娘であり、人類にとっての「真の父母」なのである。原罪をもたない文と性関係を持ち、その血を受けない限り、原罪の無い子を産むことはできない。これが「血分け」「霊体交換」と呼ばれる神聖な結婚で、教祖の指名による集団結婚式によってそれが示される。こうして「真の父母」とつながる子孫が増えることによって平和が実現されていくのである。『ヨハネの黙示録』に記された再臨の主は、最終的に東の国である韓国にあらわれるが、神の復帰摂理が実現されるまでの間、各自の罪は消され（蕩減《とうげん》）、ついには地獄までも完全撤廃されるであろう。

一九六五年に東京都から宗教法人の認可を受け、元立正佼成会会員だった久保木修巳が会長に就任した。「原理研究会」に多くの若者を呼び込み、「研修」と称する三〇〜四〇日に及ぶ徹底した洗脳教育をもって思考力を剥ぎ取り教団活動に利用した（街頭での花売り、募金、霊感商法など)。聖書を認めるが事実上の『原理講論』が教団の聖典である。「聖書」は、二〇〇〇年前に心霊と知能が低かった当時の人間たちに真理を教えるために与えられた、過渡的な教科書にすぎない。合同結婚式は「世界平和の実現は、社会の基礎である家庭の平和から始まる」という考えに基づく教団の宗教的儀式である。一九六〇年に初めて開催して以来、韓国を中心に、アメリカ、ドイツ、イギリス、日本、カナダなどでなされてきた。

注

(1) この項は主に以下の書籍を参照した。

・『異端・カルト　ハンドブック　健全な信仰生活への指針』日本イエス・キリスト教団カルト対策検討委員会編、ベラカ出版。
・『エホバの証人　異端からの回心』　クリスチャン新聞編、いのちのことば社。
・『統一教会のコントロールからの解放ー救出の手引ー』斎藤幸二・平岡正幸共著、ルーテル・ブックレット・プレス。
・『カルト宗教信じてました。』たもさん、彩図社。
・『ニューエイジの罠』、水草修治、ＣＬＣ出版。

第三節　他の宗教との関わり

1 今日の「宗教」を巡る混迷

1　なぜ「宗教」が問題とされるのか

今日の人類社会が抱える大きな痛みの一つに「宗教紛争」があり、唯一の神を礼拝しながら宗派間の対立や他宗教に対する攻撃がエスカレートしている現実があります。それは宗教紛争というよりも、正確にいうなら「宗教や神」の名を用いた部族・民族間や国家間の紛争であり、その背後には人間の権力欲や支配の野心が見え隠れしています。しかし、神の名を用いて暴力やテロ活動を正当化するということは、人間の傲慢さの極みと言わなければなりません。暴力と恐怖をもって自分（たち）を絶対的な存在と見せつける妄想と愚かさ。それは国際的なテロ活動から、身近な新宗教やカルト集団に至るまで共通していることではないでしょうか。

歴史を振り返れば、かつてわたしたちの国の指導者層は「国家神道」[1]をもって国民の精神的統一を計り近代化を急いだのでした。しかし、混乱する国際情勢に巻き込まれて侵略戦争へと暴走すると、日本民族とその要となる皇室を神格化してしまい、ついには戦場において国家と天皇にいのちを捧げることは最高の栄誉とされてしまったのでした。カルト化[2]した国家宗教の悲劇と戦争の悲劇が一体となって、周辺諸国にも多大な傷跡を残してしまったのは遠い昔のことではありません。戦争が残した「靖国神社」問題は、宗教的背景がからむ極めて複雑な思想的問題でもあり、今日でも多くの人々を悩ましています。

また、共産主義の政治理念があたかも唯一神かのようにあがめられ、為政者が国民を支配するためにそれを用いて、信教の自由や言論の自由を大幅に制限したり暴力をもって人々を抑圧する国々が現に存在しています。こうした数々の嘆かわしい現実を前にするとき、ある人々が「宗教」そのものを警戒し、「自分は無宗教だ」と言って距離を保とうとするのも無理からぬことでありましょう。

一方、お金、地位や名声、政治的イデオロギー、思想や趣味、健康やファッションやスポーツなどを絶対視し、それに全てのエネルギーを注ぎ夢中になる人々という社会の現実がありま す。芸能界のスターを熱狂的に追いかけ回すあまりそれにかかる多額の費用を稼ぐために日々働き、企画会社に操られていることすら考えたこともない人々がいます。目先の華やかさや夢の世界にこころを奪われて自分を見失ってしまい、助けを求めている弱い人々の存在にすら気づかず、また社会に対する責任などほとんど顧みないほどです。

2　身近なところで

わたしたちの日本社会は「多神教社会」と言われます。ありがたいものなら何でも「かみさま」「ほとけさま」と拝んでしまう行動についてあまり深く考えようとしません。何となく信心深いけれど、改めて「宗教」という大きな問題を自分の人生や世界観に関わることとしない傾向は、わたしたち日本人の特徴なのでしょうか。しかし、そうした宗教環境の中で、多くの若者が巧妙な「カルト宗教」にだまされ、金銭的な被害だけでなく精神的な被害に巻き込まれて苦しんでいる現実があります。また、極めて権力志向の強い新宗教教団に強引に勧誘され、教団が画策する熱狂にあおられながら、多額の献金や隷属を強いられている人々の現実があります。

しかし一方、わたしたちの国には昔からのさまざまな宗教的伝統や慣習が根強く残っていることも忘れてはなりません。初詣から始まり除夜の鐘までの一年間、なんとたくさんの宗教的な行事やしきたりがあって、生活を彩っていることでしょうか。しかもそれらは日本古来の神道、外来の仏教やキリスト教を問わず、共存しながらすっかり生活に定着している現象は、日本社会のユニークなところだと海外からも指摘されるほどです。「多神教的社会」と名ざされるのはこのようなことを指しているのでしょう（『エッセンス』一五頁参照）。

注

（1）**国家神道**　近代日本において国家の宗教とされた神社神道。明治政府は天皇の神格化のため、排他的に神道の国教化を計ったが、内外の政教分離、信教の自由論によって挫折。そこで「神社は宗教にあらず国家の祭祀《さいし》である（＝神社神道）」として、神社信仰を宗教の枠からはずして天皇崇拝の安定を計った。しかし、天皇の地位は神から授かったとする『日本書記』に基づく考えをもって天皇の宗教性を維持しようとして、一九三〇〜一九四〇年代の全体主義の時代には、多くの宗教団体が抑圧された。戦後、占領軍の国家神道解散の政策や天皇の人間宣言、日本国憲法の政教分離原則によって、神社神道は一宗教法人として存続することになった（以上『日本史事典』角川書店、参照）。

（2）**カルト**　「カルト／cult」とは本来祭儀、儀式、崇拝を意味する言葉であったが、さらに、特定の人物や事物を熱狂的に崇拝したり礼賛することの意味となり、そうした行動をとる集団や教団をも指す言葉として定着した。外部から遮断されたその集団に入ると、極めて閉鎖的な熱狂性ゆえに冷静な判断ができなくなり、グル（＝グループのボス）の言うがままになってついには生活が破壊される。最近の日本では地下鉄サリン事件を起した「オウム真理教」がその典型として挙げられる。フランス政府は「創価学会」をカルト教団と定めている。特定の教団がカルト的になることは過去にも多くの例があるが、しかし、「宗教」そのものは本来カルトなのではない。今日の日本社会で人々が「宗教」を敬遠するのは、宗教即カルトと誤解しているからである。オウム真理教事件はこうした誤解をさらに強めてしまったが、しかし本来の宗教運動は常にカルト的にならぬよう警戒してきた。「熱心と熱狂は別ものである」ことを知らねばならない。また「カルト」は閉鎖的な宗教教団だけにかぎらず、健康、スポーツ、芸能分野にもまたがり、熱狂するあまりそこに関わる人々が自分を見失ってしまう点は注目に値する。

第十四留

イエス、墓に葬られる

2 他の宗教に対するカトリック教会の姿勢の歩み

1 かつての教会の排他的な姿勢

二〇〇〇年にわたる長い教会の歩み（それは波瀾に満ちた苦難の歴史でしたが）において、教会はキリスト信仰に忠実であろうとするあまり、全体的に見ると他の伝統宗教に対しては厳しい姿勢をとってきました。それは唯一の神に対する信仰と、「私以外のものを拝んではならない」（出エジプト34・14）という偶像礼拝を禁じた聖書の教えを忠実に守ろうとしたからです。そのため、キリスト教徒以外は全て「神を知らない人々」であり、洗礼を受けずに死んだ者は全て地獄に落ちると信じられていた時代もありました。「教会外に救い無し」というスローガンの結果です。

しかし、なぜカトリック教会がこのような「閉じた姿勢」を強めていったのか、そしてなぜ、今日「他の宗教に対しても開かれた姿勢を取る」ようになったのか、歴史的な歩みを振り返ってみましょう。多くのことをそこから学ぶことができると思います。

2 パウロの宣教活動

(1)パウロの異邦人（非ユダヤ人）伝道を皮切りに、キリスト信仰は広大なローマ帝国に浸透していきます。多種多様の民族宗教、多神教の寄せ集めの上に成り立つローマ世界、しかも暴力と結びついた政治権力が支配する社会でした。そうした中で、唯一の神を信じ、民族の差、身分の差、男女の差、弱者・強者の差を超えて愛を生き合うキリスト教徒の普遍的な信仰は、人々にとって新鮮であると同時に、為政者には不可解で危険な運動として目に映ったのです。

皇帝ネロ（在位54～68）が、ローマ皇帝として初めてキリスト教徒を迫害したのはそのためでした。この迫害でペトロとパウロが殉教し、以後、二五〇年の長きにわたってキリスト教弾圧が繰り返され、おびただしい殉教者が続出します。

(2)一方、こうしたキリスト教への迫害のさ中、当時の政権や知識層に対してキリスト教を弁護する護教論者たちがあらわれます。彼らは歴史的・合理的根拠をもって自分たちが信奉するキリスト教の正当性を文筆で擁護したのでした。キリスト教に改宗した哲学者のユスティノス（一〇〇頃～一六五頃）、法律家のテルトゥリアヌス（一六〇頃～二二〇頃）などが有名です。二人とも殉教をとげます。特に、さまざまな哲学を遍歴してきたユスティノスは、旧約の預言者だけでなく、ソクラテスなどのギリシャ哲学者や詩人、さらにブッダなど他の文化圏の偉大な宗教家が「真理」について語り得たのは、彼らもまたイエス・キリストによって啓示された「ロゴス」の一部を「種」としてすでに持っていたからだと説明しています。これは「ロゴス種子論」として、以後のキリスト教神学に大きな影響を与えることになりました。

3「教会外ではだれも救われない」

さて、デキウス帝（在位二四九～二五一）の過酷なキリスト教弾圧の時代、おびただしい殉教者が続出した一方、多くのキリスト教徒が棄教してしまいます。迫害が小康状態になると彼らは教会に戻ることを要望し、教会はこれを受け入れたのでした。それに対して迫害に耐え抜いた厳格派は、信仰を捨てた信徒が教会に再び戻ってくることを許した教会は軟弱であると糾弾し、別の教会を立ち上げようとしたのでした。教会分裂の危機です。このときカルタゴのキュプリアヌス司教（?～二五八）は、「教会外では誰も救われない」と主張して彼らをなだめ教会分裂を回避したのでした。すなわち、使徒たちに礎を置くこの具体的な「教会」を離れてキリストの救いを得ることはないということです。ところが、時代が経るにつれ、具体的かつ特殊な情況で発せられたキュプリアヌスの言葉は、「教会外に救いなし」というスローガンとなって次第に一人歩きしていくことになります。

4　キリスト教の公認と国教化

三一三年、ときのローマ皇帝コンスタンティヌス（在位三〇六～三三七）は、これまでの迫害に終止符を打ち突然キリスト教を公認します。ローマ帝国が極度に衰微していた時代、彼はキリスト教を「国教化」して帝国の一致を計ろうとしたのでした。これをもってある人々はキリスト教の堕落が始まったと言いますが、はたしてそんな単純なことでしょうか。コンスタンティヌス帝はさらに、三三〇年、帝国の首都をビザンティンに遷都させて新ローマとし、そこで自分は俗世の長のみならずキリスト教をも統括する「宗教的な長」と位置付けたのでした。当然、旧ローマに基盤を築いていた教皇と対立することになります。今で言うならば俗権に対する信教の自由という問題です。かたやローマの教皇（ペトロの後継者）の率いる「西方教会」、かたやビザンティンに拠点を構えたコンスタンティヌス帝の支配下にある「東方教会」という構造が始まりました。加えて言語や文化の違いが二つのタイプのキリスト教の差に拍車をかけることになっていきます。

コンスタンティヌス帝の「キリスト教の国教化」への政策にともなってユダヤ教への迫害が始まり、不幸なことに以後、それはキリスト教圏においてさまざまな形をとっていくことになります。その際、あの「教会（＝キリスト教）外に救いなし」がスローガンとして一人歩きし、ユダヤ教迫害の正当性に用いられていったのでした。

5　ゲルマン民族のキリスト教化

四世紀後半になると、北方からのゲルマン民族の移動が活発になり地中海世界の西方地域は大きく揺れ動きます。三九二年、東ローマ帝国の皇帝テオドシウス一世（在位三四七〜三九五）がキリスト教を国教と定めたのは、民族移動にともなう帝国内の社会不安と混乱を鎮めようとしたためでした。しかし、社会不安はおさまらず人々は聖書に記された世の終わりの到来を連想し、これがキリスト教の拡大と砂漠に引きこもる隠遁者（後の修道生活）の増大をもたらしたと言われます。そしてゲルマン人の活動が活発化する中で西ローマ帝国はついに四七六年滅亡してしまいました。

それでもローマ教皇の導きのもとでゲルマン人の諸部族は次第にキリスト教化され、新たな仲間としてキリスト教圏に定着していったのでした。今日のヨーロッパ圏の広範囲にまたがるゲルマン人の諸部族をキリスト教化すべく、粘り強く働きかけたのはおびただしい修道者たちの群れであったことは注目に値します。彼らを突き動かした信仰の背後にあの「教会外に救いなし」が基本としてあったことは否めません。

6　イスラム教の起こりと中世時代

七世紀前半、アラビア半島のメッカでムハンマド（五七〇?〜六三二）によっておこされたイスラム教がまたたくまに広がり、地中海を囲むキリスト教圏を包囲してしまいました。トルコ半島をはじめ聖地を含むパレスチナ、エジプトと北アフリカ、それにイベリア半島の大部分がイスラム勢力下に入ってしまいます。一神教を奉じる二つの宗教の対立、それにユダヤ教という民族宗教がからむ複雑な時代が始まります。六世紀頃から約一〇〇〇年にわたる「中世の時代」は、北欧民族やスラブ民族のキリスト教化と同時に、イスラム圏との緊張の長い時代でありました。なかでも一一世紀末から一三世紀末までの二〇〇年にわたる十字軍の時代は、聖地奪還を目指す西欧世界のイスラム圏への軍事遠征の時代だったといえます。当然イスラムを敵にして戦ったこの時代、キリスト教側もイスラム教側も互いに相手を尊敬すべき宗教として理解し合うことなどありませんでした。十字軍運動は数々の悲劇をもたらすと同時に、この時代を経て双方に大きな社会変化をもたらすことになります。

7　ルネサンス運動と宗教改革

十字軍時代によって始まる変化はさらに「ルネサンス運動」となってあらわれます。一三～一五世紀のことです。神よりも人間を中心としたキリスト教以前の世界への関心が強くなり、それを再現しようとします。しかし実際には「人間中心の世界」など過去にあったわけではありません。当時の人々はキリスト教以外の世界にあこがれ、自分の（人間の）思い通りに神の世界を操ることを夢見ました。そのためこの時代には、あやしげな神秘主義が流行し、当然「教会外に救いなし」のスローガンは大きく揺らぎます。

神ではなく「自分が中心」という目覚めは、歴史の中で築き上げられ継承されてきた「目に見える教会」そのものを否定する動きにまで発展します。一六世紀にカトリック教会内に起こった大変革です。日本ではどういうわけか「宗教改革」と言われますが、正しくは「カトリック世界における信仰の在り方と教会体制を変革しようとする運動」のことで、後に英語では「reformation」と呼ばれました。日本語になった「リフォーム」の意味とほぼ同じと見て差しつかえありません。この改革運動では、もはや使徒以来「教会」が保持してきたいかなる信仰上の権威も秘跡の意義も認められず、ただ文字で書かれた「聖書」のみと、それを読む個人の信仰のみが絶対視されました。当然、「教会外に救いなし」は意味をなさず、個々人の主観的な信念とそれに賛同する仲間たちの数だけ「教会」があることになりました。個人主義的な（主観的）なキリスト教信仰とそれに基づく混乱の始まりです。

8　カトリックの海外進出

一方、このようなプロテスタンティズムに対抗して、自己刷新をもって巻き返しを計ったカトリック教会は、一五世紀末にイベリア半島から始まった大航海時代の波に乗って積極的に海外宣教に乗り出します。日本にキリスト教を初めて伝えたフランシスコ・ザビエルもまたこの時代の人でした。どんな困難にもめげず、世界中にキリスト教を伝えようと英雄的に行動したおびただしい宣教師たちを突き動かしたのは、やはり「教会外に救いなし」というあのスローガンとそれに基づく信念だったことは疑う余地がありません。しかし一方、ヨーロッパキリスト教（カトリック）圏の海外宣教の勢いは、当時のヨーロッパ諸国の植民地獲得競争と無縁ではなく、宣教と称しながらヨーロッパのキリスト教文化を押し付ける強引さがあったことも否めません。当時の宣教師たちにとってキリスト教信仰とヨーロッパ文明を切り離すことはできなかったのでした。

9　理性を重んじる時代へ

海外宣教、特にアジアにおける宣教は、キリスト教以外の高度な宗教や文化との出会いをもたらしました。一方、一八世紀に入るとヨーロッパ世界では、個人主義的なプロテスタント運動の中からさらに「信仰」ではなく理性だけを重んじる「理性主義／啓蒙主義」が起こり、キリスト教も含めて「宗教」そのものが批判の的になります。一方、キリスト教圏の人々はアジア進出によってキリスト教以外にも高度な宗教が存在することを発見します。他方、理性至上主義の人々は信仰や宗教を懐疑の的とし、「教会外に救いなし」は意味をなさないとみなします。そして一九世紀を迎えると「無神論」が起こり、人間を単なる「モノ」と見なす唯物論とそれに基づく科学万能主義が勢いを増します。産業を促す科学技術を土台とする経済的・物質的進歩発展こそが「幸福」とみなされ、ついに科学的合理主義に基づく無神論国家が二〇世紀に誕生しました。また、物質至上主義は、自由と平等の名の下に貨幣経済を最優先する国家群をも誕生させました。こうした激動する近代社会のただ中にあって、カトリック教会は「閉じた教会」の姿勢をもって自己を守ろうとしたのでした。しかし、その間に何が人類社会に起こったのでしょうか。科学技術を駆使した二度の世界大戦と原爆投下による前代未聞の大惨事です。そして第二次世界大戦後は、おびただしい数にのぼる原子爆弾をもって互いに威嚇し合う冷戦時代が始まります。無神論国家における徹底的な宗教弾圧。南半球と北半球との間の貧富の格差。まさに地球規模における人類の大混乱の二〇世紀です。

10 「開かれた教会」という自覚

こうした人類の行き詰まり状態の中で「聖霊」が働きました。教会は人類と共に歴史を歩む「開かれた教会」へと大きく転換します。これが第二バチカン公会議（一九六二〜一九六五）だったのです。「開かれた教会」というスローガンは、人類の苦しみを共にしながら、立ち上がり、希望を示していこうとするカトリック教会の決意表明だったのです。今や、教会は独善的に振る舞い、自分の繁栄のみを目指すことが、いかにイエス・キリストの想いにそぐわないかを知ったのでした。教会は「人類一致の秘跡」であるという教会本来の存在理由の自覚を強めました。このような立場から、カトリック教会は自分自身を刷新し、その一環として世界の伝統的宗教と対話関係を深め、連携を強めようと歩み出したのです。振り返ればここに至るまでには実に長きにわたる多難な道のりがあったことになります。

3 他の宗教に対する教会の姿勢から学ぶこと

1 なぜ、宗教間対話[1]なのか

多神教的風土といわれる日本の社会の中でキリストを信じて生きているわたしたちにとって「宗教間対話」は日常の問題です。そのため日本の宗教伝統をキリスト信仰の視点からしっかり理解しておくことは「神と隣人を愛する」点でも大事なことでありましょう。

また、先に見たような今日の「宗教」を巡る混迷の中にあって、いったい何が本来の「宗教」なのかを、キリストを信じるわたしたちは長い伝統に育まれた豊かな霊性をもつ宗教者たちと一緒になって探求し、豊かな宝を分かち合い、行動を共にしていかなければなりません。それは、宗教的混乱の放置は、容易に「宗教」を盾にした厳しい対立と抗争を生み出してしまう可能性があるからなのです。反社会的で人間性を傷つけることであっても「宗教的信念」と結びつくとき、どのような悲劇的な結果をもたらしてしまうことになるか、それはわたしたちの社会で起こった「オウム真理教」事件や国際舞台での数々のテロリズムを見れば明らかでありましょう。

2 福音の準備、福音の種子を見つける

第二バチカン公会議の重要な文書の一つである『教会憲章』には次のような一文があります。「キリストの福音ならびにその教会を知らないとはいえ、誠実な心をもって神を探し求め、

また良心の命令を通して認められる神のみ心を、恵みの働きのもとに、行動によって実践しようと努めている人々は、永遠の救いに達することができる。（中略）実際、教会はかれらのもとに見いだされるよいもの、真実なものはすべて、福音への準備であり、ついにはいのちを得るようにと、すべての人を照らすかたから与えられたものと考えている」（第16項より）

教会は、キリスト教以外の人々の中にも神の計らい、恵みの働きを認め、それによって唯一の神に導かれていること、救いの道から離れているのではないことを認めます。したがって、諸宗教は、人間がこころの奥深く感じとっている神への洞察とあこがれの反映でありまさに「福音の種子」と言えます。それを発見し、水を注ぎ光をあてて、福音の花を咲かせ、実を結ぶように働くこと——これが教会の使命なのです。

3　他の宗教との協力

教会は愛と賢明さをもって他の宗教の人々と対話し、協力できるところを模索します。そうした中で、キリスト教の信仰と生活を証ししながら、同時に他宗教の精神的、道徳的、社会的、文化的にすぐれた良いもの（＝福音的なもの）を認め、それを一層開花するようにすすめるのです。このことは、民族や人種、身分や宗教のために行われるどんな差別や圧迫や偏見も、キリストの精神に反するものとして退けることでもあるのです。

日本の場合、こうした宗教対話交流の相手となるのは無数の人々に慰めと生きる希望を与え、またすばらしい文化遺産を生み出してきた伝統的な「仏教」と「神道」でありましょう。そうした伝統宗教の信者の中には非常にすぐれた人々が多くいます。そうした人々を育み、すばらしい文化を生み出した宗教の価値を認め、理解と尊敬をもって対話し、社会に向かって共に働きかけていくことは非常に意義あることです。

しかし協力と妥協とは違いますから、一つ一つのことがらを賢明に判断しなければなりません。例えば、ある宗派が、極端な民族主義と結びついている場合などがその例で、わたしたちの教会が彼らの立場を認めているかのように利用されることもあり得るからです。対話において、認められることは認めると同時に主張すべきことを主張することも大切です。常にキリストの精神を貫いてこそ、初めて真の対話ができるからです。

4　日本文化に根づく

キリスト教は日本人一般の感覚から見て「バタ臭い」と言われてきました。しかし、本来キリスト教そのものは決して「欧米の宗教」なのではありません。特に「カトリック」であるとは民族や言語の違いを超えた「普遍」を意味する以上、この点をはっきり認識しておく必要があります。日本人にもっと身近で、なじみやすく、地域社会とももっと結びついた教会となるためには、「教会の土着化／日本文化との一致」が必要です。日本のすぐれた文化を吸収したとき、キリストの精神は日本人にとって、もっと分かりやすく、肌に感じるものになるでしょう。そのためには、日本文化と対話する必要がありますが、さらに日本文化の基礎に深い影響を与えてきた「仏教」や「神道」についても学ぶことが大事です。

日本に生きるわたしたちにとって、キリスト教以外の宗教との触れ合いは日常の身近な問題です。特に日本人にとって「死者儀礼」に関することは特に大事にされているため、キリスト信者はさまざまな問題にぶつかることがあります。

「仏教の法事をしたり、参加してもよいでしょうか」「キリスト信者になったら、家に伝わっている位牌はどうしたらよいでしょうか」「町内会が神社への寄付金を集めに来るけれど、払わない方がよいでしょうか」などです。それに対する丁寧なガイド・ブック[2]が用意されていますから、ぜひ参考にしてください。

5　賢明さと心すべきこと

最後に、諸宗教対話に臨んで心すべきことを記しておきたいと思います。他宗の人々と積極的に交わりながら、わたしたちはキリストの証しを示すことを忘れてはなりません。また、充分賢明な注意を払って、人々につまずきを与えないよう、また私たちの信仰態度があいまいなものにならないよう、さらに政治や他宗教の宣伝に利用されないよう気をつける必要があります。また、「宗教」を名乗るからといって安易に交流を持つことは気をつけなければなりません。歴史の浅い新宗教団体、民間信仰の団体、世間の評判の悪い宗教団体、政治色の強い宗教団体、オカルト（霊能）宗教団体、得体の知れない「宗教カルト」などとは、交流を避けるべきでありましょう。また、金銭のやり取りはけっして行ってはなりません。教会が「諸宗教」という場合、原則的に伝統的宗教を指しているのです。長い歴史を持ち、それぞれの時代にあって人々に生きる勇気と希望を与え続け、深い霊性を磨き上げてきた宗教ということです。こう考えると「誰」と「どの宗教者」と対話するかを選択するのは、そう簡単なこととは言えません。以下、対話を実りあるものにするためのポイントを述べてみたいと思いますので、よく考え、教会の中でもよく話し合いながら実行するための指針としてください。

(1)他宗教の信者たちのまじめな信仰や、日本人の感情を尊敬し、大切にする。そのような尊敬のため、あるいは社会的な儀礼の必要から、他宗教の宗教行事に参列[3]することはよいが、それは内的にも（心から）その他宗教の神（仏）を礼拝することではない。

(2)社会的な責任（例えば、家長として）のゆえに、他宗教の人々（例えば親族）のために、他宗教の行事（法事など）を行うことが他の人の信仰心への尊敬と愛のこころから必要な場合もある。
(3)平和や社会の正義のための、祈りや活動を協力して行うことはよい交流の場となる。しかし、カトリック教会と交流を持ったことが相手教団の格付けやイメージ・アップに利用されないように気をつける。
(4)対話に臨む双方が、どういう立場にある者かを明確にする。対話の内容をそれぞれに持ち帰って教団内で分かち合うことが必要である。個人で対話を行うのではなく双方が複数であることが望ましい。対話交流をイベントやお祭りに終わらせてはならない。また、交流は学術的（学者間のもの）に終始するものではない。
(5)どんな場合にも、「キリスト教信仰の証し」を謙虚に示すことを忘れないようにする。受け入れられなくてもがっかりしてはならない。必ず、一緒に祈る。あるいは、祈りを交換する。
(6)十分に準備して対話に臨む。語るよりも聞く姿勢を貫く。信頼関係を大事にし、それを契機に人間的な交流を保ち深めていく。

注

（1）**宗教間対話**　この部分については『神の国をめざして』（前掲書）を一部参照した。
（2）**ガイド・ブック**　法事やお墓などの具体的な問題には、次のものを参照にすると良い。(1)冊子『祖先と死者についてのカトリック信者の手引』諸宗教委員会編、カトリック中央協議会発行。(2)『カトリック教会の諸宗教対話の手引き―実践Q＆A―』諸宗教部門編著、カトリック中央協議会発行。
（3）**参列**　前掲書の『カトリック教会の諸宗教対話の手引き―実践Q＆A―』では参列と参加を区別している。その宗教を信じ受け入れて宗教儀礼に出席する場合は「参加」であるが、信仰が異なることをわきまえて出席する場合は「参列」である（三七頁）。

第七章

カトリック的「終活」

第一節　わたしたちの本国は天にある

1　「終わり」あっての生き方

今日、日本の社会では「終活」という言葉が流行っています。少子高齢化を迎えている中で、「老人介護」や「終末医療」の現実は切実な社会の問題として、それに関わる人々の肩に重くのしかかっています。わたしたち誰もが老いてゆき、いつか誰かの世話にならなければならない以上、この問題を避けることはできません。「終活」という言葉が流行るのは、こうした現実を直視し、今、自分にできる準備はしっかりやって行こうという意識が人々の間に広がっているからでありましょう。

わたしたちはここで、もっぱらキリスト教「信仰」という視点からこの「終活」について考えていきたいと思います。なぜならこの問題に向き合うということは、賜った信仰の恵みをいっそう深く理解し、しっかりと応えていく上で、非常に大切なことだからです。

2　わたしたちの本国は天にある

パウロはフィリピの教会の信徒たちに「わたしたちの本国は天にあります。そこから主イエス・キリストが救い主として来られるのを、わたしたちは待っています」（フィリピ3・20）と書き送りました。「本国は天にある」と言う場合の「本国」とは、聖書の原語では「ポリテウマ」でそれは、市民共同体を指しています。市民として共に生き、共同の利益と責任で結ばれた社会や国のことです。生きていくために必要な「国／社会」という身近なイメージを使いながら、「実はわたしたちキリスト信者の本国は『天／神の次元』にあるのだ」とパウロは諭すのです。

なぜ、このようなことを言わなければならなかったのか、少々長いですが前後を記載してみましょう。

「何度も言ってきたし、今また涙ながらに言いますが、キリストの十字架に敵対して歩んでいる者が多いのです。彼らの行き着くところは滅びです。彼らは腹を神とし、恥ずべきものを誇りとし、この世のことしか考えていません。しかし、わたしたちの本国は天にあります。そこから主イエス・キリストが救い主として来られるのを、わたしたちは待っています。キリストは、万物を支配下に置くことさえできる力によって、わたしたちの卑しい体を、御自分の栄光ある体と同じ形に変えてくださるのです」（フィリピ3・18～21）

明らかにパウロは、わたしたち各自の人生は「この世」だけに限られるのではなく、救い主イエス・キリストが生きておられる領域（天）こそが、今こうして人生を歩んでいることの最終目的地であると力説します。これを忘れて「この世のことしか考えない」とするなら「行き着くところは滅びだ」と涙ながらに訴えたいとパウロは言うのです。そして、「わたしたちの卑しい体を、御自分の栄光ある体と同じ形に変えてくださる」こと、すなわち、「復活のいのち」こそわたしたちの人生の究極の希望なのだ、と強調します。彼がここで諭すことは、イエス・キリストを信じて生きるわたしたちの、言わば「人生の見取り図」とも言うべきもので、誰もそれを破り捨てることはできません。今、わたしたちが問題にしている「終活」は、このこととつながっているのです。

3　あなたの富のあるところに、あなたの心もある

イエスは仰せになりました。

「富は、天に積みなさい。そこでは、虫が食うことも、さび付くこともなく、また、盗人が

忍び込むことも盗み出すこともない。[1] あなたの富のあるところに、あなたの心もあるのだ」（マタイ6・20〜21）

ここで「富」と訳された聖書の原語は「テザウロス」で、財宝を指します。イエスは多少ユーモアと皮肉を交えて語っているのでしょうか。地上でどんなに知恵を尽くして大事な財宝を保管しても、キクイムシが宝箱に穴を開けたり、金属製であってもいずれ錆びてあやうくなったり、厳重な土蔵であってもプロの泥棒が穴を掘り抜いて押し入ったりする。地上ではどんな保証も当てにならない、と強調するのです。そして締めの言葉がこころにさそります。「あなたの富のあるところに、あなたの心もある」。財宝を自分のものとして保持すれば、当然、四六時中それが気になるはずだ、というのです。

イエスのこの言葉から幾つかのことを学ぶことができます。イエスは「財宝は地上にではなく天に貯えなさい」と言って、まずわたしたちの眼を現世から「神の次元」に向けさせます。でも、「天国に口座を開いて、そこに功徳をたくさん積んでおけば安心だ」と言っているのではありません。隣人愛や善行に積極的に励むといっても、地上の報いではなく御父の報いだけを当てにしなさい（マタイ6・1〜4参照）。「なすべきことをなしただけ」（ルカ17・10）という潔さを忘れてはならないのです。そしてここでの「財宝」とは、あの畑に隠されていたのを偶然見つけてワクワクさせる、何ものにも替えがたい宝、すなわち「神の国」を暗示しています（マタイ13・44参照）。「神の国／支配」の福音は、見つけられるのを待つ財宝のようなもので、天の父が前もって用意していてくださる救いの恵みなのです。それを自分の「宝」とし、それに関心を寄せ、しっかり保持しようとこころを砕きなさい――イエスが「信仰」と呼ぶことは、このような一連の気づきと取り組みをいうのです。日々の地上での生活は、確かにわたしたちの意識を分散させてしまいがちですが（＝イエスはこれを「誘惑に陥る」[2]と言う）、しかし一番大事なものに心を向けるとき、自分を取り戻すのです。まさに「あなたの富のあるところに、あなたの心もある」からです。

このように「終活」の根本は、自分の本来の「国」をしっかりと見据えることであり、自分が受けるべき救いの恵みにこころの焦点をしっかり合わせることにあります。くれぐれもこの大事な「最後の仕事」を後回しにしたり放棄することがありませんように。

注

（1）**忍び込む**　新共同訳では「忍び込むことも盗み出すことも」と訳されているが、原文では、「穴を掘って押し入る」で、もっとリアルな描写である。

（2）**誘惑**　『マタイ福音書』6・13参照。

第二節　病者の塗油

1　病気の試練

重い病気にかかると多くの試練に出遭うことを、わたしたちは自分自身のことや身内のこととしてよく知っています。日常生活から切り離され、コミュニケーションが絶たれ、周囲の重荷になり、経済的にも苦しくなります。体の苦痛に悩まされるだけでなく、死の恐怖にも襲われてしまいます。そのため、神への信頼を失って失望したり、病いにかかった自分の現実を受け入れられずに怒りに駆られて、自他を責めることもあります。まさに「主の祈り」の最後の文言にある「誘惑におちいらせないでください」の誘惑の体験といえます。多くの老齢者にとって、こうした不安や痛みはゆっくりと、あるいは、慢性的に襲ってくるだけに、重病の場合とは違った試練となるのです。

「病者の塗油」の秘跡は、このような試練や危機にあるキリスト信者に、「病気」を意味ある試練として受け入れることができるように助けます。すなわち、病者が心身の苦しみを、世に救いをもたらしたイエス・キリストの苦しみと一致させ、キリストの復活への信仰によって勇気づけるということです。その上で、病者を苦しませている現世へのさまざまな執着から解き放たれ、こころを自由にし、全面的に自分を神の愛に委ねるように力づけるのです。

したがって、「病者の塗油」の秘跡は重病や老衰から生じる危機をきっかけに、病者をイエス・キリストと一致させ、その「過ぎ越しの奥義」に深く与らせるのです。まさに「信仰の神秘」がその人に恵みとして実るのです。その結果、こころに深い安心感を覚えて病いの現実を受け入れ、時には、病気そのものの治癒さえ生じることも珍しくありません。

2 「病者の塗油」という秘跡

信仰をもって「終活」に取り組む場合、先に触れたわたしたちの「秘跡的生活」のことを忘れてはなりません。わたしたちキリスト信者の一生は、キリストの教会の中で「洗礼の秘跡」から始まり、「聖体の秘跡」、「ゆるしの秘跡」に支えられてイエス・キリストと歩みを共にして行きます。

しかし、重い病気や老齢化によって教会に足を運ぶことが困難になったり、全くそれができなくなる時がやってきます。けれども、それによって秘跡的生活が終わってしまうのではありません。教会は「病者訪問」という大事な活動を行い、秘跡的生活の継続に奉仕しますので安心してください。初代教会から一つの大事な奉仕が病人に対してなされていたことが『ヤコブの手紙』に記されています。

「あなたがたの中で病気の人は、教会の長老を招いて、主の名によってオリーブ油を塗り、祈ってもらいなさい。信仰に基づく祈りは、病人を救い、主がその人を起き上がらせてくださいます。その人が罪を犯したのであれば、主が赦してくださいます」（5・14〜15）

教会はこの信仰行為を「病者の塗油の秘跡」と呼んで大事にしてきました。「病者の塗油」は、文字通り「病人たちのための塗油」ということで、重い病気にかかったり、老齢のために体力が衰弱したり、あるいは大きな手術を受ける前に受けることができます。病気で心身共に衰弱した信者に、司祭は聖別された油を塗りながら、回復と苦しみに耐える力、さらに罪のゆるしを慈しみ深い神に願うのです。

3 病者の塗油の執行

司祭は一人、あるいは教会の何人かのメンバーと共に、病人や高齢者を自宅や病院あるいは、施設に訪問します。普通、複数でうかがうのは「教会」という共同体の訪問を受ける当人に実感してもらうためです。本人が希望するなら「ゆるしの秘跡」がなされます。続いて司祭は、次の言葉を言いながら病人の額と両手に聖別された油を塗ります（ここでは中心部分のみを記載）。「この聖なる塗油により、いつくしみ深い主キリストが、聖霊の恵みであなたを助け、罪から解放して、あなたを救い、起き上らせてくださいますように。アーメン」

そして、病人には心身の回復を、高齢者には慰めと忍耐の力を願い求めます。その後、「聖体の秘跡」が授けられ、「過ぎ越しの奥義」に招くイエス・キリストと一致します。穏やかで厳かな沈黙のひとときに包まれますが、「秘跡」を受ける者にとって、キリストと教会に結ばれている喜びは、どれほどの慰めと力となることでしょう。

高齢者の場合、このような「塗油の秘跡」と「聖体の秘跡」に繰り返し与かりながら次第に浄められてゆき、全てを神の御手に委ねていきます。「罪から解放して、あなたを救い、起き上らせてくださいますように」という教会を代表する司祭の祈りは、まさに永遠のいのち、復活のいのちへの「立ち上がり」をも見据えてのことで、それを準備しその実現を願う祈りでもあります。まさに「過ぎ越しの奥義」が「この人」に成就していくのです。

こうしたことを考えると、「塗油の秘跡」に与らないのは、本当にもったいないことだと言わなければなりません。日頃から家族に自分が重病に倒れたり、足腰が立たなくなったら司祭を呼んでこの尊い秘跡に与れるようにと、よく伝えておく必要があります。

4　「終油の秘跡」(1)ということ

教会初期から大事にされてきた「病者の塗油」は、病人を身体的・精神的に助ける儀礼として行われてきました。ところが八世紀になると、西方教会では本来の意味から次第にはずれて、臨終の迫った人に限定されて授けられるようになったのです。それは、塗油の効果として「罪のゆるし」とそれにともなう「罪の罰」の免除が得られると考えられたためです。そのため、病気の癒しや力添えの恵みがほとんど顧みられなくなり、「終油／extrema unctio」と呼ばれるようになります。そして、秘跡の神学が次第に形をとるにつれ、それは「終油の秘跡」と呼ばれて七つの秘跡の一つに数えられるようになってしまったのです。その結果、いよいよ死が迫ると司祭を急いで呼んで授けてもらうべき、最後の秘跡と一般に考えられるようになりました。

今日カトリック教会はこうしたゆがみを正し、本来の「病人たちのための塗油」という恵みの理解に戻りました。[2]そのため、「終油」あるいは、「終油の秘跡」という言い方は、もはや死語になりましたが、高齢者がこの秘跡を受ける意義については先に述べた通りです。

「罪のゆるしの秘跡」「病者の塗油の秘跡」は、司祭だけが授けるものですが、「ご聖体」は司祭だけでなく、司教の認可を受けた信徒も「聖体奉仕者」として運ぶことができます。重い病気や高齢のため教会に来られなくなったとしても、「ご聖体」を希望すれば聖体奉仕者が訪問しますので、遠慮なく声をかけてください。

注

(1) **終油の秘跡**　一六世紀の宗教改革者たちは初代教会からの「病者の塗油」を秘跡とみなさなかった。それに対してトレント公会議（一五四五～一五六三）は、「終油の秘跡（病者の塗油）」がヤコブによって公にされた教会の大事な秘跡的行為であると確認した。

(2) **病者の塗油**　第二バチカン公会議（一九六二～一九六五）は、この秘跡の本来の意味を取り戻すことを『教会憲章』11項で次のように述べている。「病者の聖なる塗油と司祭の祈りとによって全教会は、苦しみと栄光を受けた主に、病苦を和らげ病人を救うよう願い、なお病人に対しては、すすんで自分をキリストの受難と死に合わせて、神の民の善に寄与するように勧め、励ます」

第三節　キリスト信者の死生観

1　キリスト信者と「死」

わたしたちの社会では、普段、死のことを話題にしたり、口にすると「縁起でもない」とか「縁起が悪い」などと言って死を忌避する文化があります。ところが一方、日々の社会の中で起きる交通事故やさまざまな殺人事件、幼児殺害、自死など「死」を巡る情報が洪水のように押し寄せてくるせいか、こころがマヒしてしまっているほどです。また、子どもや若者を夢中にさせるゲームやアニメは「敵を死滅させる」ことによって勝利する強烈な快感に溢れていきます。仮想と現実の境界線が曖昧になっている中で、人間にとって最もリアルな「死」という問題が、どうせ「人さまのこと」と思われてしまっています。さらに先に触れた「死を忌避する」文化がそれに拍車をかけ、一般に「死」を自分の問題として真剣に向き合うことが弱く、何か自分とは関係ないこととして捉えられているようです。こうした「死」を巡る曖昧さが、老齢者へのシワ寄せとなっている問題を、後に扱わなければなりません。

ところで、わたしたちキリスト信者にとって「死」は身近な課題であり、決して忌避すべきことではありません。「死は忌むべき」という空気の強い日本の伝統の中にあって、このことは際立った「反対を受けるしるし」（ルカ2・34）とも言えます。

わたしたちは「死」を常にある方の死と結びつけて考えます。「主の死を思い、復活をたたえよう、主が来られるまで」とは、ミサの度ごとに繰りかえすわたしたちの信仰告白です。イエスが最後の晩餐でパンとぶどう酒に託して「わたしの記念としてこれを行いなさい」と残していかれた「贖いのしるし」を前に、わたしたちは感謝を込めて「この方の死」、自分をことごとく献げきった愛ゆえの「死」を思い起こし、それを伝えようと誓うのです。「過ぎ越しの奥義」において、「死すべきわたしたち」が「主の死」と響き合う――まさに「信仰の神秘」がここにあります。

2　死は捉えがたい「謎」

「死」は何かのモノではなく、「生の終わり」という避けることのできない出来事です。しかし、それは一つのプロセスという様相を帯び、捉えがたい謎として各自に迫ってくるのです。そのため人間はそれを「死」と名付けて対象化し、真相を捉えようとさまざまに格闘してきました。古代の人々が「死神」とか「死霊」などと擬人化して死の謎と取り組んだのはその良い例です。しかし、聖書に基づくキリスト教信仰は、擬人化された死の呪縛から人間を解放したと言われます。キリストを信じる者にとって「死」は地上での別離の悲しみを引き起こす出来事であっても、人間に悪さをする忌むべき何かではないからです。

さて、死は「生の終わり」と言いましたが、「生」という文字で書きあらわされた「生きた出来事」(英語のライフ／life、ドイツ語のレーベン／Leben、ラテン語のヴィータ／vita)には、幾つかの側面があります。第一に「生命／いのち」です。生物学的・医学的生命だけでなく、こころ(精神)の分野の「いのち／命」[1]があることも忘れてはなりません。第二に「生活」です。いのちをつないでいくという毎日の現実。「食べていくこと」と「生活していくこと」とは切り離せません。わたしたちは食べながら「生／いのち」をつないでいくのです。そのため、社会の安定・政治・経済・労働がどれほど重要な課題であるかは言うまでもありません。第三に「人生」という一度きりの物語です。一人ひとりの掛け替えのない紡がれた物語は、本人の生きた歩みの足跡であり、そこで展開された出会いとそれによってつかみ取られた意味の蓄積です。それは一つのメッセージとなって次の誰かに手渡されていくのです。

こうした手応えある不思議な「生」。それが時間の中に立ちあらわれ、時間の中であるとき消えていくのですが、このような「生の不思議さ」をわたしたちは「生かされて生きている」と実感し、ありがたさを覚えます。それだけに、このように「生かされて生きている」のとは正反対のこと、すなわち自分の望みに反して「消されて消えていく」という事実をわたしたちは当然のこととして受け入れることができないのです。「生物学的な不可避な生の終焉＝死」と、「個体維持の本能＝生存本能」という二つの事実は矛盾関係にあり、それを人間は「謎」として苦しむのです。イヌやネコや動物が従容《しょうよう》として「死」を迎えていく様を、ある人は「荘厳だ」と言っていますが[2]、わたしたち人間にはそれができません。死を「謎／不条理」と感じ、それにともなう不安や苦しみを避けることができないからです。

3　死への恐れと不安

わたしたち人間は「生物体」として終わりを迎えるよう運命づけられており、さまざまな力を手にしてもそれを回避することはできません。自分の思う通りにならない「生存」を破壊する力、自分の世界に入り込んでくるこの抗し難い力をわたしたちは「死」と呼ぶのです。死は、人間が引き受けなければならない最後の出来事と言えます。

ところで、このような「最後の出来事」に対する恐れや不安は、生物体として持つ自己保存本能の自然なあらわれであると同時に、わたしたち人間特有のものでもあるのです。死への恐れと不安は大きく二つの分野に広がると言われます。

一つは「苦痛への恐れ」で、果たして自分は肉体的苦痛や精神的（心理的）苦痛に耐えられるだろうかという不安（心配）です。さらにさまざまな後悔、とりわけ和解できなかったことへの悔い、納得できずに人生を終わっていく悔しさ、今抱いている夢や希望、計画が挫折してしまうことへの不安、そして、未知なるものを前にしての不安、「大いなる者／神」にきちんと対面できるのかという不安、死後の審判や罰に関する不安などが加わります。これらは「霊的な苦痛」と言われます。

もう一つは「孤独への恐れ」で、この方が人をもっと苦しめるのです。「死」という限界を前にして、自分の無力さを最も見せつけられ、深い孤独を感じるからです。「死という最後の大仕事」は誰にも代わってもらうことはできず、まさに自分で引受けなければならないのです。

人は元気なときでも常に何らかの不安や恐れを抱えて生きなければなりません。しかし、残された縮んでいく時間の間に人生最大の課題である死と向き合わざるを得ないとなると、ことは重大です。人によっては深い絶望や無気力に陥り精神のバランスを失ってしまうことさえあります。それだけに、誰かがそばに寄り添うことがどれほど大事なことでしょう。「死」は医者だけに任せる問題ではなく、周囲の者が同じ死すべきものとして寄り添い「死にゆく者と共に歩む」、すなわちこころの交流による援助が必要とされます。まさに人間は「ペルソナ存在」であることが「死」の現実を前にして明確にあらわれてくるのです。

こうした恐れや不安に沈む人間に、愛と尊敬をもって接することによって、本人は次第に「死の現実」を受け入れていくと、キュブラー・ロス[3]は、長年の臨床経験から指摘しました。彼女は、「死に向かう人間の心理過程」には五つの段階、すなわち、「否認、怒り、取り引き、抑鬱、受容」の段階があると指摘し、さらにこれらの五つの段階のあとに、「期待と希望」の段階を加えています。永遠の命を信じる人は、死後に愛する人との再会を待ち望み、希望に満ちて死を迎えることが多いと報告しています。

カトリック教会の聖なる伝統にイエスの母マリアに代祷を願う「アヴェ・マリアの祈り[4]」がありますこの祈りは「神の母聖マリア、わたしたち罪びとのために、今も、死を迎える時も、お祈りください。アーメン」と結ばれます。多くの作曲家たちがこの「アヴェ・マリアの祈り」を素晴らしい宗教曲として残したことはあらためて言うこともないでありましょう。しかし、それらに共通して心打つのは、まさに最後の「今も、死を迎える時も、お祈りください」という句の部分ではないでしょうか。死の不安に向き合い、限界と無力さを感じるその「きわ／際」にあって、救い主である神の子イエスの母に見守りと力添えを願うのは人間の素直な姿であるからです。死において人間が「ペルソナ存在」であることがありありとあらわれるのですが、「母性」を頼りにしながらそれがあらわれるのは、不思議なことだと言わなければなりません。聖母マリアに祈りながら、自分は孤独ではないと実感する安らぎを願うからです。

4　生きることの意味を求めて

イエス・キリストを真の救い主と信じるわたしたちの死生観の根本は、信仰宣言の最後を飾る「からだの復活、永遠のいのちを信じます」という信仰告白にあります。このことについては『エッセンス』（二三七頁〜）ですでに学びました。ここではこの大事な点について少し角度を変えてながめてみたいと思います。

⑴死は「断絶、関係性（＝絆）の消滅」

「死に別れ」という言葉の通り、死は、生存の事実を無にしてしまう破壊的な力、これまでの関わりをすべて消し去ってしまう出来事です。これまで築いてきた関わりを、もはや持つことができないゆえに、人は悲しみ涙するのです。死は人間が「ペルソナ／関わり存在」であることを、逆説的ですが雄弁に物語っています。関わりや希望を打ち砕いてしまうため、「死」は「生あるものの滅び」としか言いようがありません。聖書において「死」

を「滅び」とみなすのはこの点を指しているのです。（『エッセンス』一五五頁～）死は希望のうちに生きてきた者にとって、あらゆる可能性を奪ってしまう痛ましさの極みです。虚無の中に放り出され、生きてきた意味、自分の存在理由が消えてしまうからです。日本文化の一部には「死を美化する」伝統がありますが、果たしてこんなことが肯定できるでしょうか。

(2)生きることもまた無残なことなのか

「死」が痛ましさの極みであるなら、「死」で終わってしまう「生」そのものもまた、無意味なものでしかないのではないか――この疑問が頭をもたげてきます。死を「縁起でもない」と言って遠ざけたり、まじめに死と向き合うことを避けたりするのは、きっとこうした問いに気づいているからで、分からなさに関わることをどこかで怯えているからでありましょう。

(3)死が滅びであるなら

死ぬということは、死にゆくその人が築いてきた全ての「関係」が断絶してしまうことです。そうすると「関係存在／ペルソナ」である人間の本性が、所詮ナンセンス（無意味）でしかないということになってしまいます。このことは今、現に生きている者にとって、最もいとわしく恐るべきことであると言わなければなりません。善きこと、祝福され、喜んでいる「このいのち」が、一切を無意味としてしまう死をもってムダになるならば、いったい今生きているということには何の益があるのでしょうか。

(4)謎のままに残る「死」

「死」をただ生物学的な出来事としては納得できず、それ以上の何かであるに違いないと直観するものの、わたしたち人間はそれを明確にできないでいます。そのため、生きることも「死」の前では曖昧なままに残されています。「生」は死という終局においてその充実を極めると言っても、本当は覆い隠されてきた空虚と無に過ぎないのではないか。死は、呪いや罰の結果なのではないか。結局、全ては無意味なのではないか。人間の側からは、こうした問いかけに答えを見つけることはできず、曖昧さが残るだけで、まさに「死」の前で無力であることを見せつけられるだけです。

(5)死は準備していくもの

今日、「死の準備教育」(5)の価値が注目されています。それは「死の謎」と向き合い、一切は無意味だという声を聞きながらも、死に対するタブーや、先入観を打ち捨てて、率直で謙虚な態度で「死の現実」から何かを学ぼうという気運が高まっているからでありましょう。確かに死そのものを前もって個人的に体験することはできませんが、「死」を身近な問題として考え、生と死の意義を探究し、自覚をもって自己と他者の死に備える心構えを習得しようとするのです。ここで大事なのは、「死」だけではなく「生と死」という視点であり、それを自分自身の問題として考えていこうということです。人生全体の意義は死によって浮かび上がってくる以上、「死の準備教育」は同時に「より良く生きる」ためのトレーニングであると言えます。

5　キリスト教的人間観は「死」をどう捉えるか

第一部で、キリスト教的な人間理解の根本は、ひとことで「人間をペルソナ存在」と捉えることにあると見ました。その視点から見ると「死」はどのように考えられているのでしょうか。以下、重要と思われる点を幾つか挙げてみましょう。

(1)死は、「その人」の人間的なあらゆる活動と発展の終わりです。死によって丸ごと「その人」

が終わるのです。ギリシャ思想は「死は魂と肉体の分離」であり、「肉体」は滅んで無くなっても「霊魂」は不滅であるために残ると考えますが、聖書の人間観にはこのような考えはありません。各自は、死をもって丸ごと居なくなってしまうのです。

(2)しかし、人間は「人格的存在／ペルソナ存在」として造られています。第一部でみたように、わたしたち人間は「チリから造られた」にもかかわらず、「神の似姿」として造られ、神に向き合うもの、神を目指すものなのです。しかし、「身体」として具体的に今・ここに生きる「ペルソナ」であっても、「チリ」に帰らなければなりません（創世記３・19）。

(3)人が神に似せて造られた「ペルソナ存在」であることの最大の特徴は、「自由」をもって自分がどのようなもので在りたいかを自発的に選び、決定しうる存在だということです。それは、神の言葉（呼びかけ）を聞き、それに応え、自分の造り主に向かって歩むことを許された存在であることを意味しています。そのため、人間はそれぞれの置かれた状況の中で「成長」し「自己実現」をしていくのです。

(4)この成長は、ちょうど草花が太陽に向かって伸びていくように、自分を超えた「大いなるもの」に向かっての歩みであり、そのものからの声（呼びかけ）を信じて応えてきた、一度きりのいわば「いのちの質の積み重ね」ということができます。しかし、この成長も「死」をもって終わります。したがって、人間にとっての「死」は、自然的な出来事であると同時に、「人格的な出来事」でもあるのです。「大いなるもの／創造主である神」から「生」を受けたことを信じ、全てを委ねて「死」という最後の出来事を受け入れるということは、まさに「人格的な出来事」であると言えます。

(5)死は敗北ではなく、その人の内側から熟してくる「生／いのち」の到達点のようなものです。したがって、ペルソナである人間の死は、各自の自己実現の極み、その人が、その人に成りきったとき、歩んできた人生の実りを結ぶ最後の出来事と言えます。「死」において人間はようやく自分自身となるのです。まさに、各自の死（終焉）は、全くユニークな「自分の終わり」と言えます。「生きざまと死にざまは同じ」と言われるのは、このことを言っているのでしょうか（もっとも、不慮の事故や自然災害の犠牲としての死にはあてはまらないのですが）。

(6)キリスト教信仰の根本をなす「復活」のテーマは、ちょうどここに関わることです。啐啄同時《そったくどうじ》という禅の言葉があります。「啐《そつ》」とは鶏卵が孵化しようとするとき雛が殻を内側からつつくことで、「啄《たく》」とはそれに応じて母鶏が外から殻をつつくことです。まさに、ペルソナとしての各自の人生の極みは、地上のいのちの在りようを終えて新たな誕生を迎えるときであり、創造主である神がそこに介入するのです。まさに啐啄同時です。『ヨハネ福音書』で、イエスは「一粒の麦は、地に落ちて死ななければ、一粒のままである。だが、死ねば、多くの実を結ぶ」（12・24）と仰せになります。「いのち」の変容は「死」によってこそ起こり、自分の死はかり知れない豊かさをもたらすと言います。さらにこうした「いのちの不思議さ」を語るイエスは「わたしは復活であり、命である。わたしを信じる者は、死んでも生きる。生きていてわたしを信じる者はだれも、決して死ぬことはない。このことを信じるか」（11・25〜26）と宣言し、問いかけるのです。

(7)人間の死は「人格的な出来事」であると述べてきました。その中味をイエス・キリストを信じることによって、わたしたちは見出すのです。すなわち、「過ぎ越しの奥義」をもって「復活」[6]したイエス・キリストこそ「死」を打ち破り、死の謎を超えて永遠のいのちへの道を打ち開いてくださったということです。イエスは自分の本性と役割を「わたしは道であり、真理であり、命である」（ヨハネ14・6）と簡潔に述べます。イエスを「キリスト

／救い主」と告白することの中味はこれに尽きます。人間が本来的に「ペルソナ／人格」として存在しているということは、実は、死をも超えて「大いなる御者」の内に生きるものとして造られており、この恵みの受け皿として存在せしめられているということなのです。洗礼の恵みは、このことが明らかにされる「しるし」であり、その恵みをこの世の歩みの中で具体化する取り組みの出発なのです。

(8)「からだの復活、永遠のいのちを信じます」

「からだの復活」とは蘇生ではなく「変容」であることをパウロは強調します（一コリント15・35～51参照）。人格全体が丸ごと「復活する／立ち上がらされる」のです。ところが、わたしたちが「ペルソナ」として存在しているのは「からだ」をもってのことです（本書四二頁）。「チリである身体／からだ」はチリに帰らなければなりません。すると、この「からだ人格」としてある「わたし」はどうなってしまうのでしょうか。パウロは、それに応えて「霊のからだ」（一コリント15・44）に変えられると教えます（『エッセンス』二四〇頁）。ここでの「霊の／プネウマティコン」とは、幽霊のようなものではなく、「神の息吹き（＝ルアッハー）にことごとく生かされた」を意味します。『ヨハネ福音書』はこのことを端的に「肉から生まれたものは肉である。霊から生まれたものは霊である」（3・6）と述べて、神の次元での生存の在りようを示唆します。このようにキリスト教信仰の「からだの復活」という究極のテーマは、人間存在の全体性に応えるものであると言わなければなりません。

6　振り返ってみれば

地上で「からだ」において立ちあらわれたこの「自分」は、たくさんの関わりの中で成長してきました。心身をもって他者と豊かな「関係性」を築きあげてきただけでなく、祈りをもって見えない世界、聖なる神の世界とも関わりを持ちました。それはさらに、人となった神の子イエス・キリストへの信仰、この方によって生まれた教会の「使徒継承の信仰」という形のある関わりにまで至りました。イエス・キリストにおいて示された「過ぎ越しの奥義」を信じて洗礼を受け、キリストの体である「教会」と共に歩み始めました。一度の人生の「質」はイエスの福音、すなわち、「愛とゆるし」を生きることにあると信じて歩んできたものの、自分の弱さや罪深さを思い知らされることしばしばでした。しかしその都度罪のゆるしを受け、神の想いそのものであるイエス・キリストを信じて、希望のうちに歩み続けてきました。死を前にして今こそ、この自分は何にも替えがたい全くユニークな「物語」をもつ一個の人格であることを実感します。地上での「チリとしてのからだ」の在りようは終わっても、新しい「霊のからだ[7]」という形をもって、この自分は虚無の縁《へり》から立ち上がらされるのです。神の似姿に造られ、ペルソナとして神と向き合うこの自分は、死を境に消滅してしまうどころか、その時こそ「顔と顔を合わせてまみえてくださる」（一コリント13・12）大いなる方と決定的に出会うのです。虚無の中に消えていくのではなく、復活キリストによって限りない神の愛の中に、この自分は受け入れられ生き続けるのです。そのためにキリストの教会は賛美し続けます。

「わたしたちの過ぎ越しキリストは、世の罪を取り除かれたまことのいけにえの小羊、ご自分の死をもってわたしたちの死を打ち砕き、復活をもってわたしたちにいのちをお与えになりました。神の威光をあがめ、権能を敬うすべての天使とともに、わたしたちもあなたの栄光を終わりなくほめ歌います」（復活節の叙唱一）

7　キリストを信じる者の結論

わたしたちはこれまで「キリスト信者の死生観」をさまざまな角度から見てきましたが、パスカル（一六二三〜一六六二）の言葉をもって次のように結論づけることができます。
「われわれはイエス・キリストによってしか生と死を知らない。イエス・キリストを他にしては、われわれはわれわれの生が何であり、われわれの死が何であるかを、また、われわれ自身が何であるかを知らない」（『パンセ』五四八）

理解を深めるために
不慮の死をどう捉えるか

「死」は地上の「生」の終焉といっても、その姿はさまざまである。病気や老衰であっても自然死は最も普通の「死」の在り方とされてきた。ところが、医療技術が目まぐるしく進歩している今日、従来の自然死は皮肉なことに困難になってしまったと言われるほどである。それでも自然死だけが全てなのではなく、災害や事故、事件、戦争、それに孤独死や自死がある。それらの「死」の姿は、死にともなう悲しみだけでなく、死の悲惨さや名状しがたい混乱をもって人々のこころをつぶし、癒し難い深い傷を残してしまうことになる。犯罪や事故に巻き込まれて、大切な家族や友人を突然失った人々の怒りと混乱はいかほどのことであろうか。予期しない災害で身内を失った遺族たちは、犠牲者に対して助けられなかった悔しさと罪悪感の苦しみを、自分たちへの「天罰」と容易にみなしてしまう。自死は暗黙のメッセージを残すが、それが分からずに身内は苦しみ続ける。そして戦争となれば、当たり前の日々の生活が奪われ、暴力と恐怖を前にして全くの無力さに打ちのめされ希望を失ってしまう。

こうしたさまざまなケースにおいては「謎」としての「死」が、いっそうの脅威として人間を悩まし続けることを、わたしたちも直接間接的に知っている。それにしても、このような死の在りようを、なぜ創造主である神はお許しになるのか。わたしたち人間がどんなに考えても「理に合う／合理的な」答えは見つからない。「神の沈黙」としてこの問題は人類を悩ませ続けてきた。

『旧約聖書』の中で異色の書と言われる『ヨブ記』は、この最大の問題に取り組んだ信仰作品と言われる。神が全能であり善であるにもかかわらず、創造された世界にはなぜ災難や人々の苦悩の現実があるのか。なぜ罪のない人々が苦しむのか。全能かつ善なる神への信仰と現実の悪の体験をどう調和させたらいいのかという葛藤が、率直につづられている。しかし、神の超越性と人間の認識の限界が最後に打ち出され、「なぜ？」と問うこと自体がムダであるという結論に『ヨブ記』は至っている。

一方、『第二イザヤ書』（『エッセンス』三一頁）に描かれる「苦しむ僕」の姿には、他者の罪の贖いのために「死」を引き受けるという「代受苦」の考えが示されている。これはイエス・キリストにおいて実現したというのが新約信仰の土台である。キリスト教のシンボルである「十字架」は、死の謎だけでなく「不条理な死」の象徴でもある。暴力と恥辱を黙って受けて死に果てていくイエスの姿こそ、「謎」そのものであると言わなければならない。しかし、十字架という隙間からにじみ出す謎は、イエスの復活によって打ち払われた。これが新約信仰（キリスト教信仰）の根本である。すなわち、いのちこそが最終的に勝利すること、それを引き起こすのは「神の全能」というよりも「神の無限の愛」だということである。この二つの啓示が「死の謎」に苦しむわたしたちに光を与え、解放へ導くのである。「過ぎ越しの奥義」とは、このようなことを指し示す神の方からの働きかけと言える。そのため、「十字架」は救いのシンボルであり、自分を与えきった神の子イエス・キリストの愛と希望のシンボルでもある。わたしたちを悩ます「不慮の死」の現実も、こうした視点から見つめるとき、何かが見えてくるのではなかろうか。安易な答えをもらったところで人は慰められない。人間の常識や言葉を超えた何かが希望と勇気を与えてくれるのである。
　死の悲惨さや悲しみを乗り越える勇気と力は、人間からではなく何かもっと大きな存在から、イエスが「父と呼びなさい」と招いた方からいただくのである。祈りから全てが始まる。災害時におけるさまざまな援助活動、自殺予防のねばり強い活動、グリーフケア、戦争反対運動の声、社会的弱者への関心と行動など、これらは「死」の悲惨な破壊へのあらがいのあらわれ、また人間の尊厳に対する自覚の深まりと広がりのうねりと言える。死の苦しみの共感と連帯の広がりは、祈りとなり、差し出される無数の援助の手は、絶望と混乱に突き落とされている人々に、悲しみから立ち上がって生きる希望と勇気をどれほど与えていることであろうか。こうした「いのちの共鳴」は、謎めいている死以上に、不思議な力であると言わなければならない。

注

(1) **「命」と「いのち」**　「いのち」という最も身近でつかみ難い現実は漢字で「命」と記される。古代中国の人々がこの記号に託した思いは何であったのだろうか。「命」は「令」と「口」とを組み合わせた形で、「令」は深い儀礼用の帽子をかぶり、跪いて神託をうける人の様。「口」は神への祈りの文（祝詞《のりと》）を入れる器の形。神に祝詞を唱えて、お告げを受けることを「命」という文字であらわしたため、「命」は「神のお告げ」の意味となった。また、この「命」を「いのち」として用いるのは、人のいのちは天から与えられた賜物、神の「おおせ、意思」であると考えられたからである（『常用字解』白川静、平凡社、を参照）。

(2) **動物の死**　小菅正夫『命のメッセージ―旭山動物園園長が語る―』竹書房。

(3) **キュブラー・ロス**　Elisabeth Kübler Ross（一九二六〜二〇〇四）アメリカ人の精神科医。彼女は死のタブーが一般化していた時代にあって、死生学への新たな対応に先鞭をつけた。一九六九年刊行の『死ぬ瞬間』（On Death and Dying）など一連の著作がある。しかし、晩年に輪廻転生について熱弁をふるうようになると、それを信じる人々から熱狂的な支持を受ける一方、精神科医としての彼女のもとを多くの人々が去っていった。しかしそれにもかかわらず、死にゆく人々のこころの動きを研究した彼女の業績は価値を失っていない。

(4) **アヴェ・マリアの祈り**　『エッセンス』二二三〜二二五頁参照。

(5) **死の準備教育**　これはカトリック教会の伝統的な「善死の行」という信心業に由来するもので、自分が死すべきものであることを正面から見つめ、今・ここに生かされて生きていることに感謝しながら日々の歩みを軌道修正する行で、修道者たちが毎月行った。

(6) **復活**　イエスの復活については、『エッセンス』一五四〜一六三頁参照。

(7) **霊のからだ**　『エッセンス』二四〇頁参照。

第四節　旅立ちへの具体的な備え

キリスト信者として、自分の人生の戸締りをどのように準備したらいいのか、具体的な備えについて幾つかの大事なことを考えてみたいと思います。もちろん、最終的には全てを主なる神に委ねなければなりません。その上で、今、自分にできることをきちんと考え、なすべきことをなしておくことは、自分の人生に対する責任ではないでしょうか。これまで幾度も繰り返してきたように、わたしたちは常に誰かと関わりながら生きています。したがって、人生の戸締りについても「他者」のことを考えなければなりません。永遠のいのちに旅立っていく最後の仕事は、独りでできることではなく、周りの人々にも手伝ってもらわなければなりません。「隣人愛」の実践の最後は、まさに共同作業なのです。ここでは、財産に関することには触れず、もっぱら終末医療について考えていきたいと思います。

この項では『欧米に寝たきり老人はいない—自分で決める人生最後の医療』（宮本顕二・宮本礼子、中央公論新社）を参考にしながら考えを展開していきます。著者の御夫妻は終末医療に長年たずさわってこられた医師で、その立場から、人間としての人生の最後をどう迎えたらいいのか、本人だけでなく家族の心構えをさまざまな事例を踏まえて教示しています。また、国際的な視野から日本の現状を見つめ、終末医療がどうあるべきかを誠実に問いかけている貴重な書であると思います（文中の括弧の数字は、本書の頁をあらわす。なお引用の際には読みやすくするため多少手を加えた）。

1　日本における終末医療の実際

今日、日本は男女共に世界一の長寿国になりました。しかし、驚くべきことですが、日本の内科学の教科書には、終末医療に関する記述はまったくといっていいほどなく、終末医療に関する講義を行っている大学もきわめてまれである。高齢者が安らかに死を迎えるための医療については、研究も教育もなされていない。終末医療の現状においては、医療の進歩が安らかな死を妨げている、という報告がなされています（二一〇）。また「これまで私たちが受けてきた医学教育は、たとえ亡くなることがわかっていても治療を続け、一分一秒でも患者さんの命を永らえさせることが命題でした。患者さんが楽であるかどうかはあまり考慮しません。残念ながら、医療の発達が安らかな死を妨げていると思います」というのが心ある医師の率直な発言です（二一九）。

一方、終末医療に関わる医師たちも苦悩するのです。日本の病院では一般的に、医師は患者さんの意向をあまり聞きません。なぜなら、本人が亡くなった後に家族から苦情を言われたら困るので、本人よりも家族の意向を優先するからです（二一六）。家族によっては、「生きているだけでいい」「一日でも長く生かしてください」と医師に切望するあまり、そうした家族の思いは尊重すべきなのかと苦悩します。家族の意向だけを優先していいのでしょうか。「家族はそれで満足かもしれませんが、家族のために生かされている本人はどうでしょうか。私は本人がとてもかわいそうに思えます。（中略）もし、二四時間、寝たきりで言葉も発せない人を一〇年も介護していたら、生きているだけでいいというのは自分のエゴに過ぎないことがわかると思います」と発言する医師もいるのです（二〇四）。

また、医師としての次のような忠告は傾聴に値いすると思います。「私が一番先に伝えたのは『一一九番はしないで』ということです。なぜなら、救急車が来てすでに亡くなっている場合は、警察が入っての検死になるからです。亡くなったというだけで家族は動揺しているのに、さらに警察が来てしまうなら困惑するばかりです」（二二六）。

2　穏やかに死を迎える医療が望まれている

今も延命措置を受けてベッドの上で苦しんでいる大勢の患者さんがいます。「今の日本では、助かる見込みがなくても治療のため人口呼吸器がつけられることがあります。気管に入っている管を抜かないように両手が縛られ、声も出ません。つらいためまぶたをパチパチさせています。ある看護師は『このようなことは許されるのか。医療が高齢者を食い物にしている』と怒りをあらわにしていました。終末期は全身状態が悪いため、ほとんどの人に床ずれができ、どんどん悪化していきます。高齢者病棟で働く職員の多くは、自分は将来このような治療を受けたくないと言います」（二〇、二一）

以下は、本書から拾った、死にゆく人々の声です。著者はまずこのように言います。「これまで私たち医師は、高齢者には『死』をイメージさせることは話さないようにしてきました。怖がらせてしまうと思ったからです。しかし、実際には、死について話しても多くの高齢者は怖がることはありません」（一八九）

・「自分はもう十分に生きた。これ以上は生きていたくない。友達もみんな死んでしまった。早くお迎えが来てほしい」（一九〇）

・「そんなことをしてまで生きていたくない。そうなったら、もうさようならだわ。ありがとうのひとことを言って死んでいきたい」

・「自分の希望が言えてよかった。これで心配がなくなった」

・「十分いろいろな経験をさせてもらいましたから死ぬことはまったく怖くありませんが、死に至るまでに苦しんだり、痛かったりするのは勘弁してほしいです。病気が治って通常の生活ができるならどのような医療も受けますが、単なる延命措置は一切受けたくありま

せん」（以上一九二）

「高齢者は、私たちが考えているいじょうに死を自然なこととして受けとめているのではないでしょうか」（一九〇）と著者は結論づけます。

3　自然死ということ

生まれることと死ぬことは自然なことです。宮本医師は次のように言います。「多くの国を見て回り、現在の日本の終末医療は世界の非常識であることを知りました。終末期は食べるだけ、飲めるだけ、というのは日本でも五〇年ぐらいまでは普通に行われていたことです。そのようにして高齢者は自宅で安らかに看取られていたのです。時代は変わっても、死に方は変えたくないと思います」（一七八）。人間は体が不自由になっても、食べたかったら何としてでも食べようとするものです。しかし、もう食べたくない。食べられなくなったということは、生命体として限界が来たということで、無理に食べさせない。これが「自然にまかせるということ」だと本書は教えてくれます（一一〇、一一三）。そして、医師として宮本氏は断言します。「点滴や経管栄養をしなくても苦しむことはありません。むしろ最期まで話すことができて、安らかに亡くなっていきました。これが本来あるべき最後の姿なのだと思います」（一一九）

日本のように、胃ろうやチューブから栄養を受け、手足の関節も固まって寝返りも打てず、ひとことも話さず、何年も寝たきりのままにしてしまう「濃厚医療」は明らかに「自然死」と正反対のことと言わなければなりません。宮本医師が多くの国を回り「寝たきり老人がいなかった」理由を次のように述べています。「高齢で寝たきりになったら、経管栄養などの延命措置は行わないので短期間で亡くなっているためでした。その根底にあるものは、人は必ず死ぬものであり、その人の尊厳を損なってまで延命を図ることは倫理的に許されないという考えでした」（一七四）。ここで「倫理的に許されない（非倫理的）」とは、「高齢者が終末期を迎えると食べられなくなるのは当たり前で、経管栄養や点滴などの人工栄養で延命を図ることは、非倫理的である」ということで、そうした認識を国民みんなが共有していると指摘しています。さらに、人工栄養で延命を図ることは「老人虐待」に当たるという考えさえあるのです（一二五）。

この四〇～五〇年の間、かつての日本社会でも当然とされた「自然死」が顧みられなくなり、結果的に老人に苦痛を強いる現実には、二つの要因があると思われます。一つは「死を真正面から見ようとしない風潮」があるということです（それについてはすでに考えました）。もう一つは、その結果いつまでも生き延びられるという錯覚にとらわれ、安易に延命措置に応じてしまうということです。しかも、その背後には「科学」への妄信が見え隠れしています。科学の力を借りた人間の傲慢さが「自然死」を認めようとしないのではないでしょうか。その結果、悲惨さが残るだけです。「わたしは裸で母の胎を出た。裸でそこに帰ろう。主は与え、主は奪う。主の御名はほめたたえられよ」（ヨブ１・21）。いのちの与え主の前での謙虚な叫びがこころに響きます。

4　尊厳ある「死」はキリスト信者の証し

まず、「尊厳死」という言葉の意味を確認しましょう。日本でいう、「尊厳死」とは、不治で末期に至った患者が、本人の意思に基づいて死期を引き延ばす延命措置を断り、自然の経過で亡くなる死のことを指します。これに対し、「安楽死」は医師など第三者が薬物などを使って患者の死期を積極的に早める死を意味します。日本では、延命措置を断り、自然の経過で亡くなる尊厳死を「消極的安楽死」という人がいますが、しかし、尊厳死とは「命を積極的に絶つ行為」ではない以上、積極的、消極的にかかわらず「安楽死」なのではありません（一二〇）。

ところで、患者の権利に関する「リスボン宣言」（第三四回世界医師会総会、一九八一年）の中に、「患者は尊厳のうちに死ぬ権利をもっている」と明記されていることを知っておく必要があります。このことは「死」を考える際の世界的なコンセンサスとして大事な基軸であると言わなければなりません。

死にゆくわたしたち各自が、尊厳死を望む場合には、その意志（選択）を書面で残すことが大事です。そうでない場合でも尊厳死ができるように法律を定めることも考えなければなりませんが、それ以前に、人生の終末の延命措置は、上述したように「倫理的ではない」という社会的通念をつくるべきではないでしょうか。わたしたちキリスト信者の信仰の証しは、この点に大いに寄与するはずです。

5　「隣人を愛しなさい」

イエスは「人にしてもらいたいと思うことは何でも、あなたがたも人にしなさい」（マタイ7・12）と仰せになって、隣人愛の具体的な実践の指標を示されました。今、尊厳死を考える場合にもこのことを忘れてはなりません。

自分がしてほしいことを選ぶというのは、「あなたがしてほしくないことは、私もしない」ということでもあります。終末を迎える身内に対して取ったある家族の結論は次のようなことでした。「治療の途中で、家族が決断しなければならないシーンがいくつかありました。その際の基準は『自分がしてほしいように看取りをしよう』ということでした」（二一〇）。私たちはつい「もっと食べさせなくては、もっと水を飲ませなくては」と、食べられない本人に無理強いします。そして、食べられなくなったら、今度は点滴や経管栄養をしようとします。本人の思いより、自分の思いを優先させています。しかし、旅立つ準備をしているのは本人です。

よい旅立ちをさせてあげたいものです」（二一二）

ある人は、率直に次のように発言しています。「見送る人間の思惑や世間への体裁、医師の考え、病院の経営方針に振り回されたくない。最期は静かに幸せに終わりたい。無用な処置のために、意識がなくても顔色ばかりよくて無為に生き続けている老人、痴呆で人間性を無視されて生かされている老人、動くこともままならず安心・幸せの居場所をあきらめざるを得ない老人、本人が望まぬ生き方でも抗うこともできず、許されずの現実。世の豊かさと医療の発達で人間が置かれるべき方向を誤ってはならないと思う」（一九三）。人間としての尊厳ある死を願う声がここにはあります。

先に、わたしたち人間は「ペルソナ存在」として常に関わりの中にあることを見ました。人間としての「尊厳」は「神の似姿」に造られたこと、すなわち、ペルソナとして互いに相手がいのちの与え主である神に開かれた存在であるからです。ですから、「長い人生の中で築いてきた高齢者の死生観を現代医療は尊重しなくてはいけないと思います。死を恐れているのではないかと思い、高齢者へ延命措置の希望を聞かないと、本人の望まない医療が行われてしまいます。したがって、医療者は普段から、患者がどのような死を迎えたいかについて患者本人と家族を交えて話し合うことが大切だと思います」（一九六）――これは終末医療にたずさわる医師の誠実な訴えなのです。

6　遺言を書くことの大切さ

今日わたしたちの社会では「エンディングノート」が流行になっています。超高齢化社会にともなう現象なのでしょうか。「遺言書」と言わずにカタカナ言葉を使うのは、「死」の現実を直視する厳しさを多少とも和らげるためなのでしょう。しかし、自分の人生の戸締まりにしっかり向き合う大切さに変わりはありません。「遺言書」の作成の現実的な意義は、自分が遺していく財産の分与をめぐって当事者たちが争う不幸を避けるためで、そのため遺言書は社会の法的な管理下に置かれます。社会が故人の遺志と人権を守ろうとするからです。

また、自分の最期（旅立つ準備）について前もって意志表明をしておくことは、家族や身内に対する配慮という意味で大切なことではないでしょうか。この表明は「遺言書」とは別ですが（死ぬ前の意志表明であるため）残していく家族や身内に自分の希望や意志をはっきりと指示しておくことは、互いに安心感を与えます。そのために先に**4**と**5**でふれた「尊厳ある最期」を自分の問題として理解しておくことがとても大切です。

7　永遠のいのちを信じます

わたしたちカトリック信者が継承する「使徒信条（＝使徒からの信仰）」の最後は「からだの復活、永遠のいのちを信じます」で結ばれます。「からだの復活」「永遠のいのち」については『エッセンス』（二三四頁～）を見直してください。

死は「地上の旅路の終着点」です。しかし、ここにようやく至って主が約束された「永遠のいのち」へと飛躍していくのです。日本の宗教伝統の言葉である「お迎え」という待望は、まさにイエス・キリストによって実現するとわたしたちは信じます。パウロは次のように励ましています。

「兄弟たち、既に眠りについた人たちについては、希望を持たないほかの人々のように嘆き悲しまないために、ぜひ次のことを知っておいてほしい。イエスが死んで復活されたと、わたしたちは信じています。神は同じように、イエスを信じて眠りについた人たちをも、イエスと一緒に導き出してくださいます」（一テサロニケ４・13～14）

そうであるならば、地上のいのちの在りようを潔く手放し、約束された復活のいのちへと突入すべく一切を主に委ねるべきではないでしょうか。死にざまは生きざまを映し出します。「過ぎ越しの奥義」において示された確かな希望を生きてきました。自分の人生の瀬戸際に立った今、「希望を持たない者のように嘆く」ことはありません。それどころか「さあ、わたしの父に祝福された人たち、天地創造の時からお前たちのために用意されている国を受け継ぎなさい」（マタイ25・34）という限りない恵みの喜びに入らせていただこうではありませんか。

8　カトリック教会の葬儀の祈りから(1)

カトリック教会では「葬儀ミサ」を行って、信仰の仲間に感謝と敬意をあらわしながら神のみもとに故人をお送りします。「葬儀ミサ」で司祭が唱える数々の祈りには味わい深いものがあります。

叙唱

聖なる父、全能永遠の神、
いつどこでも主・キリストによって賛美と感謝をささげることは、
まことにとうといたいせつな努めです。
キリストのうちにわたしたちの復活の希望は輝き、
死を悲しむ者も、とこしえのいのちの約束によって慰められます。
信じる者にとって死は滅びではなく、新たないのちへの門であり、
地上の生活を終わった後も、天に永遠の住みかが備えられています。
神の威光をあがめ、権能を敬うすべての天使とともに、

わたしたちもあなたの栄光を終わりなくほめ歌います。

葬儀ミサの結びの祈り
祈りましょう（沈黙）
いつくしみ深い神である父よ、
あなたが遣わされたひとり子キリストを信じ、
永遠のいのちの希望のうちに人生の旅路を終えた○○○○を
あなたの手にゆだねます。
わたしたちから離れてゆくこの兄弟（姉妹）の重荷をすべて取り去り、
天に備えられた住みかに導き、聖人の集いに加えてください。
別離の悲しみのうちにあるわたしたちも、
主・キリストが約束された復活の希望に支えられ、
あなたのもとに召された兄弟（姉妹）とともに、
永遠の喜びを分かち合うことができますように。
わたしたちの主イエス・キリストによって。アーメン。

これらの祈りには、キリスト教信仰のみならずキリスト教的な人間観が生き生きと息づいています。「死は忌むべきもの」とはおよそ違った力強い見通しがあり、それが「今」を生きる力を与えているのです。

注

(1) **葬儀の祈り**『カトリック儀式書・葬儀』、日本カトリック典礼委員会編、カトリック中央協議会。

第十五留

イエス、栄光に復活される

「十字架の道行き」のイラストについて
この十字架の道行きは、旧東京カトリック神学院聖堂にあったブロンズのレリーフ（作者不明のドイツ製）を著者によりペン画にしたものです。このレリーフは現在も東京カトリック神学院の廊下に掲げられています（小笠原）。

第五節　亡くなった人々との連帯

1　亡くなった人々とのつながり

1　聖徒の交わり

わたしたちの「使徒継承の信仰」では、信仰における連帯が「聖徒の交わり」という言葉で表明されています（『エッセンス』二二七頁）。ここで言う「聖徒」とは、イエス・キリストの贖いの恵みを受けた者（＝洗礼によって神のいのちを生きるものとされた者、キリスト信者）を意味します。こうした信仰における家族意識は、時代や空間を超えるだけでなく、「地上の教会・天上の教会」という壮大なスケールにまで及ぶのです。

こうした信仰上の連帯意識を踏まえて、キリスト信者たちは教会の始まりから、特に自分に近しい死者たちとの交わりを大事にし、彼らのために祈ってきました。その動機の一つに「信仰の生活」が神のみ旨にかなうべく成熟していくものであるとするならば、亡くなっていった者が果たしてそれを全うしたのかという気がかりや心配があったということです。特に戦争や事故や事件などで不幸な死を遂げた者の身内は、強い家族意識にかられて気づかい、彼らが地上で全うできなかった浄めや神との出会いのための準備不足を、肩代わりしてあげようとしたのでした。まさにいのちの強い連帯感がここにあります。

2　「煉獄」という考え方

「煉獄[1]」という言葉は、キリスト教文化圏で使われていたラテン語の「プルガトリウム」の訳語です。それは「浄める」を意味する「プルガーレ」（動詞）の派生語で「浄めの場所」を指します。先にわたしたちの人生の歩みは、完成を目指す絶えざる成長のプロセスであると見ました。それはいびつになってしまった部分を修正したり、不純になっているいのちを浄めていく歩みでもあるのです。先に見た「罪のゆるし」を必要とするわたしたち各自の現実をふり返れば、このことは容易に理解できることです。

ところで、誰も自分は完璧に人生を全うできると確信する者はいません。未完成のまま、あるいは、曖昧さを残したまま終わってしまうというのが現実です。そのために神との決定的な出会いを待ちこがれつつも果たしてそれができるのか、不安や心配を拭うことができません。キリスト信者が亡くなると、身内が心配して、尊い贖いの記念である「ミサ聖祭」において故人に対する神の憐みを切に願ったのは、こうした人間としての限界と心情があったからです。この世で果たし切れなかった「浄化」を、故人があの世でもなお続けているにちがいないと考え、そのために現世に残っている自分たちが「祈り・犠牲・愛徳のわざ」をもって故人の浄化を助けようとしたのです。人間としての素直な気持ちが、ここにはあると言わなければなりません。

教会は先立った人々の浄めについて無関心ではいられず次のように教えます。「清めの状態にある同じ聖徒の交わりの中にある人々ですから、わたしたちは彼らの手助けをすることができます。罪のために受けなければならない有限の苦しみから解放されることを願って死者のために免償を得る、という方法がとくに勧められます」（『カトリック教会のカテキズム』四五三頁、カトリック中央協議会）

このような現世と来世にまたがる連帯感は、人間であることの「不思議さ」に基づくもので、時代や文化を超えて広く見られる人類の現象です。「浄め」の継続が来世でもなされ、この浄めに現世にいる者も関わることができるという考えの背景には、きっと人間がペルソナ存在として成長していくものだということを、どこかで気づいているからでありましょう。キリスト教信仰とは相容れない「輪廻転生《りんねてんしょう》」(2)の考えもまた、この「浄めを必要とする人間」という人間観の一つのあらわれなのかも知れません。

3　ミサの数を浄化の手段にしてしまった歪み

しかし問題は、右に触れた「浄化」の考えをいつのまにか数量化してしまい、本筋から離れて歪みをもたらしてしまったところにあります。ことにヨーロッパ中世のキリスト教圏でこうした動きが加速し、人々は「ミサ」を浄化の手段としてみなしてしまい、競って故人のために数多くのミサを捧げようとしたのでした。その結果、「ミサ聖祭」の本来の意味と機能が大きく歪められてしまったことは否めません。ルターに始まった「宗教改革」(3)が、こうした歪みに異議をとなえたのは当然のことでした。しかし一方、改革者たちは「煉獄／浄化」という考え方そのものを、聖書に書かれていないからと否定し、さらに死者のために祈ることをも否定してしまったのです（それと連動して「聖徒の交わり」の教えも否定しました）。この人々にとってキリスト教信仰とは、徹底的に「個の信仰」なのであり、神と自分とが「聖書」という権威ある書き物を介して直接に関わることであると見なしたからです。

これに対し、カトリック教会は中世期の行き過ぎを認めて是正しましたが、「聖徒の交わり」の教えと伝統はしっかり保持します。わたしたちはすでに天上で神の栄光に入った先人たちの見守りや祈りの支援を何らかの形で受けていると確信し、さらに、こうした連帯性に基づいて、「祈りにおける死者とのつながり」を大事にするのです。人間は「個」として自己完結したり、直接神とつながるのではなく、キリストのからだである「教会」を通して、「教会」において神とつながるからです。教会とはイエス・キリストの救いの恵みにおける「共同体」なのであり、神の言葉（み言葉）と秘跡によって育まれていくのです。各自は洗礼の秘跡によってこのような教会に招き入れられ、教会と共に信仰の道を歩み続けるのです。そして「地上の教会」は「天上の教会」とも呼応し合っているのです。

4　亡くなった人々との連帯

まず言葉づかいの問題ですが、「死者」[4]という言葉の響きにはある種の冷たさがないでしょうか。事故や災害が発生すると死者○○名などと報じられますが、身内からすれば「死者」という言葉で片づけられない実感をともなう何かがあることは言うまでもありません。すなわち、死者とは名前を呼び合って共に生きてきたかけがえのない「誰か」なのであり、目の前からいなくなった「誰々さん」なのです。時間が経つと「故人」あるいは、「故人となった」と言って「死者」という言葉で片づけることはしません。さらに長い時間が経つと「御先祖さま」と呼びます。これらの言葉づかいに一貫しているのは、いのちの共有という根本体験であり、生かし・生かされた、お世話になった、という実感です。今ある自分は亡くなった人（人々）の御蔭、その人（人々）との出会いと恵み（恩）によるという実感です。生き生きとした想い出に支えられた「故人の重さ」。まさに人間は「ペルソナ存在／人格」なのです。

このように故人を偲び、感謝しながら祈るのは、死をも超えて連帯し合うペルソナである人間の不思議さのあらわれです。カトリック教会が故人の命日に祈ることを大事にし、典礼暦の「死者の日」には厳かに「ミサ聖祭」（感謝の祭儀）を捧げ、共に墓参を行うのは、こうした人間の「いのちの連帯性」を尊ぶからです。そして、祈りにおいて故人を想いながら、復活の希望と再会の希望を新たにし、地上の旅路を続けるのです。

5　免償について

先に「浄化」について触れましたが、そのついでに「免償」という教会が大事にしてきた問題についても触れておきましょう。日本ではどういう訳か「免罪符」という言葉が一人歩きし、残念なことに歴史の教科書にもそれが当然のように記載され教えられているのですが、もともと「免罪符」というものは存在しません。それは「インドゥルジェンチア／免償符(5)」の誤訳でしかありません。

ところで教会の草創期から「罪の償い」という問題が大事にされてきました。すなわち、洗礼の恵みを受けて「神の子」とされたにもかかわらず、殺人や棄教などの重大な罪に陥ってしまう悲しむべき現実があったのです。しかし、悔い改めと罪のゆるしの恵みは、常に新たに生き直す希望を与えてきました。その場合、教会は「償い」を課して本人の再生を促したのですが、古代・中世初期の教会においては、しばしばこの償いは非常に厳しく、生涯にわたる苦行（断食、巡礼）を課すということさえあったのです。しかし、「償い」は健康を害してまでの苦行よりも、困窮する人々への愛徳のわざに参加することへと次第に変っていきます。病人や孤児のための施設の建設、橋や道路の整備、教会堂や学校の建設など、社会的事業に対して犠牲をともなった援助を行うことへと変えられていきました。また、中世の半ばになると、免償は「煉獄にいる死者」にも有効であるという考えが起こり、信仰ある人々に広まります。しかし、このような免償を保証する「免償符」が教会の指導者（教皇や司教）から乱発され、しばしば本来の目的から逸脱して金銭を得るために利用されたのでした。そのため教会内部に激しい議論が起こり、公会議はしばしば警告を発したほどです。

このように「免償」とは罪を免ずる（赦す）ことではなく、罪に対して課せられた有限な罰の免除を意味します。それを証文という形であらわすのが「免償符／贖宥状」というもので、その有効性を保証するのはペトロの後継者である教皇にあると考えられました。しかし、ルター[6]が、当時のローマ教皇とドイツとの複雑な政治的状況下で「免償符」の扱いに異議をとなえ、それが引き金となって教会刷新（宗教改革）運動が始まったことはあまりにも有名ですが、ルターは決して「罪をゆるす証文」という意味で「免償符」そのものを問題にしたのではありません。それが乱発され人々が多くそれを購入すれば「罪」そのものまでが赦されるという誤った風潮の広まりに彼は危機感を覚え、それにきちんと対処しない教会当局に異議申し立てをしたのでした。この点でルターはまったく正しかったのです。しかし、「免罪符」という誤訳は、正しい歴史認識の妨げとなっているだけに困ったことです。

ところで、今日のカトリック教会は「免償」を次のように理解し実践しています。

・免償の基礎は何よりも、贖いの恵みをもたらしてくださったイエス・キリストにおける全ての信者の連帯（聖徒の交わり）にある。
・免償の対象となる「罪の罰」とは、外的に課せられる罰というよりも、罪が本人にもたらす内的な結果（良心の呵責、自己分裂の苦しみ、後悔、迷惑をかけてしまった苦悩など）を指す。
・免償は「ゆるしの秘跡」に代わるものではなく、「ゆるしの秘跡」を前提とする。
・免償を受けるかどうかは、本人の自由であり、愛を実践する覚悟や罪を避けようとする意志が重要である。

さらに「教会を通して神からの免償を得られる」と教会は教えます。「教会はキリスト・イエスによって与えられた、つなぎ、解く権能（マタイ16・19参照）によって、キリスト者個人の仲立ちとなり（中略）、罪のために受けるべき有限の苦しみ（罰）のゆるしをあわれみ深い御父からいただけるようにします。このようにして、教会は単にキリスト者を助けるだけでなく、敬神と償いと愛の実践を彼らに促すのです」（『カトリック教会のカテキズム』四五三頁、カトリック中央協議会）

注

(1) **煉獄**　「プルガトリウム」と呼ばれたが、それは「浄めの場所」を意味する。小罪を持ったまま、あるいは、罪の償いを果たさなかった死者の霊魂が、天国に入る前に、現世で犯した罪に応じた罰を受け、浄められる場所と考えられた。

(2) **輪廻転生**　仏教で生物（衆生《しゅじょう》）がそれぞれの業《ごう》によって、生まれては死に、また他の世界（六つ）に生まれ迷うことをいつまでも繰り返すという教え。六つの世界とは、地獄、餓鬼、畜生、修羅、人間、天上の六つの世界である。

(3) **宗教改革**　「宗教改革」という言葉は「Reformation／革新」の誤訳である。正確には「キリストの教会の改革・刷新」なので「宗教」一般のそれではない（本書三七七〜三七八頁参照）。

(4) **死者**　キリスト教において「死者」という言葉を使う場合、ラテン語の「デフンクトゥス／defunctus」の意味合いを忘れてはならない。「デフンクトゥス」は「デフンゴル／defungor」（動詞）の派生語で「終えた、果たした、なし遂げた」者を指す。ちなみに「死者ミサ」はラテン語で「missa defunctorum」あるいは、「requiem」と言う。「（人生を）終えた者たちのためのミサ」あるいは、「安息を（願うミサ）」という意味である。そこには「鎮魂ミサ」という発想は全くない。「鎮魂」とは怨念をもって荒ぶるの意である。またプロテスタントの教団によっては「死者」を「死人」と言う習慣があるが、言葉遣いからしてどうであろうか。

(5) **免償符**　ラテン語の「インドゥルジェンティア／indulgentia」の訳である。それは「インドゥルジェオ／indulgeo」（動詞）の派生語で「寛大、慈悲、好意、親切、容赦、赦免」を意味し、「罪の償い」を免除する意味で使われた。さらに「償いの免除の証文」をも指した。したがって、「罪そのものを赦す」という意味はこの「インドゥルジェンティア」という語にはない。

(6) **免償符問題**　ルターの「キリストの教会改革」の発端となった。当時のルネサンス教皇と呼ばれたレオ一〇世（在位一五一三～一五二一）が、聖ペトロ大聖堂の修築を理由に免償符を発行し、ドイツでは国内の複雑な状況下でその宣伝にたずさわったドミニコ会員のテッツェル（一四六五頃～一五一九）が宣伝活動を行ったが、その説教が問題となった。「箱の中に幾ばくかの貨幣を投げ込むと、皆さんの友人や親戚の魂を煉獄の炎から救うことができる」という内容に憤慨して、カトリックの修道司祭だったルター（一四八三～一五四六）が異議を唱え、九五カ条の提題を提示して教会改革の火ぶたが切られた。

2 「裁き」と永遠の滅びの可能性のいましめ

1　裁き

「裁き」については、『エッセンス』（二二八、二三六頁）で基本的なことを学びましたが、ここでもう一度おさらいし、さらに幾つかの点を補ってみたいと思います

(1)イエスは隣人を裁くなと厳しく戒めました。

「人を裁くな。あなたがたも裁かれないようにするためである。あなたがたは、自分の裁く裁きで裁かれ、自分の量る秤で量り与えられる。あなたは、兄弟の目にあるおが屑は見えるのに、なぜ自分の目の中の丸太に気づかないのか。兄弟に向かって、『あなたの目からおが屑を取らせてください』と、どうして言えようか。自分の目に丸太があるではないか。偽善者よ、まず自分の目から丸太を取り除け。そうすれば、はっきり見えるようになって、兄弟の目からおが屑を取り除くことができる」（マタイ7・1～5）

ここでの「裁き」とは、他人に対する断定的かつ否定的な評価であり、しかもそれに固執す

る傲慢な態度のことです。後半では「自分を棚に上げて」とイエスは皮肉っています。わたしたちも「絶対に」などと言って、人を否定的に決めつけてしまうことがしばしばですが、本当に自分の考えや判断が正しいのか、イエスのこの戒めを誠実に受けて自分自身を振り返る必要があります。しかし、イエスはここで「判断を一切してはならない」と言っているのではありません。聖霊の光を祈り求め、正しく識別し、積極的に行動していくことは、キリストを信じるわたしたちにとって大事な生き方であるからです。

(2)「裁き」のテーマにはもう一つの側面があります。それは「滅ぼす」こと、救いの恵みから締め出すということです。特に『ヨハネ福音書』ではこの意味で「裁き」ということが使われています。どのようなことでしょうか。

「神が御子を世に遣わされたのは、世を裁くためではなく、御子によって世が救われるためである。御子を信じる者は裁かれない。信じない者は既に裁かれている。神の独り子の名を信じていないからである。光が世に来たのに、人々はその行いが悪いので、光よりも闇の方を好んだ。それが、もう裁きになっている」(3・17〜19)

「はっきり言っておく。わたしの言葉を聞いて、わたしをお遣わしになった方を信じる者は、永遠の命を得、また、裁かれることなく、死から命へと移っている」(5・24)

「わたしを拒み、わたしの言葉を受け入れない者に対しては、裁くものがある。わたしの語った言葉が、終わりの日にその者を裁く」(12・48)

ここでの「裁き」の訴えは、神の方が誰かをつかまえて滅ぼすということではなく、神の救いの恵み(＝イエス・キリストそのもの)を敢えて拒絶して、自ら「滅び」を招いてしまう人間への警告であることを忘れてはなりません。神は限りなく赦す方、愛であるからです。それにもかかわらず、人間にはそうした神を排斥する可能性があるのです。人生の途上でさまざまな気づきの機会が与えられているわたしたちです。それらをことごとく無駄にして、自らの滅び（裁き）をわざわざ選び取ってしまうことがあってはならないはずです。

2　私審判と公審判という考え方

バチカンにあるシスティーナ礼拝堂の正面を飾るミケランジェロの傑作「最後の審判」の壁画の前に立つとき、誰もが圧倒されることでしょう。しかし、その巨大な傑作であっても「最後の審判」についてのミケランジェロ個人の解釈と表現でしかありません。彼の巨大な壁画をはるかに超えて「最後の審判」の問題はとてつもなく大きく、捉えきれない奥行へとわたしたちを招きます。いったい、人間の歴史はどこへ向かっているのか。結局は破局と絶望と虚無なのか。人類が積み上げてきた善きことは全てムダなのか。善人や罪もない人々が力を持つ者に踏みにじられ、悲惨な苦しみに追いつめられてもいいのか。一握りの人間が自分の好き勝手に社会を支配し、自己満足のために人々のいのちを消費してもいいのか。悪の連鎖や破壊の猛威だけが全てであって諦めなければならないのか。歴史のうねりの中で立ちあらわれる「個人」には価値があるのか。歴史に翻弄される一人ひとりであっても、歴史に対して責任があるのか、などなど。まさに考えたらきりがなく、その答えを人間の頭だけでつかむことは不可能なことです。しかし、神こそが最終的に人間の歴史に「審判」を下す方である――これが聖書信仰における「歴史観」の根本をなしています。『エッセンス』では「裁き／審判」を「評価」と言いかえて、もっと身近に理解しようとしました。まさに「最後の審判」の教えもまた、人間のなす一切については、神ご自身が最終の評価を下すという訴えなのです。

イエスは「神と隣人を愛して生きる」ことこそ、各自の人生の評価の根本だと訴えました。人間の営みの総体である「歴史」の評価基準もまた、ここにあるというのが、最後の審判（究極の評価）の教えです。このような究極の見通しをもって日々を生きることは、「過ぎ越しの奥義」を信じて生きることとつながっています。なぜなら、イエス・キリストは「神と隣人を愛して生きる」ことをご自分の「死と復活」をもって示しきったからです。絶望をもたらす憎悪と破壊を「死」と呼ぶならば、神の子イエス・キリストは愛をもってそれを引き受け、「代受苦」に身をさらし、その「死」をもって「憎悪と破壊の死」を飲み込んだのでした。罪と絶望と破壊の結果である死は、今や「復活のいのちの勝利」によって乗り越えられ、確かな希望の光が与えられた――神の介入によるこうした「過ぎ越しの奥義」をわたしたちは、毎年復活徹夜祭で盛大に祝い、主日のミサごとにそれを繰り返し記念するのです。

カトリック教会では、伝統的に「最後の審判」を「公審判」とも呼び、それに対応する形で「私審判」があると教えられてきました。二つの「審判／裁き」があるとみなしたのは、おそらく各自の死後も何らかの「時間」に服すると考えたからでしょう。しかし、「時間の次元を超えた永遠」にも時間があるというのはおかしな話です。むしろ「私審判」「公審判」という二重の審判のイメージは、人間のいのちの在りようの二つの側面、すなわち、「個人」としての在りようと「社会／連帯」としての在りように対する「評価」と捉えるべきでありましょう。わたしたち人間存在は、個人としても社会としても、たくさんの矛盾や曖昧さに満ちています。「審判は、そのような曖昧な状態が無限に続くことはないことを教えています。偽りや罪は神の前で生き残ることはできず、必ず神の愛・正義・真理基準において個人も人類も決着します。このことを信じることは、今生きているわたしたちに勇気と警戒するこころを与えてくれます。わたしたちの行為や生き方には、はっきりとした善悪・真偽の基準が必要とされ、何でもよいといった相対主義に陥る傾向を戒めてくれるからです[7]」

3　地獄ということ

日本の宗教伝統において、「地獄」という言葉と考えは平安時代の僧である源信[8]が著した『往生要集』に負うところが大きいとされています。それまで漠然と祟りや怨霊に怯えてきた日本人に明確な仏教の教えを説き、ことに阿弥陀仏の救いの素晴らしさを「極楽浄土」に行く（往生する）こととして伝えること——これが本書の目的でした。ところが「極楽浄土」の対極である「地獄」の方が人々の関心の的となり、『往生要集』といえば「死／地獄」の書と見なされてしまったほどです。それだけに、わたしたち人間にとって滅びへの心配が尽きないのが正直なところではないでしょうか。

イエスも「地獄」という言葉を用いて厳しい警告を発しています（マルコ9・43〜45等）。しかし、ここで「地獄」と訳された聖書の「ゲヘンナ」は、エルサレム南西にある「ゲノムの谷」を意味し、ユダヤ教以前には人身御供《ひとみごくう》がなされていた忌まわしい記憶が残るところで、当時エルサレムのごみ焼却場でした。仏教の影響を受けた残虐極まりない刑場とは違いますが、ゲヘンナは燃える炎と悪臭がつきず、まさに「滅び」のイメージにはぴったりの様相を呈していたのです。「ゲヘンナに投げ込まれる」とは、こうした恐るべき忌まわしい滅びを身に受けるということを意味していました。しかし、「ゲヘンナ／地獄」とは呪わしい場所のイメージをともなうものの、死後、拷問を受けるべき「場所」なのではなく「滅び」のことを強烈に暗示しています。神から決定的に切り離された孤絶の状態、神の救済意志とは全く相反する状態を自ら選んでしまうこと——これが聖書の言う「滅び」の意味することとです。その意味で、「地獄は神が刑罰のために置かれたものというよりも、神とその愛を決定的に拒む、人間の自由と意思の極限の可能性である」[9]と言えます。この可能性は残り続けるという確信のもと、教会は「地獄／決定的な滅び」の教えを撤回はしません。もちろん誰がそこに行くのか、誰も分かりません。まさにおのれを正す警告ではないでしょうか。
一方、「生き地獄」という言葉が示すように、わたしたちは人生の途上で言葉にならない悲惨さを見たり経験することがあります。戦争はその最たるものであることは言うまでもありません。また、救いのない悲惨な状況はこころの中にも起こります。情けも愛も信頼もない孤絶し閉鎖された、神不在の真っ暗な、まさに地獄を呈するいまわしい状態です。しかし、そうした「地獄」状態に一条の光が射し込みます。「神の憐みによって、高い所からあけぼのの光が我らを訪れ、暗闇と死の陰に座している者たちを照らし、我らを平和に導く」（ルカ1・78〜79）。わたしたちが問題にしてきた「過ぎ越しの奥義」とは生き地獄のただ中で光を放つ神の介入なのです。

注

（7）**審判**　『カトリック教会の教え』一五三頁、カトリック中央協議会。
（8）**源信**（九四二〜一〇一七）平安時代中期の天台宗の僧で恵心僧都とも呼ばれた。『往生要集』を著して浄土仏教の教えを説いた。阿弥陀が住む極楽（浄土）の素晴らしさを際立させるために「地獄」についても詳しく説いたが、こちらの記述の方が有名になってしまい、その後の日本人の来世観に大きな影響をもたらした。なお仏教における「地獄」は輪廻の六つの世界の一つで、罪悪を犯した者が死後に落とされ苦痛に逢う所とされる。
（9）**地獄**　『カトリック教会の教え』一五八頁、カトリック中央協議会。

第六節　永遠のいのちを信じます

1　イエスの「終末説教」

それぞれの福音書によると、イエスは宣教活動の締めくくりをエルサレムを舞台にして行いました。イエスが神殿から商人たちを追い払った激烈な行動は、人々の驚きを引き起こしたと同時に、権力者たちは「イエス殺害」を決定します。一方、イエスはこの行動を節目に、いわゆる「終末説教」をさまざまなたとえをもって精力的に展開します。二人の息子のたとえ、ブドウ園の農夫のたとえ、婚宴のたとえ、忠実な僕と悪い僕のたとえ、十人の乙女のたとえ、タラントンのたとえ、そして全ての民族を裁く王のたとえです。緊迫に満ちたこれらのたとえに共通しているのは「強烈な対比」をもって聞く者に緊張感をかもし出したことです。イエスが示すこの対比の意図は、これまで心身をかけて訴えてきた自分の教えにこころを開いてそれを受け入れ、信じて従うか否かということです。差し出された神の救いの恵みにどう応えるかをイエスは、エルサレムでの宣教のしめくくりの説教で力強く訴えたのでした。

2　約束を信じる

わたしたちの日々の生活は、たくさんの「約束」「約束事」で成り立っています。「約束」は互いに信じ合うことを前提とする人間固有の行為で、まさに人間が「ペルソナ存在」であることの証しと言えます。人間のこの根本的な「約束能力」は、人間が神の似姿であることに由来します。そして、わたしたち人間を造られた神は、その御子を遣わし、その方は「神の救いの約束」そのものとなってくださった――これがわたしたちのキリスト信仰の根本です。イエスを「キリスト／救い主」と信じるということは、「イエスにおいて神は究極の救いを約束なさる」ことへの「然《しか》り／アーメン」なのです。人間はしばしば約束をたがえるが、神は決して約束を撤回することはない。これがイエス・キリストの全ての言動のねらいであり、それが「終末説教」においてひときわ強調されるのです。文字通り最後となる「全ての民族を裁く王のたとえ」のクライマックスは次のようです。

「さあ、わたしの父に祝福された人たち、天地創造の時からお前たちのために用意されている国を受け継ぎなさい。（中略）はっきり言っておく。わたしの兄弟であるこの最も小さい者の一人にしたのは、わたしにしてくれたことなのである」（マタイ25・34、40）

3　永遠の祝福ということ

右に引用されたイエスの喜びに満ちた言葉（たとえ）を少し味わってみましょう。「祝福された→祝福する」と訳された聖書の原語は「エウロゴー」で原意は「良く言う」です。そこから「ほめる、賛美する、感謝する」ことをもって、善きこととして肯定し、認め、受け入れるという意味を持ちます。日本語の「寿ぐ」に通じる言葉です。

イエスは今「父に祝福された人たち」と言います。「父に祝福された」とは天地万物の創造主である神に肯定され、受け入れられたということで、あの創造の際に繰り返された「良しとされた」（創世記1・4）という根源的な祝福にあずかることです。裏返して言うなら、それはムダではない、無意味ではない、悪ではない、虚無の中に消えていくことは決してないということです。しかし、このように絶対なる御者から「良しとされ、喜びのうちに究極的に肯定される」理由とは何なのでしょうか。イエスは続けて「わたしの兄弟であるこの最も小さい者の一人にしたのは、わたしにしてくれたことだからである」（マタイ25・40）とその理由を言います。すなわち、イエスが訴えた教えの根本「神と隣人を尊び愛する」ことを、イエス自身に倣って愚直に生きたこと、それも「いつそんなことをしたのか」さえ忘れるほどに生きたことが、究極の祝福の理由だというのです。先にわたしたちが見た「生きることの質」、すなわち、「愛」が決定的な祝福を引き寄せているのです。それはヒューマニズムの視点をはるかに超える見通しへの招きなのです。

4　イエスの福音の一貫性

最後の説教でイエスはさらに祝福の恵みについて言います。「天地創造の時からお前たちのために用意されている国を受け継ぎなさい」（マタイ25・34）。ここでイエスは「天地創造の時」と言って、先に触れたあの天地創造の際の「良し」が発せられた根源的な次元、人間が存在する以前の神の次元へとわたしたちの目を向けさせるのです。ところで「（祝福された）お前たちのために用意されている国」とは何でしょうか。ここでの「国」が聖書の原語では「バシレイア」であることに注目しなければなりません。イエスは「時は満ち、神の国は近づいた」（マルコ1・15）と宣言して宣教活動を開始されましたが、そこで口にされた「神の国」とは実はこの「バシレイア」なのです。イエスが告げた福音とは「神の国／支配」の到来の福音であるとわたしたちはこれまで見てきました。

このように、イエスが十字架の死に向かう前に行った「最後の説教」（マタイ25・31～46）で、祝福された人々が受ける「国（＝天地創造の時から用意された国）」とイエスが福音として告げた「到来した神の国」とは同一なのです。そうすると、イエスの宣教と行動、イエスの存在意義、さらにイエスにおいてあらわれた「過ぎ越しの奥義」が一本の線でつながっていることがはっきり見えてきませんか。「人の子（わたし）は、仕えられるためではなく仕えるために、また、多くの人の身代金として自分の命を献げるために来た」（マルコ10・45）というイエスの使命が何を目指していたかが見えてきます。

イエスは、「祈りを教えてください」（ルカ11・1）と願った弟子たちに「主の祈り」を教え、その中で「み国が来ますように」（マタイ6・10）と祈らせました。今あらためて、このように祈らせたイエスの真意が見えてきます。ここでの「み国」とは、「バシレイア」です。それは最後の説教で「究極の祝福を受けて『入りなさい』」と差し出された「用意された国」のことなのです。ですから「み国（バシレイア）が来ますように」という願いは、「永遠の祝福である《バシレイア》に入ることができますように」ということでもあるのです。究極の祝福に与ることができますように、すなわち、イエスは決定的な救いの恵みの実現をご自分が教えた「主の祈り」で教え、祈らせていたのです。

5　究極の祝福は個人だけのことではない

これまで本書の歩みを共にしてきた皆さんは、一つのことに気づかれたことでしょう。それは、キリスト教の視野は、常に「個」だけでなく「共同／つながり／交わり」にもまたがっているということです。わたしたち各自が「ペルソナ存在／人格存在」であるとは、「他者との関わり」の中で初めて生きることができる存在だということです。わたしたち各自が「社会的存在」であるとは抽象的な表現ですが、しかし人間の本質を言い当てているのではないでしょうか。

「さあ、わたしの父に祝福された人たち、天地創造の時からお前たちのために用意されている国を受け継ぎなさい」（マタイ25・34）というイエスの究極の祝福にも、人間のペルソナ性に基づく「交わり／社会性」の事実がしっかり表明されています。「祝福された者たち」「あなたたち」なのであって、決して「あなた」だけではありません。究極の祝福におけるこの連帯は、まさにカトリック教会において常に大事に継承されてきた「聖徒の交わり」「諸聖人の通功」の教えの源泉であり、信仰感覚や教会感覚の土台なのです。

6　キリストの約束に対する確信を今日の教会はどう表明しているか

今日の教会は『カトリック教会のカテキズム』で、主の究極の約束について、次のように表明しています。注目したいのは、この記述に右に見たようにわたしたちの「社会性」が常に視野に入れられているということです。(1)

(1)人類と世界を変革するこの神秘的な刷新を、聖書は「新しい天と新しい地」（二ペトロ3・13）と呼んでいる。それは、「あらゆるものが、天にあるものも地にあるものも、頭であるキリストのもとに一つにまとめられる」（エフェソ1・10）という神の計画の最終的な実現である。

(2)人類にとって、この完成は創造のときから神が定めておられたもので、キリストに結ばれた人々は、教会という信仰共同体をなし地上を旅しながら人類一致の「秘跡のような」役割を帯びてきた。

(3)神との完全な一致（伝統的に至福直観・新しい地と言われてきた）、「新しい地」に対する期待は、現在この地を開拓する努力を弱めるものであってはならず、かえってそれを励ますものでなければならない。この地上において、すでに「新しい世」をいくらか予表している新しい人類家族の共同体が育っている。したがって、地上の進歩は、「神の国（バシレイア）」の発展とは区別されなければならないが、「神の国」が人間社会の向上に寄与していることは重要な側面である。

(4)人間の尊厳、兄弟的交わり、自由など、すなわち人間の本性と努力のよき実りであるこれら全ての価値あることを、キリスト者は主の霊に導かれながら地上に広めた後、光輝くもの、変容したものとして再び見出すであろう。それは神は永遠のいのちの中で「すべてにおいてすべて」（一コリント15・28）となられる輝かしいときである。

7　キリスト信者の「歴史観」

右に述べたことは、わたしたちキリストを信じる者の「歴史観」です。それは全てを支配する主・キリストの約束に対する確信、信仰表明です。教会は待ち受けている究極の祝福（＝救い）そのものが何であるかを詮索しようとはせず、それが「わたしたちの地上の現在」とどうつながっているかに関心を示し、それに向かう希望が「今」を生きる原動力となる点を強調します。

キリストの教会において常に関心の的とされる「社会性」とは、横の広がりだけでなく、時間のつらなり、しかも時間を超えた永遠（神の次元）との関係にまでまたがるいのちの事実なのです。「終末（究極に向き合う意識）の教えは、今を生きるわたしたちに、希望を持って生きることを教えてくれます。神の救いの計画の内に生まれ、その絶えざる保護のもとに生き、永遠のいのちが約束されているのが、わたしたち人間一人ひとりです。与えられた目的が明確になるとき、わたしたちは、生の喜びも試練も、すべてより大きな意味を持つものとして受け止めることができます。心の内に、確固たる希望が育まれます。この希望は、イエス・キリストを信じる信仰によって生まれるのです(2)」

8　永遠のいのちを信じます

『エッセンス』（一八五頁～）において「いのち」の根源は神であり、それは父と子と聖霊の三位一体の交わりであると見ました。今、死を超えて生きる約束は、この神のいのちの交流、響きに与ることであると知ります。洗礼とはこの究極の「いのちの招き」であり「出発」であったのです。こうしたいのち（ペルソナとして造られた人間のいのち）の完成が、「復活」という変容なのであり、この変容こそイエス・キリストにおいて発現した「神の介入による過ぎ越しの奥義」だったのです。全ては人知をはるかに超える神の想いのもとにあります。わたしたち一人ひとりの人生もまた神の計り難い眼差しのもとにあるのです。実に不思議極まりないことと言わなければなりません。

ああ、神の富と知恵と知識のなんと深いことか。
だれが、神の定めを究め尽くし、神の道を理解し尽くせよう。
「いったいだれが主の心を知っていたであろうか。
だれが主の相談相手であっただろうか。
だれがまず主に与えて、／その報いを受けるであろうか。」
すべてのものは、神から出て、神によって保たれ、神に向かっているのです。
栄光が神に永遠にありますように、アーメン。（ローマ11・33～36）

注

（1）**社会性**　『カトリック教会のカテキズム』（前掲書）三一四～三一五頁。なお読みやすいように少々手を加えた。
（2）**終末の教え**　『カトリック教会の教え』カトリック中央協議会、一五九～一六〇頁参照。

参考文献

ここでは本文の注釈で掲載した以外の辞典類のみを記す。

■聖書関係

『NOVUM TESTAMENTUM GRAECE et LATINE』1964 Sumptibus Pontificii Instituti Biblici
『新共同訳聖書』一九九三　日本聖書協会
『聖書』フランシスコ会聖書研究所　二〇一一

■教会資料関係

『カトリック教会　文書資料集』エンデルレ書店　一九八二
『第二バチカン公会議公文書・改訂版』カトリック中央協議会　二〇一三
『カトリック教会のカテキズム』カトリック中央協議会　二〇〇二
『教会の社会教説綱要』カトリック中央協議会　二〇〇九
『カトリック教会の教え』カトリック中央協議会　二〇〇三

■辞典類

『新カトリック大事典Ⅰ〜Ⅳ』研究社　一九九六〜
『岩波キリスト教辞典』岩波書店　二〇〇二
『聖書思想事典』X・レオン・デュフール　三省堂　一九七三
『聖書大事典』新教出版社　一九九一
『聖書神学事典』いのちのことば社　二〇一〇
『旧約新約聖書神学事典』A・ベルレユング、C・フレーフェル編、山吉智久訳、教文館　二〇一七
『旧約聖書神学用語辞典』W・ブルッゲマン、小友聡、左近豊　監訳、日本キリスト教団出版局　二〇一五
『ユダヤ教小辞典』吉見崇一　LITHON　一九九七
『岩波仏教辞典』岩波書店　一九八九

『現代にっぽん新宗教百科』島田裕巳監修　柏書房　二〇一一
『新宗教辞典』松野純孝編　東京堂出版　一九八四
『角川世界史辞典』角川書店　二〇〇一
『角川日本史辞典』角川書店　一九九六
『日本史小百科　キリシタン』H・チースリク、太田淑子編　東京堂出版　一九九九

■言語辞書・辞典関係

『新約聖書ギリシア語小辞典』織田昭編　教文館　二〇〇二
『ギリシア語辞典』古川晴風編　大学書院　一九八九
『新約聖書のギリシア語』W・バークレー　日本キリスト教団出版局　二〇〇九
『LEXICON　羅和辞典』水谷智洋編　研究社　二〇〇九
『旧約聖書ヘブル語大辞典』教文館　二〇〇三
『岩波古語辞典』岩波書店　一九七四
『字統』白川静　平凡社　一九八四
『常用字解』白川静　平凡社　二〇〇四

あとがき

本書の「はじめに」で触れたように、本書は洗礼の秘跡を受けた人々にカトリック教会において保持されてきた「キリスト教信仰」の豊かさを紹介することを目的としています。しかし、折に触れて繰り返し強調しましたが、この紹介はただ知識を深めるためではなく、すでにカトリック信仰を生きている人々とともにカトリック信仰を生きること、使徒継承の信仰伝統の中で信仰の豊かさを生きることを目指しています。この意味で、本書は洗礼を受けたばかりの人々のみならず、すでに信仰歴のある人々にも益となると思います。きっと新たな発見があることでしょう。さまざまなグループで新受洗者を交えての「信仰学習会」で使っていただければ幸いです。

†

本書の表紙について一言述べさせてください。これは大天使ガブリエルから受胎告知を受けたマリアの顔です。ルネサンス時代に活躍した修道士画家フラ・アンジェリコ（一三八七～一四五五）の代表的な作品『受胎告知』の一部分です。フィレンツェのサン・マルコ修道院（現在は美術館）の階段の踊り場に大きく描かれ、観る者を圧倒し、厳粛かつ聖なる世界に一気に誘う不思議な作品です。ガブリエルは目をこらしてマリアをしっかり見つめ彼女の承諾の返事を待っています。一方、マリアの視線が気になります。マリアは胸に手を当てて承諾の意をあらわしているものの、その視線はガブリエルの頭のかなたに向けられています。いくつかの解説文では二人は互いに見つめ合っていると書かれていますが、何度観ても（実際、わたしはフィレンツェを訪れる度に真っ先にこの絵の前に行きます）マリアの視線は遠くを見つめているのです。あるときフト気づきました。マリアは信仰をもって受け入れた神のご計画、人間のはからいや理屈をはるかに超えた神秘を見つめているのだと。わたしはこのマリアの顔を、いつか信仰の神秘についてしたためることができたら、その書の表紙にしようとこころ秘かに決めてきました。今回それが実現できたことに喜びを禁じ得ません。

†

『エッセンス』のときと同様、今回もわたしが書き著したというよりも編集させてもらったという実感を強く感じています。振り返ってみれば実にたくさんの著作家（プロテスタントの著作家も含む）の祈りや思索や信仰告白に触れることができました。それらを一枚のタペストリーに編み込んでいくのは喜びでもありますが能力の限界も感じる日々でした。しかし、完璧を目指したらきりがありません。はやる心を抑えながら、とりあえず目の前におられる人々（特に洗礼の恵みを受けた人々）に少しでもカトリック教会が長い歴史のうちに継承してきた宝を示してさしあげたい――これが正直な動機で、出来栄えにこだわることを止めにしました。ヨハネのあの心境を常に念頭に置いてきたつもりです。「わたしたちがこれらのことを書くのは、わたしたちの喜びが満ち溢れるようになるためです」（一ヨハネ1・4）

†

今回の出版にあたっても長年にわたって大勢の人々にお世話になりました。特に本書の試作の段階で、これを実際の信仰の学びの場で使いながら、適切なアドバイスをしてくださった菅田栄一氏、北川美佐子氏、岡野憲一氏、吉田稔氏に深く感謝いたします。中元喜久枝氏と西井愛子氏は、吉田氏と連携しつつ粘り強く校正作業にあたってくださり、吉田氏は発行にいたるまでのマネージメントを引き受けて下さいました。これらの方々に心より御礼申し上げます。

また、新型コロナ・ウイルスの猛威が収まらない中、今回も丁寧な制作作業をもって本書を作り上げ、世に出してくださったイー・ピックス出版社と社長の熊谷雅也氏にも感謝いたします。

2020年12月3日

横浜教区・カトリック菊名教会

小笠原　優

索　引

あ

い

う

え

お

か

が

き

ぎ

く

ぐ

け

げ

こ

さ

【ざ】

し

【じ】

す

せ

そ

ぞ

た

だ

ち

つ

て

で

と

ど

な

ぶ

ぷ

へ

べ

ぺ

ほ

ぼ

ぽ

ま

み

む

め

も

や

る

れ

ろ

わ

── 著者略歴 ──

小笠原《おがさわら》　優《まさる》

1946年札幌生まれ。1977年司祭叙階。上智大学神学部博士課程終了(教義学)。ローマの教皇庁立サレジオ大学神学院勤務、日本カトリック宣教研究所、諸宗教委員会秘書を経て、1990年より東京カトリック神学院に勤務(教義学)、現在に至る。1994年より横浜教区、末吉町教会、逗子教会、藤が丘教会の主任司祭を歴任。2020年現在、菊名教会。

信仰の神秘

2020年12月3日　　初版第1刷発行

著　者　小笠原　優

発行所　イー・ピックス

〒022-0002　岩手県大船渡市大船渡町字山馬越44-1

TEL | 0192-26-3334　FAX | 0192-26-3344

装幀・本文デザイン　MalpuDesign（清水良洋・佐野佳子）

イラスト　小笠原　優

印刷・製本　㈱平河工業社

 ISBN978-4-901602-71-6　C0016 ¥2000E
